易宪容著作集 **1**

中国居住正义的
理论研究

易宪容　郑丽雅　著

A Theoretical

Study of

Residence

Justice in China

中国社会科学出版社

图书在版编目（CIP）数据

中国居住正义的理论研究/易宪容，郑丽雅著．—北京：
中国社会科学出版社，2020.12
ISBN 978 - 7 - 5203 - 5833 - 0

Ⅰ.①中…　Ⅱ.①易…②郑…　Ⅲ.①房地产经济—经济
政策—研究—中国　Ⅳ.①F299.233.1

中国版本图书馆 CIP 数据核字（2019）第 294505 号

出 版 人	赵剑英	
责任编辑	侯苗苗	
责任校对	周晓东	
责任印制	王　超	
出　　版	中国社会科学出版社	
社　　址	北京鼓楼西大街甲 158 号	
邮　　编	100720	
网　　址	http：//www.csspw.cn	
发 行 部	010 - 84083685	
门 市 部	010 - 84029450	
经　　销	新华书店及其他书店	
印刷装订	三河弘翰印务有限公司	
版　　次	2020 年 12 月第 1 版	
印　　次	2020 年 12 月第 1 次印刷	
开　　本	710×1000　1/16	
印　　张	13	
插　　页	2	
字　　数	218 千字	
定　　价	76.00 元	

序

　　《中国居住正义的理论研究》《金融市场基础性制度的理论研究》《中国金融市场化改革的理论研究》《汇率、流动性及金融危机的理论研究》四本书，主要汇集了我近年来的学术研究成果，也有少量的早期作品。这些成果既展现了我几十年来学习、思考、研究、分析的学术历程，也展现了中国经济改革和金融改革大潮的后浪推前浪的场景。

　　我们这一代人是幸运的，得益于邓小平的伟大谋略，他老人家倡导的改革开放让我重写了人生轨迹，走出了上高这个小县城，走向了上海，进入了北京，到了香港这个国际大都市，面向全世界，现驻留在青岛。如果没有邓小平，没有改革开放这个伟大时代，我也许只能在上高这个小县城度过一生。

　　面对这个伟大的时代，作为改革开放大潮的"弄潮儿"，我选择了独有的途径，希望将个人所学、所思、所想转化为大众可知晓、可理解的知识，特别是2000年从香港回到北京之后，这种信念更加坚定。由此，几十年如一日，撰写了数以万计的财经评论和金融评论文章。这些在网络世界广为流传的文章为广大国人普及了经济学知识、金融学知识及房地产市场知识，启迪了民智，让广大民众变得更为聪明。每当我想到能够为社会做一点事情之时，欣慰之情油然而生，也许这就是我最为重要的人生意义。

　　所以，站在绝大多数人利益的角度来思考，为社会进步贡献绵薄之力，既是我做学术的源泉与基点，也是我的学术价值观。我记得有一次从加拿大回北京，在机场等取行李时，与一个移民加拿大的人聊了几句。她就告诉我，她已经移民加拿大多年了。她说多伦多是如何落后，是一个如何牺牲有钱人的利益而只对绝大多数没有钱的人有利的社会，所以，她就是不喜欢这样的社会。我就告诉她，我正好与她相反，我喜欢的社会就是要为绝大多数人谋利益的社会，就是要让社会最为弱势的人过上有尊严的生活的社会。我告诉她，这是价值观问题。价值观不一样，无话可交流。

所以，我这些学术著作的基点就是站在绝大多数人利益的角度，站在为整个社会文明增添一砖一瓦的角度来思考，为绝大多数人的利益鼓与呼，为构建弱势者过上有尊严的生活的社会做点努力。比如，对中国房地产市场问题的学术讨论，我从始至终都围绕着"居住正义"这个基点，探讨如何来保证中国绝大多数人基本的居住条件，如何让绝大多数人在中国房地产市场空前繁荣中分享到相应的成果。所以，2000年以来我参与了政府一系列重大问题改革的政策讨论（如银行不良贷款处置、国有银行股份制改革、汇率制度改革、利率市场化改革、股权分置改革、房地产市场改革等），在这个过程中，我的政策讨论与学术思考从来没有离开过这个基点，它永远是我的学术思想与观点涌现的源泉。

在此，我特别感谢范跃进书记，是他真诚热情地聘请我来到青岛大学，来到青岛这个风景优美、气候宜人的城市，来到充满着活力与朝气的青岛大学。这算是我人生旅途上又一次重大转折，因为，来到青岛大学又让我完全回归学术生活轨迹。在大学的校园里、在大海边、在浮山和金家岭上，都是我学术思考最好的环境与地方。可以说，尽管我早已步入知天命之年，但青岛大学将是我学术生涯的新起点，现在感觉到要研究的各种重大的学术问题越来越多，人生又好像回到年轻的时代。向范跃进书记再道一声谢谢，祝你一生永远平安与快乐！

在此，我也感谢我的同学张群群教授，我们几十年的友谊始终如一。我们经常在一起讨论不同学术问题、探讨各种观点与意见、剖析种种社会现象。在此过程中，我都能从他那里获得无数的知识与启发。特别是当我碰到各种疑难问题、遇到各种困难时，他都能够帮助我找到迎刃而解的办法。人生有一知己足矣！

一对儿女——大中与韵珂，永远是我心中的明灯，自从他们出生时起，他们就给了我人生的无穷力量及活力。无论遇上何种艰难险阻、惊涛骇浪，这盏灯都能让我拨云见日，化腐朽为神奇，让人生一步一步走下去。也许我对他们做不了什么，但愿我也能够点亮他们心中的那盏灯，照耀他们步入幸福快乐的人生。

在人生的旅途上，要感谢的人太多，我的学生、我的同事，以及青岛大学的各级领导，书的出版有他们一份辛苦与功劳。在此，特别感谢中国社会科学出版社大众分社侯苗苗总编辑，她不仅促成了本书的出版，也在出版过程中付出了她的一份辛苦。谢谢人生旅途上所有的朋友！

易宪容

2019 年 12 月 2 日

于青岛崂山区科大支路青岛大学人才公寓 1204 室

目　录

CONTENTS

1 中国住房居住功能的理论论证①

1.1 导论：住房功能的重新定位

住房作为一种商品，在社会经济生活中的重要性是一般的其他商品无法比拟的。住房不仅具有多重属性，也承载着与一般的商品不同的更多功能。而作为同一标的物的住房，其属性或功能不同，其价格基础、定价方式、市场的供求关系、市场的运作模式、利益取向等方面都存在很大的差别。所以，在市场的前提条件下，对住房市场属性或功能的清楚界定及对房地产市场的重新定位，将对房地产市场的发展起到决定性的作用。

一般来说，建造的房子是用来住的，是为了解决人类基本的生存需要。在日常生活中，"房子是用来住的"是最基本的常识。但是，在市场经济中，住房不仅是一种使用时间较长的、生活必需的耐用消费品，也是支付额较大的商品。由此，这必然会引申出住房的多重功能或属性。比如，对于中低收入的弱势民众来说，住房作为一种可以长久使用的大额的耐用生活必需品，由于受其可支配收入的限制，他们往往是无法通过市场交易方式来获得这种生活必需品的，所以现代国家往往会通过政治制度安排的方式来保证这部分居民的基本居住要求，这时住房具有政治属性或功能。还有，在市场条件下，由于受政府财政收入的限制，绝大多数居民的生活所需要的基本的住房条件又无法完全由政府财政安排建造的住房来满足，现代国家政府又得通过各自税收、金融、购买住房补贴的制度安排鼓励居民进入住房市场。这时住房又具有社会属性或功能。在现代市场经济中，住房的经济功能（通过市场价格机制来配置房

① 该文章发表在《社会科学战线》2017 年第 11 期。

地产资源）是十分明显的及最为重要的。而住房的经济功能又可分为住房的投资功能及住房的消费功能。住房的投资功能主要是把住房看作一种投资品，住房购买的目的在于获得投资收益；住房的消费功能主要是指住房的居住功能。居民购买住房的目的主要是满足其基本的居住要求，或改善其居住条件。

可以说，人类社会的房地产市场发展史其实就是一部住房功能不断分化和发展的历史，也是一部通过制度安排对住房功能不断地清楚界定和演进的历史。对于现代发达的市场经济国家来说，由于对住房各种功能的强调不同，也就确立了不同的房地产市场制度及发展出不同的房地产市场。比如，新加坡更强调住房的政治功能，85%以上的住房是通过政府财政支持来建造，然后分配给居民；德国则更强调住房的社会功能和居住功能，通过租赁住房补贴等方式来保证居民的基本居住要求。所以，德国居民更愿意租房而不是购买住房持有。英美法系国家（如美国及英国等）或地区通过法律制度安排来平衡各种住房功能，但由于对住房不同的经济功能边界界定不清，这也容易造成住房的投资功能过度发挥而引发房地产市场危机，比如英国、澳大利亚、美国、加拿大、中国香港等都是如此。正因为对住房功能的强调不同，也发展了各个国家或地区差异非常大的房地产市场。

由于中国的房地产市场来自转轨经济时期，它经历了一个从无到有的过程，所以对住房功能的认识也有一个逐渐深化的过程，但直到2016年才明确地提出住房居住功能的概念。比如，2016年中央经济工作会议指出，要坚持"房子是用来住的、不是用来炒的"的定位，综合运用金融、土地、财税、投资、立法等手段，加快研究建立符合国情、适应市场规律的基础性制度和长效机制，以及在2017年2月底十五次中央财经工作小组会议上①和2017年"两会"的《政府工作报告》中及之后的相应文件中都进一步强调了对中国房地产市场的重新定位，要求中国房地产市场回归到它的基本居住功能。这才有了一个对房地产功能权威性的解释。

现在的问题是，为何到2016年中央政府一而再再而三地强调对中国

---

① 参见刘羡《盘点中央财经领导小组15次会议：研究26项重大议题》，《人民日报（海外版）》2017年3月7日，http://www.chinanews.com/cj/2017/03-07/8167091.shtml，2017年5月2日最后访问。

房地产市场的重新定位，并要求中国的房地产市场回到它的基本居住功能呢？这对未来中国房地产市场发展会产生什么样影响？它又会引导未来中国的房地产市场走向哪里？等等。其实，对中国房地产市场的重新定位并强调住房市场的居住功能，这不仅决定了中国房地产市场的未来发展方向及运行模式，要求由当前以投资炒作为主导的市场向以居住消费为主导的市场转变，也决定了房地产市场当事人的行为方式、房地产企业的经营模式、中国经济增长方式的转变，决定了国内居民的住房福利水平及财富持有和分配方式的转变，决定了中国城市化的进程及整个中国社会文明程度的进程等。所以，对中国房地产市场的重新定位及让它回到居住功能将对中国未来房地产市场发展及中国经济未来产生重大的影响。正因为对房地产市场重新定位及让它回归到居住功能是如此重要，现代市场经济国家一般都会就房地产市场定位设定各种各样的制度安排来保证，以此为依据制定各种不同的房地产政策来落实，以便保证房地产市场的有效运行及持续稳定发展。

也就是说，中央政府要求坚持"房子是用来住的、不是用来炒的"的市场定位，让中国的房地产市场回归到它的基本居住功能，既是一个重大经济政策调整的问题，也是中国房地产市场的一个重大的理论问题。这就要求我们必须从理论上进行认真研究和论证住房居住功能的市场逻辑性，讨论这种定位的合理性及自洽性，并深入地研究房地产市场不同功能的实质、核心及运作机理，更深入地了解住房居住功能的多样性等。只有在这样的基础上，政府的房地产政策才能够有的放矢，通过合理的制度安排来保证中国房地产市场真正回到它的基本居住功能。可以说，当前中国房地产市场的问题的根源就在于对房地产市场的定位不清，就在于没有让房地产市场回归其内在的基本居住功能。

比如，从历史发展来看，从 1949 年中国进入计划经济时代开始，直到 20 世纪 80 年代早期，中国城市政府在住房政策上采取了平均主义的福利分配住房的政策，但这一政策运行的结果导致城市居民住房条件改善日益恶化，人均住房面积逐渐降低（从 1949 年的人均 4.5 平方米下降到 1978 年的人均 3.9 平方米），居民的基本居住条件根本无法得到满足。李斌（2009）认为，住房问题会引发社会整体性的危机。也就是说，作为一个现代国家，强调住房的政治属性，这是政府的责任，但是作为一个近 14 亿人口的大国来说，仅强调住房的政治属性而不是调动绝大多数人积极性或以市场化的方式来配置房地产的资源,要保证绝大多数居民的基本居住条件几乎是不可能的事情;反之在这种条件下,居民的基本居住权还可能受到侵害或被剥夺。

1978 年之后的中国改革开放,中国城市住房改革拉开了序幕。1980 年 4 月,邓小平(1994)对中央有关负责人说:"要考虑城市建筑住宅,分配房屋等一系列政策。城镇居民可以购买房屋,也可以自己盖。不但新房子可以出售,老房子也可以出售……"也就是说,邓小平希望通过市场化的方式来解决社会的住房危机问题。但中国的住房制度改革真正启动要到 1998 年把福利分房政策转变为货币化商品化的住房政策才开始。1998 年住房改革的政策核心是"推进住房商品化、社会化,加快住房建设,促使住宅成为新的经济增长点,不断满足城镇居民日益增长的住房需求"。① 即建立起商品化的住房市场来化解整个社会的住房危机,同时以此来形成新的经济增长点。但是,当时住房制度改革不了解住房具有不同功能或属性,更无法对住房的居住功能给出清楚定位,这必然导致中国房地产市场制度存在严重的缺陷。

可以看到,1998 年中国房地产市场确立以来,其制度缺陷就在于没有通过基本制度安排清楚界定住房的基本居住功能,并以此为原则对中国房地产市场给出清楚的定位;反之现有制度安排及房地产政策把住房的不同属性或功能混淆在一起。比如以往的房地产政策或制度,或强调住房的社会属性或功能(1998 年住房制度改革初期的福利分房),或是强调住房的经济属性(如 2003 年 18 号文件之后把房地产作为支柱产业,把住房市场看作经济增长的动力),甚至把住房经济属性的投资功能与消费功能混为一谈,从而忽视了住房的消费属性及社会属性。在这种情况下,不同的政府职能部门往往会根据自己的需要来理解住房属性及制定相应的房地产政策,从而使中国的房地产市场最后演变成以投机炒作作为主导的市场,整个社会都把住房市场当成了一个投资赚钱的工具。因为,在一个投资功能及消费功能没有定义和区分的房地产市场,房地产市场的价格基本上是由买者和卖者对价来决定,而住房投资者的对价水平一

---

① 《国务院关于进一步深化城镇住房制度改革加快住房建设的通知》,中国网,2006 年 8 月 8 日,http://www.china.com.cn/law/flfg/txt/2006 - 08/08/content_7058347.htm,2016 年 12 月 30 日最后访问。参见李斌《分化的住房政策:一项对住房改革的评估性研究》,社会科学文献出版社 2009 年版,第 321 页。

定会高于住房消费者，因为，住房投资者为了获得住房，更有意愿及能力出价更高，而住房消费者往往会受到可支配收入的限制，而无力出更高价格。而房地产市场的对价水平越高，住房消费者越是没有支付能力进入市场，这就会有越来越多的住房消费者被挤出市场。当房价上升到绝对高的水平时，房地产市场只能成了少数的住房投机炒作者炒作的市场，房地产市场也基本上转变成为一个投机炒作为主导的市场，住房消费者基本上被挤出市场。在这个市场，住房的政治属性、社会属性及居住功能，或是被忽略，或是被挤出。这也是近十几年来中国房地产市场为何会越是政策调控而房价涨得越高、房地产问题为何会越来越乱象丛生的根源所在。

可见，对于具有多重属性或功能的房地产市场来说，如果对市场的定位不清必然让中国房地产市场发展方向不明确，一些保证房地产市场持续稳定发展的制度无法确立，并由此引发了中国房地产市场的许多问题。朱宁的研究发现，许多城市房价短期内疯狂上涨[①]，易宪容（2009）研究认为，房价过高、房地产泡沫巨大、经济"房地产化"严重、金融市场潜在风险增加、社会财富分配两极严重分化、土地资源低效率使用、城市化进程受阻、城市弱势居民的居住条件恶化、社会贪污腐败严重、由于房地产市场的问题导致社会矛盾及冲突四起等，这些都是由于对房地产市场定位不清，让房地产市场成为一种投机赚钱工具而不是居住消费所引发的问题。这些问题的存在既不利于中国房地产市场的持续稳定发展，也不利于中国房地产业成为经济增长的动力。

所以，中国房地产市场要求坚持"房子是用来住的、不是用来炒的"的定位，就要求房地产市场回归基本的居住功能，而对住房居住功能的理论论证，就要对十几年来的中国房地产市场进行反思，在思想上、观念上、理论上正本清源。只有这样，决策者才能对中国房地产市场有真正的了解，并制定相应的政策来保证中国房地产市场真正回到它的居住功能，回到健康持续发展之路。

本文第二部分从国际比较的角度讨论了居住权的天赋性；第三部分

---

① 有数据显示，2004—2014 年 10 年时间里，北京、上海、广州、深圳的房价分别上涨了374%、346%、505%、420%。朱宁：《刚性泡沫》，中信出版社 2016 年版，第 62 页。如果加上2015—2016 年这四个城市房价疯狂上涨，其涨幅肯定超过 10 倍以上。

研究了居住功能的本源性；第四部分讨论了居住功能形式的多样性；第五部分研究了如何设定制度安排保证居住功能落实。

1.2 居住权是天赋人权

在住房市场，居住功能的重要性，就在于居民的居住权是天赋的。居住权具有天赋性。如果房地产市场的居住功能不能得到保证，居民的天赋居住权就可能受到侵害或掠夺。居住权的天赋性主要表现为以下三个层面：一是《宪法》层面；二是《住宅法》层面；三是市场公平性层面。正因为这三个层面都强调居民居住权的绝对优先性，所以对于具有多种属性与功能的住房来说，居住功能同样是放在绝对优先的地位。

首先，从《宪法》层面来说，比如中国《宪法》第33条表示，国家尊重和保障人权。而对中国政府来说，中国居民的生存权是最为重要的人权[1]。衣食住行为居民最基本的生存条件，居住权也是中国居民最为重要的天赋人权。在国外，对居住权的天赋性同样十分强调。比如，德国1919年《魏玛宪法》第155条，对居民居住权的天赋性更是写得十分明确。该条显示，国家的目标是保障每一个德国人有健康的居所，以及所有的德国家庭，尤其是子女众多的家庭，按照他们的居住需求提供相应的住所和经济（适用）房[2]。也就是说，德国的《宪法》直接把居民的居住权看作天赋人权，保证每一个德国居民的基本居住条件，是现代国家义不容辞的责任。对于这点，张桐锐（2011）提到2010年德国联邦宪法法院的判决书讲得十分明确，即人民享有请求保障合乎人性尊严之最低生存需求之基本权。贾康、刘军民（2007）认为，住房为生存的必需品，居民对此权利是天赋的。所以，无论是1981年联合国的《住宅人权宣言》，还是法国、西班牙、荷兰等国的宪法，都把每一个公民的基本居住权放在绝对优先位置上。

---

① 《中华人民共和国宪法》，人民网，2013年9月4日，http：//legal. china. com. cn/2013 - 09/04/content_ 29923357. htm，2017年5月2日最后访问。

② 参见百度百科"魏玛宪法"，http：//baike. baidu. com/link? url = 13TENAgknXF8GI0 rp_ NA7qou7JMcqrHend9rL6BZEpqTdyTMMJx2JeeaFSMLWphxj9DQFfLxY - kGzVr6yow _ RQOIZR72 gO4KgUnaEnKenV0nRbUoqLXW2IHVVN8V4Lh3，2017年5月2日最后访问。

也就是说，从《宪法》层面来看，保证人类社会每一个人的基本居住条件，是人类社会得以存在和繁衍的基石，否则就会影响人类社会的发展和延续。所以，在现代人类文明社会，个人具有居住权的天赋性，即每一个人出生后进入人类社会，无论他是贫穷还是富有，无论他是社会精英还是一般大众，无论个人有没有购买住房的支付能力，每一个国家及社会都有义务保证每一个人最为基本的居住条件。这是现代文明社会的基本标志。所以，保证社会每一个公民的基本居住权具有原则上的优先性，住房的居住功能具有绝对的优先性。在住房的居住功能具有绝对的优先性的条件下，住房市场的定位就是，住房首先是用给人住的而不是做其他用途的。可以说，这也是现代房地产市场存在与发展不证自明的公理。正因为每一个人的基本居住权的天赋性，或基本居住权是在现代文明社会中每一个人的最基本的需求，因此，在现代发达国家，甚至有一定的文明程度的国家里，一般都设立制度安排来保证每一个居民的基本居住权。即从宪法层面赋予住房的居住功能的绝对优先性。

其次，从《住宅法》角度来看，对居住权的绝对优先性或天赋性都有清楚明确的规定。何启荣（2011）提到中国台湾"住宅法"第一条或宗旨规定，"为健全住宅市场，提升居住品质，使全体国民居住于适宜之住宅且享有尊严之居住环境"。何启荣（2011）研究中指出，日本的《居住生活基本法》的宗旨则是"确保并提升居住生活安定性，使国民拥有良善品质之房屋；创造良好的生活环境；加强健全住房市场之稳定，使国民拥有自有住宅；确保国民稳定长久地居住在适宜环境里。"美国1949年的《住宅法》则强调，房地产市场发展的宗旨就在于"让每一个家庭在适宜居住的环境中有一个舒适的家"或房地产市场就得生产"安全舒适绝大多数人有支付能力的住宅"（阿列克斯·施瓦兹，2012），等等。可以看到，这些国家的《住宅法》所强调的核心有四点：第一，国家必须保证每一个国民适宜及享有尊严的居住环境，而不在于个人收入水平、身心机能、性别、年龄、家庭组成、族群文化之不同，从而使居民居住权的天赋性更具体地跃然纸上。第二，强调住房市场是一个健全市场。所谓的健全市场就是指住房市场的价格对绝大多数居民来说有能力购买，而不是投机炒作及远离居民可支付能力的市场。第三，政府所有的关于房地产市场发展的制度安排、法律及经济手段都是围绕着如何保证每一个公民基本的居住权来设立。比如美国关于房地产市场的各种优惠政策都是用来支持居民的自住需求，并对住房投资都设有严格的约束条件，其他国家的《住宅法》也是如此。第四，居民的居住条件要随着社会经济发展不断改善，居住的品质要不断提升，以此来增进居住福利水平。

而德国的住房制度安排更是强调保证低收入家庭应该拥有与"人类尊严"相符合的居住条件，以及围绕着保证居民的基本居住需求而展开（约翰·艾克豪夫，2012）。比如，德国的《住房补贴金法》，依法对低收入的居民家庭提供房租补贴和对特定种类的自居房屋所有者提供困难补助（第3条）。该法规定，无论是本国人还是外国人，只要在德国居住且符合申请基本条件，就可以申请。补贴是根据家庭人口和收入以及目前该家庭的房屋租金来决定高低。以3口之家为例，根据不同地方的房屋租金高低，从2016年1月1日起补贴最高能达到每月450—753欧元不等（第12条）。此种补贴一般从申请人提出申请算起为一年有效期。一年过后如有补贴需求需重新提出申请。也正是因为德国的《宪法》和相关的住宅法律对居民居住权优先性的绝对强调，这也使德国的房地产市场走上一条持续稳定发展、绝对优先保证居民基本的居住条件之路。居住权的天赋性得到具体体现及落实。

从市场公平效率的角度来看，强调居民居住权的优先性，它将是现代房地产市场持续稳定发展的基础。因为，不仅住房对每一个人的生活具有十分重要的意义，它是每一个人得以生存的基础，而且还是一种高额的长久耐用消费品。对于这样的一个房地产市场来说，进入市场的人越多，那么这个市场的销售量就会越大，市场越繁荣。而非居住功能的住房市场或投资炒作的市场，不仅进入该市场的人远低于以居住功能为主导的市场，而且非居住功能为主导的房地产市场的风险也远高于以居住功能为主导的市场。这就是居住权的优先性内在的市场逻辑。

总之，住房居住权是每一个人的基本生存条件或住房为生活必需品，社会得以繁衍和发展及社会文明得以进步的基础，因此每一个公民居住权的天赋性或绝对优先性是房地产市场制度的核心。离开了住房居住权的天赋性，住房市场其他方面的属性或功能也就无从谈起。发达国家是这样，中国更是如此。特别是土地公有制的中国，保证每一个公民基本居住权的天赋性更应该成为房地产市场发展的根本目的。在这个原则或公理体系下，中国的房地产市场的法律制度、发展模式、运作规则、利益分配与转移机制等方面只是在这个基础上建立、延伸与拓展。离开这个基础，离开了房地产市场的居民基本居住权的天赋性，离开了这个初始条件或理论前提，房地产市场存在与发展的意义就不一样，它所面临的困难与问题会风生水起。每一个公民居住权的天赋性也就明确地给出了现代住房市场居住功能完整性的清楚定位。这也是现代房地产市场存在与发展不证自明的公理或永恒法则。因为，住房的其他属性及功能都植根于住房的居住功能。所以，中央政府要求坚持"房子是用来住的、不是用来炒的"的市场定位，具有重要的理念意义。

1.3　居住功能是其他住房功能的本源

在现代文明社会，住房作为一种与衣食行一样的生活必需品，它直接关系到每一个人的基本生存状态或生存环境。所以，无论是城市还是农村；无论是贫穷还是富有；无论是社会精英还是普通大众；无论是官员还是一般民众等，基本的居住条件是他们得以生存的条件，保证每一个人这种基本条件是人类社会得以存在和繁衍的基础。只不过，不同时期、不同的人、不同阶层所获得的基本居住条件的方式不同而已。所以，住房的居住功能是本源，是第一性的，住房的其他功能只能从住房的居住功能派生出来。

首先，从住房的内在本性来看，住房是与一般性的商品有很大不同的商品。住房具有多种属性或功能。住房既可以是公共品，也可以是私人品；既可以是生活必需品，也可以是奢侈品；既是投资品，也是消费品；它既是个人生活支出中价格最高的商品，也是消费周期最长的耐用品等，这就使住房具有多重的属性或功能。所以，住房既有政治属性（或功能）及社会属性（或功能），也有经济属性（或功能）。而住房的经济属性（或功能）又有消费功能与投资功能，同时住房消费性可以是政府或机构提供，也可购买住房持有或租赁。这些都取决于一个社会相关的制度安排。但是，尽管住房属性很多，说到底住房的居住功能是本源，是房地产市场的根本所在，住房的其他功能都是住房的居住功能派生出来的。

所谓住房的政治属性，主要可分为两个方面。一方面是指通过政治制度安排来保护每一个国民的基本居住条件。因为，在现代文明社会，由于住房作为一种生活必需品，每一个人的居住权都具有天赋性，但住房又是一种高价值的长久耐用品。在这种情况下，对于一些弱势群体来说，他们的基本居住条件无法通过市场交易的方式获得，只能通过相应的政治制度安排来保证。也就是说，住房的第一个政治功能就是以政治制度安排的方式来保证每一个人最基本的居住条件或享有尊严的居住环境。比如，德国的《住房补贴金法》就是要帮助每一个生活在德国的人能够有基本的居住条件。新加坡的"祖屋"及中国香港的"公屋"是另一种政治制度安排。住房的另一个政治功能是在欧美国家的民主政治选举中，由于住房政策与不同的群体的利益密切相关，因此各个参加选举的政党往往都会针对不同的群体制定相应的政策，以争取更多的选票。比如，近年来加拿大温哥华及多伦多的房价快速飙升，从而把这些地方不少低收入的选民挤出房地产市场。所以，两地政府出于竞选目的，会制定遏制房价快速上涨的房地产调控政策。这些政策当然不利于少数的住房炒作者，但对绝大多数中低收入的选民是有利的。因为，只有让住房回到居住功能才能对绝大多数人有利。

住房的社会属性或功能是一个十分复杂的范畴。它既有政府以公共品的方式来保障社会弱势居民的基本居住条件，也有设定不同的补贴政策来帮助居民或是进入房地产市场购买住房或是租赁住房，以及弱势的住房租赁者的利益在租房的过程中不受侵害等问题。同时，以社会属性为主导的住房居住功能不仅要保证家庭私人生活基本的居住空间，也承载着许多社会意义及财富意义。比如，一些社区居民的居住安全感低；存在严重质量问题的建筑往往会危害人们的身心健康，导致儿童的认知障碍和行为异常；住房过度拥挤容易导致家庭搬迁频繁，影响个人学业及工作；犯罪率高低受居住环境的影响等（阿列克斯·施瓦兹，2012）。这些住房的社会功能可以通过政府制度安排来实现，也可以通过社会团体来做。可见，住房的社会功能是非常复杂的，但这些问题都与住房的居住功能有关。

其次，住房的经济属性是指通过市场价格机制来配置住房市场的资源，它又可分为消费功能与投资功能。住房作为一种商品，它既是消费品也是投资品。住房作为消费品与其他衣食行的商品又有很大的不同。一是住房作为一种不动产或不可贸易品，具有很强的唯一性和不可替代性。所以住房消费功能既受个人可支配收入预算的约束，也与所处的特定社区空间、建筑空间及相应的公共产品及服务有关。所以住房消费选择不仅是一种空间选择，也是一个人的成长环境及生活方式选择。这时住房的消费功能又与社会功能联系在一起。正因为住房消费是一种空间选择，所以消费性住房商品定价往往更容易形成供给方的垄断性定价，或供给方对价格的主导性。在这种情况下，如果没有好的制度安排，也容易造成对弱势的购买者利益侵犯。比如，在德国就有相关严格的法律来限定。

二是住房作为一种消费品，不仅是居民一生购买的最大的大宗商品，其支付也是占居民一生消费中支付比例最大的，而且住房消费具有较长的有效期。对于前者，住房消费往往会成了一个国家带动经济增长最大的动力，所以房地产市场对一个国家的经济增长显得特别重要。因为，这不仅在于住房是居民一生中最大的消费需求，而且在于住房建造与上下游几十个产业及行业有密切关联。至于后者，由此衍生出住房的投资功能。

三是住房作为一种投资品，它与一般性投资产品既相同又相异。杨太乐、刘峰等（2013）认为，住房作为投资品与一般性投资品一样，即作为投资品的住房，其交易的目的、供求关系、定价基础、价格运行方式等基本上相同，比如，购房的目的是赢利，而不是居住消费；住房作为投资品与一般性投资品不同，就在于住房的投资功能不仅是由住房消费的长期有效性衍生出来，没有住房消费的长期耐用性或居住功能，住房是不具有投资功能的，而且住房的消费性和投资性基本上是捆绑在一起的，从而使住房的投资性又附着实质性商品的表象，住房投资者购买看上去是实实在在的商品交易。

也就是说，住房投资功能源于住房居住消费的耐用性的居住功能，其无风险收益基于全部住房生命周期的消费流的总和，住房投资的价值是由住房的消费功能或居住功能推导出来的。杨太乐、刘峰等（2013）认为，住房生命的长周期的价值又取决于以下两个方面：一是取决于居民收入增长及未来对住房居住要求的提高，在货币上住房有增值可能；二是购买住房者对未来多种经济变量的预期。这种预期一旦参与购房者的决策，住房就成了投资品。而对于未来现实世界的不确定性，及购买者对未来各种经济变量预期的差异性，这不仅容易导致投资性住房对价偏离居住性住房的无风险收益,也会引起房价的波动,使投资者面临巨大的风险。在这种情况下,房地产市场要持续稳定发展是根本不可能的。可见,对住房的投资功能来说,住房的居住功能是本源,住房的投资功能是派生的。如果房地产市场是以投资投机炒作为主导的市场,强调住房的投资功能,那么投资性的住房市场肯定为无源之水、无本之木,根本就不可能得到持续稳定的发展。房地产市场若想得到持续稳定的发展,就必须回归它的本源即居住功能。

因此,对于具有多重属性的住房来说,一个国家法律制度及房地产政策对住房属性的不同界定或对住房市场的不同定位,就决定了该国房地产市场发展模式、房地产市场政策、居民的基本居住条件、住房市场的供求关系、市场价格运行机制、住房市场的财富分配和转移机制等,所以说,中国政府坚持"房子是用来住的、不是用来炒的"的定位,就是明确地把房地产市场定位为居住功能为主,就得通过法律制度安排把这种定位在制度上固定下来,以便在政策上具体落实。前十几年,中国房地产市场仅是从一个纯粹市场角度(或经济属性)而没有从住房多重属性的角度来研究与分析房地产市场的问题,来出台相关的房地产市场政策,这就是为何国内房地产市场出台的调控政策越多,房价上涨得越快、房地产泡沫越大的根源所在,它也是中国房地产市场问题重重的根源所在。而中央政府坚持"房子是用来住的、不是用来炒的"的定位的基本原则,更重要的是强调了住房经济属性的消费功能而不是投资功能,坚持住房的政治属性(保证居民的基本居住权的天赋性)、社会属性(或住房作为一种保障性公共品)及经济属性(住房的居住功能)的统一。可见,当前中国房地产市场的重新定位或基本原则就是建立在住房本身的居住功能的基础上,它具有住房本身的完全内在性及市场逻辑。

1.4 住房的居住功能具有多样性的特征

由于住房具有多重的属性,所以它的居住功能表现方式也具有多样性的特征。也就是说,在不同的国家或地区,由于对住房市场的定位不同,也会形成满足居民居住功能的不同方式。比如新加坡是以政府提供的廉租屋为主,德国则是以居民从市场租赁解决居住问题为主导,英美则是政府采取政策补贴方式鼓励居民自己持有住房为主，日本则是采取爬楼梯式的方式让居民的居住条件不断地提升等。

工业革命及现代城市最早是从英国发源，所以，在19世纪末劳工家庭及低收入家庭的居住就成了当时英国的一个严重的社会问题。在1890年英国就通过了《住宅法》，以帮助地方政府建筑公共住宅给经济弱势的群体居住。这种公共住宅的特征是去商品化。在第二次世界大战后由公共住宅转型为社会住宅。张雅慧（2009）认为，这种住宅的特征强调"只租不卖"，或政府兴建，或民间拥有合于标准之房屋，以低于市场租金或免费出租给低收入的家庭，或政府补助房租给低收入家庭购买自用住宅。由于这些提供给低收入民众的社会住宅要求盖得如花园城市一样，并强调最低标准住宅品质，从而使社会住宅的管理成本不断提升，社会住宅的房租也逼迫随之上涨。到了1972年英国保守党政府对《住宅法》进行修正，该法律直接降低对地方兴建社会住宅的补贴，提高社会住宅的租金水平，并通过政府的房租补贴鼓励国民向私人住宅市场租屋，接着在20世纪80年代推出了"有权购买政策"，让有资格的租客购买所居住的住房（何启荣，2011）。所以到20世纪90年代，英国的居住功能结构发生了巨大变化。1980年英国居民租房与持有住房自用的比率分别为45%和55%，上升到1999年分别为31%和69%（戴维·莫林斯、艾伦·穆里，2012）。从英国的居住功能结构变化的情况来看，是由租用和持有、公共租用和私人租用、公共持有和私人持有向私人持有为主导的方面演进的。在这个演进的过程中，政府的政策起到决定性的作用，住房的各类居住功能得以发挥，但住房的投资功能则受到严格的限制。

美国的居住功能的结构变化基本上也遵循了英国的路径。1929年经济大萧条之后，美国成立的公共住宅局，39个城市兴建大量的公共住宅来给中低收入居民租住，并在1937年出台了《公共住宅法》，及1949年出台了《住宅法》。这两个法律的宗旨，就是全面肯定了住房三大属性（政治属性、社会属性及经济属性）的居住功能，并把住房经济属性中的投资功能严格地限定在一定范围内，超过了这个范围就用经济杠杆来约束（阿列克斯·施瓦兹，2012）。所以，美国不仅把对住房的居住功能的定位固化在《住宅法》中，也把这一市场定位落实到相关的制度、法律及政策中。比如，对中低收入者购买住房的住房抵押贷款利率减免、对完全居住性住房的房地产税减免、对出售居住性住房的资本收益税减免、对投资租赁房屋的税收减免和融资激励等。1989年美国政府减少了对公共住宅的建造，取而代之的是"扩大低收入群体住宅自有政策"，期望达成"自有住宅是美国人的梦想"之实现。何启荣（2011）研究发现，在这种政策下，美国政府一方面以贷款补助将公共住宅售给低收入民众，另一方面又借助《住宅法》中房屋津贴方案住宅券补助与住宅证计划帮助中低收入居民进入市场购买住房。可以看到，美国住宅的居住功能结构变化与英国是一个路径。先是用法律把住宅的居住功能的优先性固化在制度上，政府以税收减免、融资补贴等市场化工具，及政府直接补贴等非市场化工具，把中低收入居民推向住房市场，让市场来解决中低收入居民的居住问题，以保证住房的居住功能。所以美国房地产发展模式是居民的居住水平高、居民住房拥有率高（2006年达到69%）（黄海洲、汪超等，2015）、住房租赁市场较为发达、政府提供的保障性住房所占的比重不高，居住功能主要是以居民持有住房来发挥，并对住房的投资功能进行严格限制。由于美国的住房居住功能主要是通过市场化的方式来保证及发挥，其制度的不完全性所导致的制度缺陷也十分明显。这也成了引发2008年美国金融危机爆发的重要根源。

对德国及欧洲一些国家来说，其对住房居住功能的定位更是绝对优先，居民住房租赁为居住功能的重要形式。按照德国的《宪法》和《住宅建设法》的规定，保障居民基本的居住条件是联邦政府首要的政策目标之一[1]。德国房地产市场的宗旨就是要建造面积、布局、租金适合广大居民需要的住房，生产的住房就是用来居住的而不是用来赚钱的。所以这些法律明确规定德国的房地产业不是推动经济增长的工具，而是保障居民居住福利水平不断提升的行业。也就是说，在德国，房地产市场对住房投机炒作功能是完全拒绝的，在德国，之所以有住房市场投资一切都围绕着居住功能来发挥。比如政府可以通过补贴的方式鼓励建造住房，但这些住房是用来保证市场租赁，并让企业的利润限制在一定的范围内。为了做到这点，德国住房租赁市场相当发达及所占的比重较高，1999年德国居民住房的租赁率达57%（戴维·莫林斯、艾伦·穆里，2012）。因为，德国政府的房地产政策实行了对社会租赁住房进行全方位的补贴，

---

① 任泽平、甘源：《德国房价为何几十年不涨？》，"泽平宏观"2016年12月25日，ht-tp：//www.sohu.com/a/122553125_ 465184，2017年5月2日最后访问。

同时建立起对住房租赁者强势保护的法律制度安排，以此来保证居民更有意愿租赁住房而不是持有住房（马尼克斯·库普曼等，2012）。同时，德国也先后出台了多项严厉遏制住房投资投机性需求和开发商获取暴利行为的政策，从而让德国住房投机炒作者无利可图，让德国的房地产市场完全回到居民消费的居住功能上。由于德国政府对住房的居住功能明确定位，这就使德国房地产市场的价格在近 20 年的时间里保持绝对稳定。1997—2015 年近 20 年来德国房价累计上涨大约在 10%，远低于居民可支配收入增长及物价累计上涨水平。而居民居住的稳定和居住支出的消费成本低，这也成了德国经济持续稳定增长的最大动力。过去 20 年的时间里也是德国经济增长最为强劲的时期。

　　新加坡对房地产市场定位非常特别。政府以全面介入的方式来保证绝大多数居民的基本居住条件，居住功能是以社会功能及政治功能的方式来发挥。比如 1959 年新加坡成立自治政府后，很快就决定把住房建设放在优先位置，制定了《住宅发展法》，先把住房的社会功能制度化，并在 1964 年推出"居者有其屋"计划，其计划的宗旨就在于为没有支付能力进入房地产市场的居民提供公共住房。其房地产市场发展模式是：住房分为"组屋"和私宅。"组屋"是政府通过建屋发展局为广大中低收入群体提供廉价的公共住房，其占整个住房比例 80% 以上；私宅是由私人房地产发展商投资兴建，完全由市场价格供应有支付能力的购买住房者，其占比例不足 20%（黄海洲、汪超等，2015）。"组屋"强调的是以住房的社会属性和政治功能来发挥居住功能，而私宅强调的是住房的经济功能，既可消费也可投资。正因为新加坡能够用法律把住房属性及功能严格区分与界定，并把绝大多数住房界定在居住功能上，这就使新加坡的房地产市场能够持续稳定发展，居民的住房福利水平不断得以提升。但是，由于新加坡是一个城市国家，其经济较为富裕及人口又少，所以政府有能力不断地为居民提供更多更好的公共住房，以社会功能来发挥住房的居住功能。但是，对一些大的国家特别是中国来说，其经验不具有一般性。

　　从上述分析可以看到，住房的居住功能是多样性，各个国家具有不同的结构。它既可以是持有性的居住功能，而住房的持有又包括政府持有、社会团体持有及家庭持有，它也可以是租赁性的居住功能，租赁性也包括政府租赁、社会团体租赁及市场租赁等。这些完全取决于各国房地产法律制度安排。尽管其中没有一种固定最优的模式，但是以市场租赁为主导来发挥居住功能的模式可以是市场交易成本最低、最有效率的模式。

1.5　中国房地产市场的居住功能何以可能

无论是从居住权的天赋性来说，还是从住房的居住功能的本源性来看，坚持"房子是用来住的、不是用来炒的"的定位，既有现实的背景，也有内在的市场逻辑，现在的问题是应该设立什么制度来保证，或中国房地产市场的居住功能何以可能？正如 2016 年中央经济工作会议所指出的，为了促进房地产市场平稳健康发展，就要坚持"房子是用来住的、不是用来炒的"的定位，综合运用金融、土地、财税、投资、立法等手段，加快研究建立符合国情、适应市场规律的基础性制度和长效机制。也就是说，对当前中国房地产市场重新定位，并让它回归到基本居住功能，这是保证未来中国房地产市场能够持续稳定发展的必要条件。可以说，该文件对未来中国房地产市场的定位是十分清楚的，即中国住房市场的基本功能是居住，就是消费，而不是投资赚钱。而住房的居住功能可以把住房的社会功能、政治功能及经济功能融合起来，它的获得方式既可以由政府提供，也可以通过市场化的方式购买及通过市场租赁的方式来获得。

现在的问题是中国房地产市场回归到居住功能将面临一系列重大的障碍。首先，当一个以投资投机炒作为主导的住房市场要回归到居住为主导的市场时，由于住房投资者出价远高于住房消费者的出价，住房消费者早就被挤出市场。在这种情况下，住房市场要回到居住功能，就是要让房地产市场的价格水平线全面下移。如果房地产市场的价格水平全面下移，对于房价水平不高的三四线城市来说，所造成的影响不会太大，但是对于高房价的一线城市及二线热点城市来说，将会面临巨大的阻力。因为房价水平线全面下移不仅是一种重大的利益关系调整，也会影响地方政府的土地财政和 GDP 增长，会影响整个商业银行的资产质量（因为目前房地产市场的贷款占银行信用贷款估计达 60% 以上），增加整个金融市场的风险。这就是为何 2016 年的"930"房地产调控及 2017 年的

"317"房地产市场调控以来，政府一方面要遏制房价疯狂上涨，但另一方面要保持房价稳定而不希望房地产市场回归到居住功能导致房价暴跌。在一线城市及二线热点城市，目前的房价早就上涨到了完全远离居民消费居住的水平或天花板上，如果这些城市的房价不下跌，房地产市场要回到居住功能只能是一句空话。可以说，就目前的房地产市场形势及利益格局来说，要解开房地产市场回归到居住功能这个结并非容易的事情。就如国内房地产物业税的征收那样，已经研究讨论了十年以上了，就是一个公平公正的房地产税法无法出台。

其次，政府提供的保障性住房及住房租赁市场如何发展的问题。这是让房屋发挥居住这一重要属性的两个方面。对于前者，一些经济条件好的沿海城市已经发展得不错。但是，对于后者则问题很多。因为租赁市场发展问题不仅在于如何保护租房者的利益，而且还在于对投机炒作者暴利行为严厉限制问题。如果住房投机炒作者的暴利行为不能够得到严格限制，那么持有住房者肯定不愿意拿出住房来出租。居民也更不愿意租赁住房，而更有意愿购买住房。活跃的住房租赁市场也无法形成。还有，要发展繁荣的住房租赁市场还需要设立一系列新的制度安排。比如政府对租房者的补贴、建造租赁性住房企业的政策性资助等。

最后，住房居住功能的绝对优先性原则如何固化的制度上，中国的《住宅法》等一系列与居住功能绝对优先性的制度安排如何设立。可以说，对当前中国的房地产市场重新定位并让其回归到居住功能，肯定要设立一系列的新制度安排。这同样是一场重大利益关系的调整及博弈。如果这场博弈不只是如以往住房制度改革那样对危机的应对式反应，也不是仅由职能部门或少数人制定，而是需要通过公共决策的方式来进行，这样才能够实现整个房地产市场利益调整的均衡化。只有这样才能把居住功能定位的新原则及程序正义具体地体现在住房发展模式、土地、产业、金融、税收、投资、政府资助等政策各个方面，更为具体地体现在住房的土地交易、城市规划、融资、开发、租赁、销售等住房市场各个环节上。这样，才能让中国住房市场回到居住功能上来。但是，从目前的情况来看，要达到其目标存在非常多的困难。

2 中国房地产市场的基础性制度研究[①]

2.1 住房功能的定位不清是楼市乱象丛生的根源

所谓的市场基础性制度，就是对整个市场运行起决定性作用的制度安排。它决定了整个市场的行为方式、经营模式及价格形成机制。而一个国家或一个市场其基础性制度安排不同，其结果是完全不一样的。好的市场基础性制度能够保证市场的有效运行，促进市场经济繁荣及国家经济成长；不好的市场基础性制度则是阻碍市场发展与有效运行的重要根源。

在这方面，美国的著名经济学家奥尔森（2016）认为，在现代市场经济中，由于交易费用的存在、由于合约的不完全性及弱势者利益容易受到侵害，所以清楚界定产权、保证合约有效的执行及保护个人利益不受到侵犯等基础性制度安排是一个国家经济繁荣的关键。而美国经济学家阿西莫格鲁和罗宾逊（2015）则认为，一个国家的兴衰或一个国家经济能否长期稳定增长就在于是实施包容性制度还是汲取性制度。因为，汲取性的制度安排是由少数人建立，并由少数人从多数人那里攫取资源，从而这种制度安排不能有效清楚界定产权或保证经济增长；而包容性的制度安排则能够清楚有效地界定产权，由此建立起公平竞争的市场环境及鼓励在新技术上的投资，从而包容性制度安排能够有效地创造一个国家的经济繁荣。易宪容、卢婷（2006）认为，金融市场的基础性制度就是设立一个公平公正的交易平台、一种有效市场价格机制及弱势投资者利益不被受到侵害的保护机制。这些都是对市场运行起决定性作用的基

---

① 该文章发表在《江苏社会科学》2017 年第 5 期。

础性制度安排。

2016 年中央经济工作会议指出，要坚持"房子是用来住的、不是用来炒的"的定位，综合运用金融、土地、财税、投资、立法等手段，加快研究建立符合国情、适应市场规律的基础性制度和长效机制，以及在 2017 年 2 月底十五次中央财经工作小组会议上①和 2017 年的《政府工作报告》中及以后相关的文件中都进一步强调了对中国房地产市场重新定位及建立符合国情的房地产市场基础性制度的重要性。

现在的问题是，为何中央政府会一而再再而三地强调对中国的房地产市场的重新定位？而对于这种定位，为何要强调综合运用各种经济杠杆及法律制度来确立基础性制度安排？为何要加快研究建立适应市场法则的中国的房地产市场的基础性制度？那么，中国房地产市场的基础性制度又是什么？中国房地产市场的基础性制度确立的紧迫性在哪里？它对未来中国房地产市场发展又会产生什么影响？等等。其实，对中国房地产市场的重新定位，不仅决定了中国房地产市场的发展方向及发展模式，决定了房地产市场当事人的行为方式、房地产企业的经营模式、中国经济增长方式，也决定了国内居民的住房福利水平及财富持有和分配方式，决定了中国城市化的进程及整个社会文明程度。所以，对中国房地产市场重新定位是对中国房地产市场发展及中国经济发展起决定作用的制度安排，这就是中国房地产市场的基础性制度。正因为对房地产市场定位如此重要，现代市场经济国家一般都会就房地产市场定位设定各种各样的制度安排来保证，以此为依据制定各种不同的房地产政策来落实，这样才能保证房地产市场的有效运行，保证房地产市场持续稳定发展。

也就是说，既然中央政府要求"房子是用来住的、不是用来炒的"的定位，让中国的房地产市场回归到它的基本居住功能，这就要求我们必须从理论上进行认真研究其定位的内在逻辑性，讨论这种定位的合理性及自洽性，以及通过什么样的制度安排来保证和落实。这些都涉及当前中国房地产市场的基础性制度。可以说，当前中国房地产市场的问题丛生，其根源就在于对市场的定位不清，就在于没有回到中国房地产市

---

① 参见刘羡《盘点中央财经领导小组 15 次会议：研究 26 项重大议题》，《人民日报（海外版）》2017 年 3 月 7 日，http://www.chinanews.com/cj/2017/03 - 07/8167091.shtml，2017 年 5 月 2 日最后访问。

场内在的基本居住功能。

李斌（2009）研究认为，从历史发展来看，从1949年中国进入计划经济时代开始，直到20世纪80年代初期，中国城市政府在住房政策上采取了平均主义的福利分配住房的政策，但这一政策运行的结果导致城市居民住房改善日益恶化，人均住房面积逐渐降低（从1949年人均4.5平方米下降到1978年的3.9平方米），居民的基本居住条件根本无法得到满足。由此住房问题引发社会整体性的危机。1978年之后中国改革开放，中国城市住房改革拉开序幕。1980年4月邓小平对中央有关负责人说："要考虑城市建筑住宅，分配房屋等一系列政策。城镇居民可以购买房屋，也可以自己盖。不但新房子可以出售，老房子也可以出售……"也就是说，邓小平希望通过市场化的方式来解决社会的住房危机问题。但中国的住房制度改革真正启动是从1998年把福利分房政策转变为货币化商品化的住房政策才开始。1998年住房改革的政策核心是"推进住房商品化、社会化，加快住房建设，促使住宅成为新的经济增长点，不断满足城镇居民日益增长的住房需求"。[1] 即建立起商品化的住房市场来化解整个社会的住房危机，同时以此来形成新的经济增长点。但是，当时住房制度改革并没有就房地产市场的定位给出清楚的制度安排。

不过，正是从1998年中国住房制度货币化商品化改革开始，中国的房地产市场取得了长足的进展与繁荣。首先，中国城镇居民的住房条件得到了显著改善。1978年到2016年，中国城镇居民的人均居住面积从3.9平方米提高到33平方米，2016年农村居民人均居住面积达37平方米[2]。其次，随着房地产市场发展，国内居民财富得到快速增长。西南财经大学的中国家庭消费金融调查报告表明，在短短的近20年的时间里，中国90%以上的家庭拥有住房，中国居民住房的拥有率远高于世界平均水平的63%和美国的66%。中国家庭住房资产占整个财富的比重达91%以上，城市家庭拥有两套以上住房的家庭占19.07%。该调查还表明，到

---

① 《国务院关于进一步深化城镇住房制度改革加快住房建设的通知》，中国网，2006年8月8日，http://www.china.com.cn/law/flfg/txt/2006-08/08/content_7058347.htm，2016年12月30日最后访问。参见李斌《分化的住房政策：一项对住房改革的评估性研究》，社会科学文献出版社2009年版，第321页。

② 《住建部：城镇人均住房建筑面积已超33平方米》，中国网，2016年10月20日，http://news.dichan.sina.com.cn/2016/10/20/1217324.html，2017年6月3日最后访问。

2015 年年底为止，中国家庭平均从自己主要住房的升值中所获得的收益
达到340%。由此简单测算，仅中国四个一线城市（北京、上海、深圳、
广州）住房财富的总价值就高达 200 万亿元以上。住房投资成了国内居
民财富增长最快的方式。最后，中国房地产市场发展推动了中国城市化
进程。20 年间中国的城市率从 30.5% 提高到 2015 年的 56.1%，城市化
已经成为中国经济增长的重要引擎。同时，经济的"房地产化"或对房
地产的过度依赖性也成了中国经济最为显著的特征。

　　但是由于中国房地产市场是由计划经济向市场经济转轨而来，当时
改革没有对房地产市场给出清楚定位，所以之后中国的房地产市场制度
及政策也只能是在走一步看一步过程中逐渐形成。对于具有多重属性的
房地产市场来说，对市场的定位不清必然让中国房地产市场发展方向不
明确，一些保证房地产市场持续稳定发展的基础性制度无法确立，并由
此引发了中国房地产市场的许多问题。如朱宁研究发现，许多城市房价
短期内疯狂上涨[①]，及笔者曾提到的房价过高、房地产泡沫巨大、经济
"房地产化"严重、金融市场潜在风险增加、社会财富分配两极分化严
重、土地资源低效率使用、城市化进程受阻、城市弱势居民的居住条件
恶化、严重超支未来经济增长、社会贪污腐败严重、由于房地产市场的
问题导致社会矛盾及冲击四起等（易宪容，2009），这些都不利于中国
房地产市场的持续稳定发展，房地产业也无法成为中国经济增长的
动力。

　　对于当前中国房地产市场问题丛生及未来发展困难重重，其根源与
实质，并非 1998 年以来住房制度改革大力推进住房私有化、市场化、货
币化和社会化，而是房地产市场定位不清，从而导致了对房地产市场的
基础性制度准备不足、导致了对房地产市场的内在规律及中国国情的认
识不足。在这种情况下，地方政府及一些相关当事人利用现有的住房制
度、土地制度、信贷制度、税收制度等缺陷，把中国的房地产市场转化
成了一种保证 GDP 增长的工具，一种有利于少数住房投资者、炒作者
赚钱的工具，同时这也必然让中国房地产市场变成了一种严重分配不公

---

　　① 有数据显示，2004—2014 年 10 年时间里，北京、上海、广州、深圳的房价分别上涨了
374%、346%、505%、420%。朱宁：《刚性泡沫》，中信出版社 2016 年版，第 62 页。如果加上
2015—2016 年这四个城市房价疯狂上涨，其涨幅肯定超过 10 倍以上。

的财富转移机制，最后，中国的房地产市场成了一个以投资炒作为主导的市场，一个让整个社会财富在短时间内向少数人及权力者聚集的市场。可以说，由于对房地产市场的定位不清，这必然会导致中国房地产市场成了一个以投机炒作为主导的市场，一个少数人赚钱谋利的工具，一个社会财富短期时间内向少数人聚集的市场。这就是当前中国房地产市场乱象丛生的根源。因此，为了中国房地产市场能够持续稳定健康发展，就得对当前中国房地产市场重新定位，就得全面地检讨当前中国房地产市场制度和政策及其获得的方式，检讨中国房地产市场的运作机制，并重新建立起符合国情、适应市场规律的中国房地产市场的基础性制度。

那么中国房地产市场的基础性制度是什么？应该从何处入手及房地产基础性制度初始条件是什么？这些都是要深入研究的问题。因为住房作为一种商品，在社会经济生活中的重要性是其他商品无法比拟的。住房不仅具有多重属性，也承载着与一般性的商品不同的更多功能。而作为同一标的物的住房，其属性不同，其价格基础、定价方式、市场的供求关系、市场的运作模式、利益取向等方面是轩轾相异的。所以，在市场的基本前提条件下，对住房市场属性的清楚界定及对房地产市场重新定位则是需要房地产市场的基础性制度来保证。而中国的房地产市场既是从计划经济演变而来，也是建立在土地公有制的基础上，因此，我们还得研究中国房地产市场基础性制度确立的初始条件。而中国房地产市场确立的初始条件也给出中国房地产市场的居住功能完全性的清楚的定位。这也是中国房地产市场回到它的基本功能理论的前提。

可以看到，1998 年中国房地产市场确立以来，其制度缺陷最大的问题就在于没有确立保证中国房地产市场持续稳定发展的基础性制度，没有通过这种基础性制度清楚界定住房的基本属性或功能，并对中国房地产市场给出清楚的定位；反之，现有制度安排及房地产政策把住房的不同属性混淆在一起。比如以往的房地产政策或制度，或强调住房的社会属性（1998 年住房制度改革初期的福利分房），或是强调住房的经济属性（如 2003 年 18 号文件之后把房地产作为支柱产业），甚至把住房经济属性的投资功能与消费功能混为一谈，从而忽视了住房的消费属性及社会属性。在这种情况下，不同的政府职能部门往往会根据自己的需要来理解住房属性及制定相应的房地产市场制度及政策安排，从而使中国的房地产市场最后演变成以投机炒作为主导的市场，把购买住房当成赚钱的工具①。这也是近十几年来中国房地产市场价格为何会越调越高、房地产问题为何会越来越乱象丛生的根源。所以，中国房地产市场的基础性制度就得坚持"房子是用来住的、不是用来炒的"的定位，就得回到房地产市场基本的居住功能，并用相应的基础性制度来保证，而这些制度安排包括中国房地产市场的发展模式、土地制度、信贷制度、税收制度、住房保障制度、住房租赁制度等法律及政策方面新的制度安排。

确立符合国情及市场法则的中国房地产市场的基础性制度，这是当前中国房地产市场研究的一个重大理论问题。对房地产的居住功能的基本定位，是现代发达国家的共识，国外也有可借鉴的理论和经验，如德国的住房制度安排及一些发达国家住房制度都是如此，但中国的初始条件及市场环境与这些国家有很大差别。本文是从住房具有多元化的内在性出发，结合中国国情全面地讨论了中国房地产市场的基础性制度及这种基础性制度的获得方式，并给出相应的政策建议。

本文第二部分讨论中国房地产市场确立的初始条件或理论前提及对居住功能完全性的规定；第三部分研究房地产市场多元化的内在性及住房居住功能稳定性特征；第四部分讨论了基础性制度对房地产市场起决定性作用简单的个案分析；第五部分研究中国房地产市场基础性制度的确立及内涵。

2.2　中国房地产市场确立的初始条件或理论前提

中国房地产市场是从计划经济向市场经济转轨而来，与成熟国家房地产市场的产生与演进过程相比有很大不同，所以研究中国房地产市场的基础性制度，就得讨论其初始条件。这就是中国房地产市场的国情。概括地说，中国房地产市场存在与发展的三个基本前提就是每一个人居

---

① 因为在一个投资功能及消费功能没有区分的市场，由于住房投资者的对价水平一直会高于住房消费者，而房地产市场的对价水平越高，住房消费者越是没有支付能力进入市场，其越来越被挤出市场。当房价上升到绝对高的水平时，房地产市场只能成了以投机炒作者为主导的市场，住房消费者基本上被挤出市场。

住权的天赋性、党的宗旨的人民性及城市可交易土地的国有性（易宪容，2009）。这是中国房地产市场确立的初始条件或理论前提。离开这个初始条件，是无法建立起符合国情的中国房地产市场的。

首先，在现代人类文明社会，个人具有居住权的天赋性，即每一个人出生后进入人类社会，无论他是贫穷还是富有，无论他是社会精英还是一般大众，无论个人有没有购买住房的支付能力，社会都有义务保证每一个人最为基本的居住条件。这是现代文明社会的基本标志。因为，保证人类社会每一个人的基本居住条件，是人类社会得以存在和繁衍的基石，否则就会影响人类社会的发展和延续。所以，保证社会每一个公民的基本居住权具有原则上的优先性，这就给房地产市场一个清楚明确的定位，住房首先是用给人住的而不是做其他用的。这也是现代房地产市场存在与发展不证自明的公理。正因为每一个人的基本居住权的天赋性，或基本居住权是在现代文明社会中每一个人的最基本的需求，因此，在发达国家，一般都设立制度安排来保证每一个居民的基本居住权。这个原则就给出现代各国房地产市场的居住功能的清楚定位。贾康、刘军民（2007）认为，无论是 1981 年联合国的《住宅人权宣言》，还是法国、西班牙、荷兰等国的宪法，都把每一个公民的基本居住权放在绝对优先位置上。美国 1949 年的《住宅法》也强调，房地产市场发展的宗旨就在于"让每一个家庭在适宜居住的环境中有一个舒适的家"或房地产市场就得生产"安全舒适绝大多数人有支付能力的住宅"（阿列克斯·施瓦兹，2012）。可以说，美国所有的关于房地产市场发展的制度安排、法律及经济手段都是围绕着如何保证每一个公民基本的居住权来设立。比如美国关于房地产市场的各种优惠政策都是用来支持居民的自住需求，并对住房投资都设有严格的约束条件。还有，德国的住房制度安排就是要保证低收入家庭应该拥有与"人类尊严"相符合的居住条件，及围绕着保证居民的基本居住需求而展开（约翰·艾克豪夫，2012）。

也就是说，由于基本居住权是每一个人的基本生存条件或住房为生活必需品，它是人类社会得以繁衍及社会文明得以进步的基础，因此每一个公民居住权的天赋性或优先性是房地产市场基础性制度的核心。离开了住房居住权的天赋性，住房市场其他方面的属性也就无从谈起。发达国家是这样，中国更是如此。比如，在土地公有制的中国，保证每一个公民基本居住权利的天赋性更应该成为发展房地产市场的根本目的。

在这个原则或公理体系下，中国的房地产市场的法律制度、发展模式、运作规则、利益分配与转移机制等方面只是在这个基础上建立、延伸与拓展。离开这个基础，离开了房地产市场的居民基本居住权的天赋性，离开了这个初始条件或理论前提，房地产市场存在与发展的意义就不一样，它所面临的困难与问题就会荆棘丛生。每一个人居住权的天赋性也就明确地给出了现代房地产市场居住功能完整性的清楚定位。这也是现代房地产市场存在与发展不证自明的公理或永恒法则。

其次，中国房地产市场的初始条件还表现在中国房地产市场具有广泛的人民性上，房地产市场建立与发展就是为绝大多数人服务及体现了绝大多数人的利益的。为绝大多数人服务及为绝大多数人谋利益，这是共产党的宗旨，在中国共产党的党章和党的各种文件里都写得清清楚楚。比如，胡锦涛总书记在党的十七大报告中指出，中国共产党的根本宗旨就是全心全意为人民服务，党的一切奋斗和工作都是为了造福人民，要始终把实现好、维护好、发展好最广大人民的根本利益作为党和国家一切工作的出发点和落脚点，做到发展为了人民、发展依靠人民、发展成果由人民共享。所以，在党的十七大报告中，"住有所居"是民生经济的基本内容之一。可以说，在历来中央的各种文献中，没有一个文献不会强调社会发展及经济发展的人民性，强调为绝大多数人谋利益的宗旨。而十八届一中全会习近平总书记带领常委同中外记者见面的讲话，更是把人民性的重要性阐述得淋漓尽致。

在习近平总书记的讲话中，特别强调了人民需要更可靠的社会保障、更舒适的居住条件、更优美的环境，这就是中国共产党的责任。也就是说，中国的经济发展比如房地产市场的发展，并非仅是追求 GDP 高低，追求房地产增加多少产值，追求房地产可以带动多少关联产业，而是要看这种发展是否符合绝大多数人的利益，是否提高全体中国人的住房福利水平。这也是为何习近平总书记近来要对中国的房地产市场重新定位，要求让中国房地产市场回归到居住功能的根本所在。如果中国房地产市场仅仅是富人的市场，如果中国住房市场仅仅是为少数人谋利的市场，那么这种房地产市场必然是与房地产市场的人民性完全背道而驰，也与中国共产党的基本宗旨背道而驰。也就是说，中国共产党宗旨的人民性就要求房地产市场发展的根本目的回到住房的居住功能上来。

最后，土地是住房生产不可或缺的基本要素。谢伏瞻（2008）认为，中国土地制度与其他国家有明显的不同。他认为中国的土地为国家所有，中国土地的国家所有又分为城市土地国家所有及农村土地为集体所有。所以，中国住房全部都建设在国有土地上。中国土地的国有不仅意味着中国土地为全体中国公民所有，也意味着国有土地的各种权利必须为全体中国公民服务，利用国有土地建造的住房首先是满足全体中国公民的基本居住条件，每一个中国公民也有权来分享国有土地上的成果。也就是说，尽管国有的土地由中央政府委托地方政府来管理，但全体中国公民是土地所有权的最后委托人，而城市地方政府是国有土地管理的代理人。笔者认为，在国有土地制度安排下，人民有权利转让土地或收回国有的土地，也有权利来共同分享土地的增值与成果，有权利来分享土地附着物的溢价（易宪容，2009）。而这些都意味着房地产市场首先是来满足全体中国公民的基本居住条件的市场，是一个以满足居民基本居住为主导的市场而不是一个投机炒作赚钱的市场。这些都对中国房地产市场给出了清楚的定位。否则，国有土地就容易转化为部门或地方政府的土地，利用国有土地建造的住房也容易转变为少数人赚钱的工具。

可以说，每一个居民基本居住权的天赋性、党的宗旨的人民性、城市土地的国有性，它是中国房地产市场得以持续发展的初始条件，它已经对中国房地产市场的基本居住功能给出完全性的清楚的规定。但中国房地产市场得以确立的初始条件是需要建立房地产市场的基础性制度来保证的。只有坚持"房子是用来住的、不是用来炒的"的定位的基本原则，并以此来建立适合中国国情的中国房地产市场基础性制度，上述的初始条件才得以确立并进一步强化。

2.3 对住房居住功能的定位在于住房本身的内在性

对中国房地产市场的居住功能定位不仅有其市场现实的背景，也来自具有多元化属性的住房本身的内在性。一般来说，在现代文明社会，住房在经济生活中的重要性，是一般其他商品无法比拟的。它既可消费也可投资；既是生活必需品也是投资奢侈品；它既是个人生活支出中价格最高的商品，也是消费周期最长的耐用品等，从而使住房具有多重的属性或功能。但是，住房的多元化的属性基本上都是由住房的居住功能衍生出的。

住房投资源于住房居住消费的耐用性，其无风险收益基于全部住房生命周期的消费流的总和，住房投资的价值是由住房的消费功能推导出的。而住房生命的长周期的价值又取决于以下两个方面：一是取决于居民收入增长及未来对住房居住要求提高，在货币上住房有增值可能；二是购买住房者对未来多种经济变量的预期。而对于未来现实世界的不确定性，及购买者对未来各种经济变量预期的差异性，这不仅容易导致投资性住房对价偏离居住性住房的无风险收益及引起房价的波动，也意味着住房投资面临着巨大的风险。在这种情况下，房地产市场要持续稳定发展是根本不可能的。可见，对住房的投资功能来说，住房的居住功能是本源，住房的投资功能是派生的。如果房地产市场是以投机炒作为主导的市场，强调住房的投资功能，那么投资性的住房市场肯定为无源之水、无本之木，它要持续稳定发展根本是不可能的。房地产市场的持续稳定发展只能回归它的本能即居住功能。

可见，从住房的内在本性来看，住房是与一般性的商品完全不同的商品。它是具有多种属性或多重功能的商品。住房既是必需品也是奢侈品；既是投资品也是消费品；既是市场的一般商品也是一种特定的公共产品。所以，住房既有政治属性（或功能）及社会属性（或功能），也有经济属性（或功能）。而住房的经济属性又有消费功能与投资功能，同时住房消费性可以购买也可以租赁。这些都取决于相关的制度安排。不过，说到底住房的居住功能是本源，是房地产市场的根本所在。

所谓住房的政治属性，就是指在现代文明社会，住房作为一种生活必需品，每一个人的居住权都具有天赋性，它需要通过有效的政治制度安排来保护。也就是说，住房的政治功能就是以政治制度安排的方式来保证居民最基本的居住条件。住房的社会属性是指对于最为弱势的阶层来说，住房又是一种民生所需的公共物品，政府又得以公共品的方式来保障社会弱势居民的基本居住条件。住房的经济属性是指追求经济效率的经济功能，它又可分为消费功能与投资功能。因此，对于具有多重属性的住房来说，一个国家法律制度及房地产政策对住房属性的不同界定或对住房市场的不同定位，就决定了该国房地产市场发展模式、房地产市场政策、居民的基本居住条件、住房市场的供求关系、市场价格运行机制、住房市场的财富分配和转移机制等，所以说，中国政府把房地产市场明确定位为居住功能为主导，就得通过法律制度安排把这种定位在制度上固定下来，而这些法律制度安排就是当前中国房地产市场的基础性制度的安排。前十几年，中国房地产市场仅是从一个纯粹市场角度（或经济属性）而不从住房多重属性的角度来研究与分析房地产市场的问题，来出台相关的房地产市场政策，这就是为何国内房地产市场出台的调控政策越多，房价上涨越快、房地产泡沫越大的根源所在，它也是中国房地产市场问题重重的根源所在。而中央政府坚持"房子是用来住的、不是用来炒的"的定位的基本原则，更重要的是强调了住房的经济属性的消费功能而不是投资功能，坚持住房的政治属性（保证居民的基本居住权）、社会属性（或住房作为一种保障性公共品）及经济属性（住房的消费功能）的统一。可见，当前中国房地产市场的重新定位或基本原则就是建立在住房本身的居住属性的基础上，它具有住房本身的完全内在性及市场逻辑。

2.4 基础性制度对楼市起决定性作用的案例分析

一般来说，有什么样的房地产市场定位，就会有什么样的房地产市场的发展模式、房地产市场运作模式及行为方式，住房属性及功能发挥也会不一样。这些都在于房地产的基础性制度对市场起到的决定性作用。比如说，对美国来说，其住房市场就定位为每一个居民能够有安全舒适的家的市场。这也是美国 1937 年《公共住宅法》和 1949 年《住宅法》的宗旨，这个宗旨全面肯定了住房三大属性，只是对住房经济属性中的投资功能限定在一定范围内，超过了这个范围用经济杠杆来约束（阿列克斯·施瓦兹，2012）。所以，美国不仅把对房地产市场居住功能的定位固化在《住宅法》中，也把这一市场定位落实到相关的制度、法律及政策中。比如，对中低收入者购买住房的住房抵押贷款利率减免、对完全居住性住房的房地产税减免、对出售居住性住房的资本收益税减免、对投资租赁房屋的税收减免和融资激励等。也就是说，美国在对房地产市场清楚定位为居住功能的基础上，实行以市场化为主导的住房保障模式。

以税收减免、融资补贴等市场化工具，把中低收入居民推向住房市场，让市场来解决中低收入居民的居住问题。所以美国房地产发展模式是居民的居住水平高、居民住房拥有率高（2006 年达到69%）（黄海洲、汪超等，2015）、住房租赁市场较为发达、政府提供的保障性住房所占的比重不高。由于美国的住房居住功能主要是通过市场化的方式来保证及发挥，也存在一定的制度缺陷，这也是引发 2008 年美国金融危机爆发的重要根源。

德国等欧洲国家对住房居住功能的定位更是绝对。德国的《宪法》和《住宅建设法》都明确规定，保障居民基本的居住条件是联邦政府首要的政策目标之一。德国房地产市场的宗旨就是要建造面积、布局、租金适合广大居民需要的住房，并明确规定德国的房地产业不是推动经济增长的工具，而是保障居民居住福利水平不断提升的行业。也就是说，在德国，房地产市场对住房投机炒作是完全拒绝的。为了做到这点，德国住房租赁市场相当发达及所占的比重较高，1999 年德国居民住房的租赁率达57%（戴维·莫林斯、艾伦·穆里，2012）。因为，德国政府的房地产政策实行了对社会租赁住房进行全方位的补贴，同时建立起了对住房租赁者强势保护的法律制度安排，以此来保证居民更有意愿租赁住房而不是持有住房（马尼克斯·库普曼，2012）。同时，德国也先后出台了多项严厉遏制住房投资投机性需求和开发商获取暴利行为的政策，从而让德国住房投机炒作者无利可图，让德国的房地产市场完全回到居民消费的居住功能上。由于德国政府对住房的居住功能明确定位，并通过房地产市场基础性制度来保证，这就使德国房地产市场的价格在近 20 年的时间里保持绝对稳定。1997—2015 年近 20 年间德国房价累计上涨大约在 10%，远低于居民可支配收入增长及物价累计上涨水平。而这近 20 年的时间也是德国经济增长最为强劲的时期，德国房地产市场并没有推动经济增长的工具。

新加坡与香港是两个对房地产市场定位非常特别的国家及地区。尽管两个地方对住房市场定位的目标相差不大，即都希望政府通过全面介入的方式来保证没有支付能力进入房地产市场的居民的基本居住条件，强调的是住房的社会功能，但两地所安排制度不同或基础性制度不同，其效果则截然不同。

1959 年新加坡成立自治政府后，很快就决定把住房建设放在优先位置,制定了《住宅发展法》,先把住房的社会功能制度化,并在1964年推出"居者有其屋"计划,其计划的宗旨就在于为没有支付能力进入房地产市场的居民提供公共住房。其房地产市场发展模式是:住房分为"组屋"和私宅。"组屋"是政府通过建屋发展局为广大中低收入群体提供廉价的公共住房,其占整个住房市场80%以上;私宅是由私人房地产发展商投资兴建,完全由市场价格供应有支付能力的购买住房者,其占比例不足20%(黄海洲、汪超等,2015)。"组屋"强调的是住房的社会功能及居住功能,而私宅强调的是住房的经济功能,既可消费也可投资。正因为新加坡能够用法律把住房属性及功能严格区分与界定,并把绝大多数住房界定在居住功能上,这就使新加坡的房地产市场能够持续稳定发展,居民的住房福利水平不断得以提升。但是,由于新加坡是一个城市国家,其经济较为富裕及人口又少,所以政府有能力不断地为居民提供更多更好的公共住房。但是,对一些大的国家特别是中国来说,其经验的一般性不多。

而香港房地产市场的发展则是一个相当不成功的案例。可以说,20世纪期间,香港是一个经济非常繁荣的城市,在港英政府时期就推出"十年建屋计划"等房屋计划,希望通过政府全面介入的方式来帮助没有能力在房地产市场购买住房的居民提供公共住房。王于渐(2017)研究发现,从20世纪50年代开始,香港建造公屋也不少。但是,由于香港的法律制度从一开始就没有对住房的属性给出清楚的定位,在公屋之外的房地产市场,住房既可消费也可投资,对住房的投机炒作约束只强调事前限制,而不是事中及事后限制。这必然让香港私宅市场最后成了投机炒作为主导的市场,住房的投资功能也发挥到极致,房价快速飙升,以此来保证香港政府的土地财政稳定增长,但香港居民的住房福利水平受到严重的损害。比如,2016年发表的《香港社会发展指数2016》报告的数据显示,香港居民居住支出占总开支比例由2008年的30.6%上升到2015年的34.3%;房屋租金指数由115上升到190;居民轮候公屋的年限由3.5年增加到4.7年。麦宝龙(2017)认为,香港居民的居住条件不但没有好转,反而在全面恶化。可以说,香港房地产市场已经发展了一百多年,政府对房地产市场介入也有60多年的历史,但是香港的房地产市场为何不能够持续稳定地发展,而且还是以严重牺牲居民居住福利水平为代价,其根本原因就在于没有对住房的居住功能清楚定位,更没有用基础性制度来保证。这不仅不能让香港的房地产市场持续稳定发展，也让香港房地产市场成了聚集政治、社会、经济等问题的焦点。而中国内地的房地产市场建立及发展模式部分借鉴了香港房地产市场，不过这种"引进"也仅是学习它的一部分，所以以往内地房地产市场模式所存在的缺陷更多。

可以说，无论是1998年的住房制度重大改革，还是2003年、2008年及2015年房地产市场制度的重大调整，这些改革基本上都是反应式的，都是对当时所面临的危机环境的"条件反射"。尽管以往每一次的住房制度改革文件也会提到居民的住房需求，但这些住房制度改革不仅没有对住房市场的居住功能清楚定位；反之在当时的危机环境下更强调发展房地产市场的工具性，而不是目的性，从而使中国房地产市场的基础性制度迟迟无法确立。比如，1998年国务院《关于进一步深化城镇住房制度改革加快建设的通知》明确规定了中国住房制度改革的目标是，推进中国住房商品化、社会化，以此来"促使住宅业成为新的经济增长点，不断地满足城镇居民日益增长的住房需求"（李斌，2009）。也就是说，面对当时的居住危机，政府希望住房制度的改革以市场化的方式来化解，但是该文件只是假定建造的住房都会用于居民的居住消费，而没有清楚界定住房的居住功能，同时更强调的是房地产市场发展对经济增长的工具性。而这一点体现在2003年国务院《关于促进房地产市场持续健康发展的通知》和2008年国务院《关于促进房地产市场健康发展的若干意见》[①] 中，前者把房地产市场定位为国民经济的支柱产业，后者则是为了应对金融危机，通过更为刺激的房地产政策来救助经济，如放宽住房投资者利用优惠信贷政策进入市场的条件（李斌，2009）。而2015年面对经济增长下行压力，政府更是把房地产的去库存化作为发展房地产市场的主要任务。在住房的属性和功能没有清楚界定、房地产市场的基础性制度没有建立的制度安排下，中国房地产市场则逐渐走向了以投机炒作为主导的市场，房价则越推越高，房地产泡沫越挤越大，房地产市场的发展难以持续。

---

① 参见《国务院办公厅关于促进房地产市场健康发展的若干意见》（国办发〔2008〕131号），百度文库，2010年11月13日，https://wenku.baidu.com/view/a2217b89680203d8ce2 f24 c2.html，2017年6月2日最后访问。

2.5 中国房地产市场基础性制度的
确立及基本内容

无论是从中国房地产市场确立的初始条件来说，还是从住房的居住功能的本源性及简单案例来看，坚持"房子是用来住的、不是用来炒的"的定位，既有现实的背景，也有内在的经济逻辑，但是这必须用基础性制度来保证，否则住房的基本居住功能无法落实。那么如何来坚持住房的居住功能定位，又得用什么样的制度来安排、来保证呢?

正如 2016 年中央经济工作会议所指出的，为了促进房地产市场平稳健康发展，就应该坚持"房子是用来住的、不是用来炒的"的定位，综合运用金融、土地、财税、投资、立法等手段，加快研究建立符合国情、适应市场规律的基础性制度和长效机制。也就是说，对当前中国房地产市场重新定位，并让它回归到基本居住功能，这是保证未来中国房地产市场能够持续稳定发展的必要条件，否则中国房地产市场只能是乱象丛生，甚至危机重重。可以说，该文件对未来中国房地产市场的定位是十分清楚的，即中国住房市场的基本功能是居住、消费，而不是投资赚钱。而住房的居住功能可以把住房的社会功能、政治功能及经济功能融合起来，它的获得方式既可以是由政府提供，也可以通过市场化的方式购买及通过市场租赁的方式来获得。在此，住房投机炒作的属性将全面弱化甚至剔除。所以，当前中国房地产市场基础性制度的建立就是要把住房的居住功能的定位写入《宪法》及作为宗旨创立《住宅法》。只有这样才能把住房的居住性功能的定位固化在制度安排上，这就是当前中国房地产市场基础性制度安排的核心所在。

以住房居住功能定位为宗旨的中国《住宅法》，包括房地产市场的模式发展，房地产市场的土地、金融、税收、投资等新的制度安排，也包括新的制度安排的获得方式。比如，中国的房地产市场发展模式可以是三分天下的模式，即在房地产市场被定位为以居住功能为主导的市场前提下，根据住房本身的属性可能把住房严格界定为占比为 10% 的保障性住房、占比为 70% 的居住消费性的住房，及占比为 20% 的投资和消费合一的住房。对于这样的房地产发展模式，一是为何要确立 10% 的保障性住房。这主要出于政府财政能力的考虑，如果占的比重过高，政府是没有能力来提供更高比重的公共住房的。当然，保障性住房也可能是多种方式。二是为何要提出 20% 作为投资及消费合一住房市场。因为消费合一住房市场主要包括三个方面：商业性住房、高档住房及商业性租赁住房。这是现实市场不可或缺的部分，但政府除用政策的方式鼓励租赁性住房建设之外，不介人太多。70% 为绝对的消费性住房市场。这个市场的目的就是让绝大多数居民通过市场化的方式能够获得满足他们基本的居住要求的住房。这个市场同样是多层次的，从高端到低端；居住功能的获得方式是多样的，问题是由基础性制度安排引申出的政策如何鼓励居民是持有住房还是租赁住房。但居住的消费性则是绝对的。这种居住消费的绝对性主要表现为在这个市场想通过住房交易获利是根本不可能的。所以，定位为以居住功能为主导的房地产市场发展模式一旦确立，就得通过土地、金融、税收、投资等方式进行事前、事中及事后清楚全面的界定，各得其所，不可逾越。这些都是房地产市场基础性制度的安排，房地产市场的政策也只能由此引出。

现在的问题是，中国房地产市场的基础性制度从何而来？可以说，对当前中国的房地产市场重新定位，不仅是房地产市场的投资功能向居住的消费功能的转型，也是市场价格的理性回归，更是一场重大利益关系的调整及博弈。如果这场博弈只是如以往住房制度改革那样对危机的应对式反应，仅是新的制度安排由职能部门或少数人制定，那么房地产的基础性制度同样是无法确立的。所以，房地产市场的基础性制度只能通过公共决策的方式来获得，并通过这种方式的博弈来平衡当前房地产市场各种利益关系，并且让绝大多数人的利益制度化，以及还得通过程序的正义来保证房地产市场的基础性制度引申出的房地产政策公平公正。然后把这些原则及程序正义具体地体现在住房发展模式、土地、产业、金融、税收、投资、政府资助等政策各个方面，更为具体地体现在住房的土地交易、城市规划、融资、开发、租赁、销售等住房市场各个环节上。只有这样，一个以全体居民住房福利条件不断改善及居住功能为主导的市场、一个绝大多数居民有支付能力购买的消费性住房市场才会出现。只有这样的房地产市场，才能在住房市场的各种利益关系中找到利益的平衡点，才能保证中国房地产市场持续稳定地发展。也只有这样的房地产市场，才能成为未来中国经济真正增长的动力。可见，建立起中国房地产市场基础性制度是十分重要及迫切的。

3 中国房地产市场长效机制的理论基础研究①

3.1 前言

关于中国房地产市场的长效机制，最早于 2010 年，由时任国务院总理温家宝在达沃斯论坛上提出，当时温家宝总理表示，"加快建立促进房地产市场健康发展的长效机制"。后来对此一直有讨论。2013 年新的政府上任之后也开始密切关注这个问题，并在 2016 年 12 月把它纳入了中央经济工作会议的公告中。该公告指出，"促进房地产市场平稳健康发展。要坚持'房子是用来住的、不是用来炒的'的定位，综合运用金融、土地、财税、投资、立法等手段，加快研究建立符合国情、适应市场规律的基础性制度和长效机制"。中央对建立中国房地产市场长效机制的要求开始一次又一次地变化。在 2016 年年底中央经济工作会议的公告中，所表述是"加快研究建立符合国情、适应市场规律的基础性制度和长效机制"，到了 2017 年"两会"的《政府工作报告》中对建立房地产市场长效机制的表述变为"加快建立和完善促进房地产市场平衡健康发展的长效机制"②，从"加快研究建立房地产市场的长效机制"提升到"加快建立房地产市场的长效机制"，再到 2017 年 4 月 25 日的中央政治局会议公告中表述变为"要加快形成促进房地产市场稳定发展的长效机制"③。党的十

---

① 该文章写作于 2017 年。

② 《2017 年政府工作报告（全文）》，新华社，2019 年 2 月 28 日，http：//www.china.com.cn/lianghui/news/2019 - 02/28/content_ 74505911. shtml？f = pad，2019 年 6 月 2 日最后访问。

③ 《中共中央政治局召开会议：分析研究当前经济形势和经济工作审议——〈关于巡视中央政法单位情况的专题报告〉》，新华社，2017 年 4 月 26 日，http：//dangjian. people. com. cn/n1/2017/0426/c117092 - 29236279. html，2017 年 6 月 2 日最后访问。

九大报告指出，"坚持房子是用来住的、不是用来炒的定位，加快建立多主体供给、多渠道保障、租购并举的住房制度。"进一步重申了住房居住功能的重要性及指明建立购租并举住房制度的方向。而 2017 年的中央经济工作会议进一步强调了"完善促进房地产市场平稳健康发展的长效机制"。

从中央政府对建立房地产市场长效机制的表述来看，其有微妙的变化，由"加快研究建立"中国房地产市场的长效机制，提升到"加快建立"中国房地产市场的长效机制，再到"加快形成"，再到"完善促成"中国房地产市场的长效机制。即对中国房地产市场的长效机制建立的要求，在短短的时间里，一次比一次感觉到更为迫切。估计这里既有市场要求的迫切性，因为面对当前中国房地产市场的现实，房价高企、泡沫飞溅、财富分配关系恶化、由房地产利益关系引发社会矛盾与冲突频繁等，如果不加快形成中国房地产市场的长效机制，仅通过现有房地产市场发展模式解决这些问题是不可能的；反之还可能让这些问题更为恶化。

同时，政府对中国房地产市场长效机制的政策储备开始酝酿成熟，新的房地产市场政策将会陆续出台。而且这些新的房地产市场调控不仅可能是新招，有可能是市场想象不到的绝招。这些政策真正地把房地产市场的投机性遏制住，让房地产市场的赚钱功能逐渐去除，让房地产市场真正回到居住的功能，让城市居民更愿意租房而不是持有住房，让中国绝大多数居民对当前中国房地产市场更有信心。如果这样，国内房地产市场将出现巨大调整。而这就是中央政府为何要加快形成中国房地产市场的长效机制的意图所在。

更为重要的是确立或形成中国房地产市场的长效机制，也意味着当前中国这种"房地产化"为主导的经济增长模式或"土地财政加 GDP 主义"的经济发展模式将要发生重大改变与调整①。因为，在当前以"土地财政加 GDP 主义"为主导的经济增长模式下，房地产被看作经济增长最为重要的来源，或者说从中央到地方的各级政府都把房地产业看作 GDP 增长最为主要的工具。在这种情况下，房地产只具有生产性投资功能及经济功能，而没有社会性功能。房地产业的投资不仅是一种生产性投资，还是一种经济增长的工具，那么房地产业发展的唯一考核就是利润，就

---

① 郑永年：《中国房地产的出路》，《联合早报》2017 年 4 月 4 日。

是赚钱多少。所以，在"土地财政加 GDP 主义"经济增长模式下，无论是政府还是房地产开发商、房地产投资者及其他人，每一个人都想从房地产市场获得巨额的利益。这必然导致中国房地产市场极度的投机炒作性。尤其在当前房地产市场为政府的房地产政策所主导的情况下，房地产市场这种投机炒作性及利益内部操纵性更是无可复加。这不仅让整个社会的大多数财富在短期内迅速地向少数人集中，严重损害绝大多数人的利益，也让整个社会各种资源都流向房地产市场，从而导致整个中国经济结构恶化、企业创新的窒息、社会资源配置的严重低效率或无效率、中国的经济增长不可持续性，及金融体系及银行的风险大增等。这当然与党的十九大报告中所提出的社会走向共同富裕及满足广大人民追求美好生活的需要所要求的是有差距的。所以，建立或形成中国房地产市场的长效机制，就是要改变当前中国"土地财政加 GDP 主义"经济增长模式，让中国经济增长更有质量与效率，并走上健康持续发展之路。

建立与形成中国房地产市场的长效机制也是防范及控制中国金融体系风险的必由之路。朱宁的研究表明，在中国现有的房地产市场发展模式下，利用银行信贷过度扩张，不仅推动整个中国房地产市场的价格出现了一个持续十几年单边疯狂上涨的周期①，而且也吹大了一个中国巨大的房地产市场泡沫。而这个巨大的房地产泡沫则成了当前中国金融体系所面临的最大风险。比如有研究表明，从国际对比来看，日本房地产泡沫最严重的是 1989 年，居民新增房贷占当年 GDP 的比重没有超过 3.0%，而中国 2015 年达到 5.5%。美国金融危机前新增房贷占 GDP 的峰值为 8.0%，而中国 2016 年上半年新增房贷与公积金贷款占 GDP 比重已达 8.6%。中国的住房贷款余额占 GDP 的比重在 2017 年早就超过了 25%，已达到日本 20 世纪 90 年代地产泡沫顶峰时的水平。2016 年年底中国房地产总市值占 GDP 的比例为 411%，远高于全球 260% 的平均水平。也就是说，无论从哪一个数据来看，中国房地产泡沫吹大的程度远大于 20 世纪 90 年代日本房地产泡沫破灭前的程度，也高于 2008 年美国金融危机爆发前的水平，如果中国政府不严加警觉，中国的房地产泡沫随时都有可

---

① 数据显示，2004—2014 年 10 年时间里，北京、上海、广州、深圳的房价分别上涨了 374%、346%、505%、420%。朱宁：《刚性泡沫》，中信出版社 2016 年版，第 62 页。如果加上 2015—2016 年这四个城市房价疯狂上涨，其涨幅肯定超过 10 倍以上。

能破灭的危险。如果中国的房地产泡沫破灭，同样会导致中国金融体系的危机。所以，建立与形成中国房地产市场的长效机制，就是要彻底结束当前中国的房地产发展模式，就是要让中国房地产市场逐渐地从当前这种中国金融体系的高风险中走出。

加快形成中国房地产市场的长效机制就是把"要坚持'房子是用来住的、不是用来炒的'"的基本原则具体化。这个基本原则已经写入了党的十九大报告。中央对中国的房地产市场给出了清楚明确的定位，即"房子是用来住的、不是用来炒的"。这是对中国房地产市场重新定位的核心，就是要求中国房地产市场回到它的本性，回到它的基本居住功能，彻底去除房地产市场的投机炒作的赚钱功能。前十几年的中国房地产市场，调控了这么多年，越是调控，其价格越是疯狂上涨，市场越是认为政府不会让房地产市场的价格下来。何也？最为核心的问题就在于政府对房地产市场的定位不清。所以，加快形成中国房地产市场的长效机制就是要改变这种状态，让中国房地产市场真正回到它的本源。

现在的问题是，中国房地产市场的长效机制是什么？它的理论基础又是什么及来自哪里？它是作为商品住房的一般性演绎，还是根源于它的内在性；几百年来，房地产泡沫往往都成为爆发金融危机的根源，那么它的经验逻辑又在哪里？如果不从理论上讨论清楚，要建立起中国房地产市场的长效机制是不可能的，特别是从计划经济转轨而来的中国房地产市场更是如此。从目前全球各国的房地产市场发展模式来看，德国的房地产市场发展模式可能是最为成功的经验。在德国，住房绝对的居住功能完全用《宪法》及《住宅建设法》明确地固定在制度安排上。所以，德国房地产市场不是 GDP 增长的工具，而是保证每一个居民住房福利水平提升的市场，即房地产市场生产的目的就是用来给居民居住的，而不是用来炒作赚钱的。这样，德国的房地产市场才能回归到其内在的本性上，而不是由居住功能派生出的投资炒作市场上，也不是政府所追求的 GDP 增长的目标上，这是德国的房地产市场能够持续稳定发展及长效的根本所在。本文先从商品住房的内在性出发，来讨论住房的属性、功能，以及不同属性之间的关系，厘清住房不同的属性对市场的作用与影响，并由此演绎出建立中国房地产市场长效机制的决定性因素。然后通过对德国及中国香港两个案例的分析归纳出房地产市场长效机制的一般性结论。这些都是中国房地产市场长效机制建立的理论基础。

3.2　德国房地产市场的长效机制是什么?

可以说,在过去的几十年的世界历史中,房地产市场能够持续稳定发展的只有德国,或者说只有德国建立起了房地产市场发展的长效机制。任泽平、甘源(2016)研究发现,尽管美国在 20 世纪 90 年代以前房地产市场持续稳定发展,但是由于美国房地产政策受到误导,最终引发了 2008 年的金融危机,而英国的情况与之相比则存在更大的问题。还有,日本 20 世纪 90 年代发生房地产市场泡沫危机,及 2008 年美国金融危机之后,欧洲不少国家房地产泡沫破裂,引发欧洲金融危机。但是,对于德国来说,其出现的情况则是天壤之别。1970—2015 年,德国新建住房名义价格指数上涨了 90%,扣除通货膨胀的影响,其实际价格下跌 11.3%,实际房价收入比下跌 62%。也就是说,对于德国的房地产市场,自 20 世纪 70 年代以来,德国的房价收入比不断地走低。德国的实际住房价格不仅没有随着实际人均 GDP 增长而上涨;反之,还打破了住房价格与人均可支配收入的正相关关系。也就是说,如果居民购买住房,其购买住房的支付能力越来越强。可以说,在过去的几十年里,德国的房地产市场和经济不仅能够持续稳定发展,房地产市场的长效机制得以确立,而且一般由房地产泡沫所引发的危机根本就没有在德国发生。

那么德国房地产市场为何与全球其他国家不同并能够持续稳定地发展?德国房地产市场的长效机制又是如何建立的?其主要内容是什么?德国房地产市场的长效机制仅是一种特殊表现还是具有一般性的意义?它对中国房地产市场的长效机制建立又有多少借鉴意义?等等。这些都是我们要研究的问题。

首先,德国房地产市场遵循的是"社会市场经济体制"的原则(约翰·艾克豪夫,2012)。在这个原则下,一方面住房经济的各个组成部分,新建住房、存量住房的维护与更新,区域的划分与使用,二手房的交易,只能通过价格机制来调节,政府必须放弃对租金、房价及土地价格的干预,并管理好投资者对投资环境的预期。另一方面国家房地产市场主要目标就是保证没有支付能力的弱势居民获得"有尊严的"居住环境(或建立住房保障体系)。政府不能因为国家保障性住房计划而干扰到市场的有效运行,并以此对保障性住房政策及住房经济政策划定清楚的边界。

其次,在此基础上,德国把住房市场定位为满足居民基本居住条件的市场。房地产业只是国家福利体系的一个重要组成部门,而不是拉动经济增长的"支柱产业"。比如,德国《住房扶持法》的第一句话或宗旨就是"社会福利住房的扶持是承担社会责任的住房政策的重要组成部分"(约翰·艾克豪夫,2012),即住房的居住功能首先就是政治功能。而且德国还把住房的居住功能定位完全固定在其《宪法》《住房扶持法》等一系列的法律制度上。德国的《住房扶持法》《住房租金补助法》《住房租赁法》和《私人住房补助金法》分别为社会保障住房供给、中低收入的房租补贴、租赁市场的规范和私有住房建设提供了法律框架,被称为德国住房政策的"四大支柱"。其目的就是保证居民的住房的居住功能获得。

再次,由于住房定位为满足居民基本的居住功能,定位为国家福利的重要组成部分,所以严格地限制住房市场的经济行为的利润。比如,德国的房地产政策一方面鼓励房地产开发企业增加投资(如住房建造的投资补贴),另一方面政府严格限定房地产开发商的利润水平。房地产开发商所建造的住房定价如果超过合理房价20%就算违法,超过了50%构成犯罪,就得罚款及承担刑事责任。同样,政府鼓励居民购买或建造住房出租,但利润水平也受到严格的限制。房东租赁住房,其租金超过合理租金20%就算违法,超过了50%就构成犯罪。合理房价及合理租金的界定标准都非常严格,都得通过多方的相应组织协商来确定。还有,德国有相当严厉的法律限制住房投资投机需求。比如,住房交易需要支付过户费3%、评估费5%、资本利得税25%。不过,住房持有超过10年可以免缴资本利得税,如果住房持有少于10年则严格按照个人所得税累进税率进行征税。在这种制度安排下,住房市场不是赚钱获利的市场,住房投机炒作的属性受到严格限制,甚至完全被挤出市场。这是德国房地产市场的长效机制得以建立最为重要的方面。

最后,德国有一个十分发达的住房租赁市场。这是房地产市场长效机制最为重要的部分。在德国,住房租赁市场相当发达及所占的比重较高,1999年德国居民住房的租赁率达57%(戴维·莫林斯、艾伦穆里,2012),而居民的住房拥有率只有40%多一点。但同期欧盟的住房拥有率平均为63%，而西班牙高达85%、希腊为80%、意大利为75%。不过，这些住房拥有率高的国家也是2008年美国金融危机爆发时损失最大的几个国家。

现在的问题是，为何德国的居民喜欢租赁住房而不愿意持有住房？这与德国对房地产市场完全定位为居住功能有关。所以，居民持有住房想通过住房交易获利基本上是不可能的。这不仅在于住房的交易成本高，而且住房资本利得税以累进制征税，基本上无法让住房交易获利。这自然会减弱居民持有住房的动机。还有，杨太乐、刘峰等（2013）认为，尽管居民持有住房对住房的消费及居民租赁住房对住房的消费本质上没有多少差别，但在现有的产权制度下，房东比住房租赁者享受更多的权利。比如，在时间跨度上房主对住房的消费没有租赁期的限制，房主对住房的所有权及附带的消费权可以自由地转让或继承。又如，房主有自由地对住房进行装修及内部改造的权利等。

但是德国居民为何会放弃持有住房消费诸多权利的优势性而更愿意选择租赁性的住房消费呢？这与德国关于住房租赁市场的法律安排有关。德国的《住房租金补助法》就明确指出，住房租金补助的目标是从经济上保障一个适当的以及适合家庭的居住条件（约翰·艾克豪夫，2012）。而租金补助的形式是以租金补助金发放（租金补贴）或者自有住房费用分担。在这里可以看到，为了保证居民的基本居住条件，每一个德国公民都能够获得政府的住房租金补贴。只不过，10%左右的居民租用政府提供保障性住房，而90%以上家庭（无论是市场租赁还是自己持有住房）都能够获得住房租金的补贴。只不过是根据家庭人口及支付能力的不同其补助金额不同而已。在《住房租金补助法》的安排下，如果居民租赁住房的消费远优于居民持有住房的消费，那么居民宁可租赁性住房消费了。而且，为了鼓励居民住房的租赁性消费，德国政府不仅对社会租赁住房建造进行了全方位的补贴，也要求房地产开发商建造更多优质的住房，以保证住房租赁市场的供给。同时，德国政府设立了《住房租赁法》等一系列的法律制度安排对住房租赁者进行强势保护，以此来保证居民更有意愿租赁住房消费而不是持有住房消费（马尼克斯·库普曼等，2012）。比如，在这些法律安排中，政府会根据房屋的大小、地段和质素，给所有的住房打分，然后根据分数来划定相应租值。在这些法律制度设定下，房东不但不能收取高于相应租值的租金，每年租金加幅也受到严格限制。此外，该制度对租客的续租权有全面保障。这不仅在于在租约期间业主不能够赶走租客，而且还在于，即使租约结束，除非租客出现重大过失，否则业主必须继续再租。同时，根据相关法律，租赁住房者成立了强大的住房租赁者协会。该组织不仅与各个相关部门协调租赁者的利益关系，也参与城市住房发展规划、住房法律法规及住房政策的制定中，以此全方位地保护租赁者的利益。此外，德国的房地产市场长效机制的制度安排还包括住房合作社金融制度、稳定租赁住房市场投资回报率的安排、城镇化的规划、长期稳定的房地产信贷政策等。

可见，德国房地产市场长效机制是建立在市场经济的基础上，并严格地把住房定位在满足居民基本居住条件改善的居住功能上，并且用一系列的法律把住房的居住功能原则固定在制度安排上，严格限购住房投机炒作、严格限制与住房运作有关的经济行为的利润水平，并通过政府的经济激励政策让居民更愿意选择住房的租赁性消费，而不是持有住房消费，以此建立了一个占比例较高的住房租赁市场。这些就是德国房地产市场长效机制得以建立的基础及基本内容。

3.3　中国房地产市场长效机制的理论基础

从上面的分析可以看到，中国房地产市场长效的理论基础最为重要的应该是以下几个方面。一是建立在市场机制的基础上，对于当前的中国经济来说，市场同样是一种较好的分配资源的方式。党的十九大报告就明确指出，要让市场经济对资源配置起决定性的作用。如果不通过有效的市场机制，中国房地产的许多问题是不可能解决的。二是要坚持中央提出的"房子是用来住的、不是用来炒的"的房地产市场定位的原则。只有让中国房地产市场重新定位，并回到它的基本居住功能上来，中国的房地产市场长效机制才能够确立。最近中央计划在河北设立雄安新区，并对该新区进行规划。从现在公布的雄安新区规划来看，雄安新区房地产市场发展模式也正在走到以绝对居住功能为主导这条路上，这肯定是未来中国房地产市场的主要发展模式，也可能是未来中国房地产市场长效机制的一个样板。三是根据市场法则建立起购租并举的住房制度，其核心就是因地制宜，对不同的市场采取不同的制度安排。比如，对于一线及二线城市更强调发展住房租赁市场，以此来改变当前这些城市的市场格局，而三四线城市更强调购买。

但是，对于中国房地产市场的长效机制建立，仅是综合运用金融、土地、财税、投资、立法等手段，要建立起符合国情、适应市场规律的房地产市场长效机制并不是容易的事情。还得从中国房地产市场长效建立的基础理论、观念体系、制度获得方式、行为方式等方面入手。因为，从目前中国房地产市场来说，前十几年来，中国的房地产市场不仅是从计划经济体制转轨而来，计划经济遗迹到处都是。中国房地产市场不仅是一个政策市场，而且更重要的表现是要素市场的非市场化，商品市场的市场化①。在这样的情况下，中国房地产市场的供求关系及价格机制已经完全扭曲，以及当中国房地产市场问题丛生，房地产市场泡沫巨大时，政府更是用行政性方式全面干预市场，如限购限贷、限制住房交易、限价等。同样，居民的保障性住房的社会功能被严重忽视。所以，要建立起中国的房地产市场长效机制，首先就得全面清楚地划定政府与市场的边界，清楚界定政府在房地产市场功能，让中国的房地产市场回归到市场的运作机制上来。这是目前如何能够确立房地产市场长效机制十分重要的方面。如果政府不通过逐渐地退出对房地产市场的过多干预，中国房地产市场长效机制要想确立是不可能的。

其次，中央政府提出了"房子是用来住的、不是用来炒的"的房地产市场定位的基本原则，就得把这一基本原则用法律的方式固定下来。这一基本原则不仅要固定到中国的《宪法》中，以此来保证中国每一个居民的居住权的天赋性，也要以此为原则建立起中国的《住宅法》等关于居民各种居住权得以优先保证的法律制度，及全面地修改早就不合时宜的《中华人民共和国土地管理法》《中华人民共和国房地产管理法》等法律。如果这些法律制度不能够确立，也就无法对居民的住房居住权的优先性以法律方式确立，无法对住房的投机炒作性功能全面遏制，无法对住房的投资利润水平用经济杠杆给予清楚固定，这样要建立起中国的房地产市场的长效机制也是不可能的。

再次，要发展中国的住房租赁市场，其几个前提条件要得以确立。

---

① 中国房地产市场在要素那块完全为政府管制，比如土地交易，而商品住房市场完全市场化，完全由交易者自由定价。

一是住房居民功能用税收制度真正落实，住房投机炒作赚钱的功能真正去除；二是通过政府财政补贴等方式引导居民更愿意租赁住房而不是愿意购买住房；三是政府要通过土地、税收、金融等优惠政策鼓励企业建造更多的价廉物美可租赁的住房；四是制定对租赁者的利益得到真正保护的法律法规，保证他们的利益不会受到侵害。没有这些前提条件，作用长效机制的重要部分租赁市场发展起来同样是相当困难的。

最后，建立起中国房地产市场长效机制不仅是对"土地财政加 GDP 主义"经济增长模式的否定，也是一场重大的利益关系的博弈。面对这场重大的利益博弈，最为重要的问题就是新的制度规则或法律从何而来。如果还是如以往的方式那样来自政府职能部分，来自少数人的提案，而不是通过公共决策的方式进行，那么所制定的中国房地产市场的长效机制是否为长效机制是相当不确定的。因为，如果中国房地产市场的长效机制不是通过公共决策的方式来确立，这不仅不能够平衡好当前房地产市场的利益关系，更无法为未来中国房地产市场发展指出长期健康发展之路。这些都是中国房地产市场长效机制确立的理论基础及基本原则。就当前中国房地产市场形势来看，政府为了给房地产市场重新定位，让房地产市场回归到居住功能，正在通过一系列的行政性的房地产调控政策希望以此达到目的，比如限购、限贷、限制交易、限制住房交易价格、限制商改住等，但是这些政策既没有从改变以"土地财政加 GDP 主义"为主导的经济增长模式入手，反而这种以"土地财政加 GDP 主义"为主导的经济增长模式更是在过度扩张，而且这些以行政性为主导的房地产调控政策，无所不用其极。这必然使这些调控政策不仅无法对房地产市场重新定位，让房地产市场回归本性，反之不断地在强化房地产投资者的价格上涨预期，让当前的房地产市场调控又重新回到前十几年房地产市场调控的老路。如果这样，只会与中国房地产市场的长效机制越来越远。

所以，中国房地产市场长效机制的确立就得从基础理论入手，要坚持"房子是用来住的、不是用来炒的"的市场定位，并通过改变经济增长模式，完善土地政策、信贷政策及税收政策，建立起新的房地产市场发展模式，并让这一原则制度化及具体化。这是中国房地产市场的长效机制确立的根本所在，否则很难建立起中国的房地产市场长效机制。

4 "只住不炒"楼市定位的理论 意义和政策选择的研究[1]

4.1 导言：房地产"只住不炒"的市场定位

20 多年来，中国出现了前所未有的房地产市场发展与繁荣。这不仅全面带动了近 20 年整个中国经济快速增长，也全面改善了国内居民的居住条件，加快了中国城市化的进程，促进了国内居民的财富快速增长。比如，以人民币当年价格来计算，1978 年中国的 GDP 增长为 3678 亿元，1998 年达到了 8.5 万亿元，2017 年达到了 82.7 万亿元。2017 年的 GDP 是 1978 年的 225 倍和 1998 年的 9.7 倍。1998—2002 年 GDP 总量达 50 多万亿元，比前 20 年总量还多。2003—2017 年中国 GDP 总量 659 万亿元是改革开放后前 20 年（1978—1997 年）总和的 13.5 倍。[2]

中国房地产对经济增长的贡献是十分明显的。李斌（2009）研究发现，中国居民人均居住面积，由 1978 年的 3.3 平方米上升到 2016 年的 40.8 平方米，是 1978 年的 13 倍。1998—2017 年商品房销售总面积达到 143 亿平方米[3]，如果按每套为 90 平方米计算，每个家庭为 3 口之家，那么在此期间销售的住房可达到 15910 万套住房，可以满足 5 亿左右的城市人口居住。改革开放以来，中国的城市化率由 1978 年的 17.95% 上升到 2017 年的 55.8%[4]。国内房地产的发展与繁荣也推动了国内居民财富的增长，人口结构的全面转型。2017 年中国财富总值位居全球第二，达 29

---

① 该文章发表在《江西社会科学》2019 年第 5 期。
② 该数据参见历年的《中国统计年鉴》。
③ 同上。
④ 同上。

万亿美元,仅少于美国的 93.6 万亿美元①,由此,中国的一个巨大的中产阶层正在形成。

但是,中国房地产市场的过度发展与繁荣,也给中国社会与经济带来了一系列严重问题。比如,由于房价过高(无论是从一般房价收入比、房价租金比来说,还是从实际房价水平来说,都是如此)及保障性住房的供应不足,使城市不少居民的基本居住条件难以得到改善或基本居住权被剥夺;房价过高使中国房地产市场早就积累了一个巨大泡沫,它不仅增加了中国经济及金融市场的风险,也使整个经济营运成本全面上升;房地产过度繁荣所导致的经济"房地产化",让整个社会的资源涌入房地产市场而导致整个社会资源配置的低效率,中国的产业结构迟迟难以调整,上市公司炒作住房司空见惯;房地产市场的过度发展使整个社会财富短期内向少数人聚集,社会财富分配越来越不合理,居民消费出现严重的挤出效应;房地产的过度发展也导致贪污腐败严重、社会道德严重堕落等。中国房地产市场也堕落成了一个以投机炒作为主导的市场。

对于上述房地产市场问题,政府部门早就有所警觉,所以从 2003 年开始,就一直不断地出台房地产调控政策,并希望通过不同的房地产调控政策来化解房地产市场这些严重的问题。但是,由于对房地产市场的性质认识不清,房地产调控政策根本就没有针对性;反之,房地产市场的调控政策出台得越多,房地产市场的价格上涨越快,房地产炒作越严重,房地产市场更是乱象丛生。直到 2016 年中央经济工作会议对国内房地产市场性质的认识才出现了一个重大转折。该会议指出②,要坚持"房子是用来住的、不是用来炒的"(以下把这句话简称为"只住不炒")的定位,加快研究建立符合国情、适应市场规律的基础性制度和长效机制,以此来抑制房地产泡沫,并要求房地产市场回归到居住功能。2016 年 12 月 21 日,习近平总书记在中央财经领导小组第十四次会议上进一步指

---

① 《财富总值全球第二 中国居民家庭越来越富有了》,青年创业网,2017 年 11 月 16 日,http://www.qncye.com/baodao/caifu/111630244.html,2018 年 12 月 13 日最后访问。

② 《2016 年中央经济工作会议全文发布》,新华社,2016 年 12 月 16 日,http://finance.ifeng.com/a/20161216/15083537_0.shtml,2018 年 12 月 13 日最后访问。

出，"要准确把握住房的居住属性"。① 也就是说，在以前，由于政府部门对住房的多重属性认识不清，也就无法把握住房的基本属性与功能，所以，以往的房地产政策无法对房地产市场给出清楚明确的定位。在这种情况下，政府各职能部门根据其对房地产市场的理解，出台不同的房地产政策，从而使这些房地产政策既无法对房地产市场的问题针对性地对症下药，更无法找到化解中国房地产市场问题的办法；反之，国内房地产市场越调控所聚积的问题则越多、越严重。所以，"只住不炒"的提出是国内房地产政策一次重大转折，具有里程碑式的意义。特别是党的十九大报告把"只住不炒"写入中央文件中，更是意味着"只住不炒"既是当前国内房地产政策和住房制度改革的基点，也意味着国内房地产市场将进入一个新时代。党的十九大报告指出②，坚持"房子是用来住的、不是用来炒的"定位，加快建立多主体供给、多渠道保障、租购并举的住房制度，让全体人民住有所居。就是对国内房地产市场发展模式一个全新的表述。

"只住不炒"的基本内涵是什么？它具有什么样的理论意义与实践意义？在"只住不炒"的市场定位下，有什么样的房地产政策选择？在现有的市场条件下，什么样的房地产政策更具有优先性？等等，如果能够把这些问题在理论上梳理清楚，就能够给出当前住房制度改革的清晰思路，并以此引导中国住房市场进入一个新时代，促进中国未来住房市场持续稳定发展。

4.2 "只住不炒"的基本内涵

一般来说，"只住不炒"的基本内涵，我们可以从两个角度来理解。一是在人类社会，住房作为一种与衣食行一样的生活必需品，它直接关

---

① 《习近平总书记在中央财经领导小组第十四次会议上的讲话引起广泛共鸣》，新华社，2016 年 12 月 23 日，http：//www. xinhuanet. com/politics/2016 – 12/23/c_ 1120178830. htm，2018 年 12 月 13 日最后访问。

② 《习近平在中共第十九次全国代表大会上的报告》，《人民日报》2017 年 10 月 28 日，http：//cpc. people. com. cn/n1/2017/1028/c64094 – 29613660. html，2018 年 12 月 13 日最后访问。

系到每一个人的基本生存状态，因此，保证个人基本的居住条件是人类社会得以存在和繁衍的基础，即居住权是天赋人权（易宪容，2009）。只不过，在不同的时期、不同的经济制度下，个人居住获得方式，或住房分配方式会有很大不同。比如，在商品经济不发达的时期，或非商品经济条件下，住房不是商品，无法以交易的方式获得，所以，个人居住条件主要是靠自己建造来解决，中国的传统社会就是这样。而在计划经济条件下，个人的住房主要是通过计划分配方式来实现。这时，住房属性简单，不存在住房是消费还是投资分属问题。二是在市场经济体制下，有了发达的金融市场及金融产品创新，这不仅造就了现代房地产市场的繁荣，也衍生出了住房的多重功能与属性。如果没有发达的金融市场，也就不会衍生出住房的多重属性。由此可见，"只住不炒"的基本内涵是建立在两个理论前提的基础上，一是住房是生活必需品，居住权是天赋人权，住房的居住功能是本源，是第一性的；二是在市场经济条件下住房的其他功能是从住房的居住功能派生出来的。而金融市场的发展则是住房其他功能派生的重要条件。没有发达的金融市场及对金融产品的创新，住房市场发展非常缓慢，住房的投资功能更是无法显现。对此，我们再做一些具体分析。

首先，在市场经济条件下，住房是与一般性的商品有很大不同的商品。由于住房既是生活必需品，又是个人生活消费支出中价格最高的和消费周期最长的耐用生活必需品，所以，在金融市场不发达的英美国家早期，住房的分配方式更多的是采取去商品化的公共品方式进行，住房市场发展非常缓慢。只有住房按揭贷款这种金融创新产品的出现，住房需求才得以快速放大，住房的多种属性或功能也在这个过程中派生了出来。这时，住房既可以是公共品，也可以是私人品；既可以是生活必需品，也可以是奢侈品；既是投资品，也是消费品等，这就使住房具有多重的属性或功能。笔者曾经的研究提出住房既有政治属性及社会属性，也有经济属性。而住房的经济属性又有消费功能与投资功能，同时住房消费性既可以是政府或机构提供，也可以通过购买住房持有或租赁等方式获得，住房投资既可以是投资也可以是投机炒作（易宪容，2017）。

一般来说，住房的社会属性主要是指，在市场条件下，由于住房价值过高，弱势居民根本就没有支付能力进入住房市场，为了保证弱势居民的基本居住权，现代国家的政府往往会以公共品的方式或是直接提供保障性住房，或是制定不同的补贴政策来帮助居民购买住房或租赁住房，以及设定不同的制度安排来保证弱势的居民利益不会受到侵害。同时，以社会属性为主导的住房居住功能不仅要保证家庭私人生活基本的居住空间，也承载着许多社会意义及财富意义（阿列克斯·施瓦兹，2012）。可以说，住房的社会功能是一个非常复杂的概念。它可能决定了一个国家的房地产市场发展模式，比如新加坡的"组屋"，但它更多的是与住房的居住功能有关，与住房的投资功能关联性不大。而且如果能够把住房的社会功能发展得淋漓尽致，同样成了遏制住房投资功能的前提条件，如新加坡的住房发展模式。

住房的政治属性是指通过政治制度安排来保证居住权的天赋性及住房市场的居住功能。比如，各国宪法都把保证每一个公民的基本居住权放在绝对优先的地位。比如中国《宪法》第33条就表示，中国居民的生存权是最重要的人权。而德国的《住房补贴金法》就是要帮助每一个生活在德国的人能够有基本的居住条件。而美国的《住宅法》就规定房地产市场要生产"安全舒适居民有支付能力的住房"等（阿列克斯·施瓦兹，2012）。而"只住不炒"市场定位纳入党的十九大报告文件中同样是住房政治属性的重要表现。住房的政治属性还表现在现代国家的民主政治选举中，由于住房政策与绝大多数人的利益密切相关，因此参加选举的政党往往都会针对不同的群体制定相应的房地产政策，以争取更多的选票。一般来说，住房的政治属性更多的是与保证居民的基本居住条件有关，与绝大多数人的利益不受到侵害有关，但同时，住房的政治属性也可能成为保护既得利益或少数人的工具（如制定保护既得利益者的房地产政策）。由此更显现出"只住不炒"具有非常重要的意义，以此来定位住房市场就是要保护绝大多数人的利益。

住房的经济属性是指通过市场价格机制来配置住房市场的资源。在市场条件下，住房具有消费属性与投资属性。住房作为一种消费产品，它既是生活必需品，也可是奢侈品，及家庭价值最高、使用时间最长的耐用消费品。正因为住房的消费性在时间上及空间上具有广泛的系谱，这也是派生出住房投资属性的重要源泉。住房作为消费品与其他的商品又有很大的不同。因为，住房是一种不动产或不可贸易品，具有很强的唯一性和不可替代性，所以住房消费功能既会受个人可支配收入预算的约束，也与所处的特定社区空间、建筑空间及相应的公共产品及服务有关。所以，作为住房的消费选择不仅是一种空间选择，也是一个人的成长环境及生活方式的选择，所以对住房商品定价往往容易受到供给方对价格主导性的影响。如果没有相应的制度设计，住房消费者的利益容易受到侵害。无论是住房购买还是住房租赁都是如此。住房作为消费品，由于住房是每一个人一生中购买最大宗的长期耐用商品，并通过金融工具创新提前消费，所以住房消费对国家经济增长具有十分重要的意义，这使不少政府偏好于推动房地产繁荣部门。这容易派生出住房的投资功能。

　　一般来说，住房投资功能源于住房的居住功能，源于住房消费的长期耐用性，其无风险收益基于全部住房生命周期的消费流的总和，住房投资的价值是由住房的消费功能或居住功能派生出来的。杨太乐、刘峰等（2013）认为，住房的投资价值主要取决于以下几个方面的因素：一是通过金融工具创新可以把未来收入流用在现在消费。这就意味着住房资源可跨期配置。这不仅放大了住房需求，如果没有相应约束也容易让消费性住房转换成投资性住房。二是住房长期的价值取决于居民收入增长及未来对住房居住要求的提高，在货币上住房有增值可能。三是购买住房者对未来多种经济变量的预期，而这种预期一旦参与购房者的决策，住房就成了投资品。所以，住房的投资属性来源于居住消费耐用性并且居住功能的派生，来源于金融工具创新。没有这几个条件，住房的投资功能会非常微弱。

　　住房作为一种投资品，它与一般性投资产品既相同又有很大差别。住房作为投资品的一般性，主要表现为其交易的目的、供求关系、定价基础、价格运行方式等都是相同的，比如，投资者购买住房的目的是赢利，而不是居住消费；住房投资者往往都会充分利用现有的金融市场条件，信用扩张过度、融资成本低基本上是投资者进入市场的重要条件。但住房作为投资品，它又与一般性投资品有很大的不同。这不仅在于住房的投资功能是由住房功能的长期有效性衍生出来的，而且在于住房商品的唯一性及不可贸易性容易造成住房供应者对住房交易定价的主导性，更容易操纵价格上涨。杨太乐、刘峰等（2013）认为，正是因为这样，住房作为投资品与其他投资品不同，不仅表现为容易导致把住房的消费性和投资性捆绑在一起，从而使住房的投资性又附着实质性商品的表象，住房投资者购买看上去是进行实质性商品交易的假象，也更提供了住房过度炒作的机会，导致投资性住房的对价远远偏离居住性住房的无风险收益，让住房的价格过度偏离住房的价值，这不仅容易引起市场价格剧烈的波动，也容易吹大房地产市场泡沫，造成房地产市场及金融市场的巨大风险。可以说，在世界金融史上，绝大多数金融危机爆发，无不与投资性住房过度扩张所引发的房地产泡沫破裂有关。住房的投资又可分为住房的投机炒作和住房投资。住房的投机炒作主要是指为了赚钱购买，住房投资主要是指购买之后长期持有，特别是持有是为了租赁。而租赁性住房同样是住房消费的一种方式，或更多地通过市场的方式来解决那些没有购买支付能力的居民的居住问题。

从上述分析可以看到，"只住不炒"的基本内涵主要包括以下几个方面。一是住房居住功能是本源，是第一位，这是住房市场的根本所在。住房市场只有回到本源、回到原点，才能够持续健康发展；二是住房的消费性或居住功能是一个广泛的系谱，它可以以不同的方式与不同的途径获得，所以通过制度设计建立一个多元化、多层次的消费性住房的供应体系来满足新时代居民的住房消费需求是十分重要的；三是住房投资功能是居住功能或消费性派生的，是第二性的。住房投资功能又可分为住房投机炒作及住房投资。住房投机炒作是通过金融杠杆过度扩张，使住房价格远脱离住房价值。这不仅会导致房地产市场泡沫吹大，也是金融危机和经济危机的根源，所以遏制或禁止房地产投机炒作既是保证居民基本居住权的必要条件，也是保证中国房地产持续健康发展的根本所在，否则，脱离了住房功能的投机炒作不仅为无源之水、无本之木，也是房地产市场乱象丛生的根源所在。而住房投资主要指发展住房租赁市场，住房租赁同样是居民住房消费的一种方式，但发展住房租赁市场需要相应的前提条件。

可见，在现代市场条件下，住房具有多重属性，法律制度对住房市场的不同定位，也就决定了房地产市场发展模式、房地产政策、居民基本居住条件、住房市场的供求关系、市场价格运行机制、住房市场的财富分配和转移机制等，所以党的十九大报告用中央文件的方式明确地把房地产市场定位为居住功能为主导的市场，并把这个定位在制度上固定下来。这对中国房地产市场发展具有里程碑式的意义，它将开启中国房地产市场发展的新时代，同时也引申出了中国房地产不少重大的理论问题。

4.3 "只住不炒"对楼市的市场
定位的重大理论意义

"只住不炒"对楼市的定位，它将是对房地产市场认识的一个重要转折点。这意味着房地产市场几个重大理论突破，并由此开启中国房地产市场的一个新时代。所以，对这些房地产市场的重大理论问题梳理与分析，既有利于深化中国房地产市场制度改革，也有利于建立起中国房地产市场长效机制，保证房地产市场持续稳定发展。

首先，强调房地产市场回归本源，强调它的居住功能，而不是赚钱工具。这就从理论上确定了居住权的天赋性，确定了居住权天赋性是房地产市场发展的前提与基础。只有从理论上确定了对每一个人的居住权得以保证，房地产市场的居住功能才真正得以落实，否则，如果弱势居民的居住权不能得到保证甚至可能被剥夺时，房地产市场就会偏离住房消费性这个基点。比如，目前房地产市场的土地拍卖制度，土地为价高者得，实际上就是把住房这个生活必需品当作奢侈品，以此推高住房成本，既把绝大多数中低收入居民排除在这个市场之外，也让房地产市场转变成一个以投机炒作为主导的市场。

由于住房的内在特征及个人资源禀赋的差别性，理论上对天赋居住权确认，也意味着住房的居住功能或消费性在空间上与时间上是一个广泛系谱，居住性住房获得的方式与途径会有很大不同，消费性的住房市场是一个多元化、多层次的市场。2018年6月5日，深圳市公布了《深圳市人民政府关于深化住房制度改革加快建立多主体供给多渠道保障租购并举的住房供应与保障体系的意见（征求意见稿）》①，着力构建高端有市场、中端有支持、低端有保障，多层次、差异化、全覆盖的住房供应与保障体系的4-4-2模式，即市场商品房占40%，政策性支持建房占40%，公共租赁住房占20%。这与我早几年提出的1-7-2模式

---

① 《深圳市人民政府关于深化住房制度改革　加快建立多主体供给　多渠道保障租购并举的住房供应与保障体系的意见（征求意见稿）》，深圳市住房和建设局，2018年8月13日，http://www.lg.gov.cn/zwfw/zdyw/bzxzfsq/ggzlzflhsq/zcwj/201811/t20181114_14502004.htm，2018年12月13日最后访问。

（10%公共保障房，70%完全消费性住房，20%投资与消费合一住房）相似，表明住房居住功能是多层次的。这种理论上的重大突破，就要求国内房地产市场发展模式从根本上转变，深圳4－4－2模式出台就是中国房地产市场发展模式转变的开始（易宪容，2017）。

其次，"只住不炒"对楼市的定位，也意味着从理论上要求房地产市场是一个以消费为主导的市场，投机炒作赚钱的功能得到全面的遏制。就目前房地产市场的情况来说，80%以上居民购买住房就是为了投资①，房地产市场基本上成了一个投机炒作为主导的市场。房地产市场要回归到居住功能，理论上就要求这个市场实现全面的转型，由以投机炒作为主导的市场转型为以消费为主导的市场。而要实现这一点，理论上也要求房地产市场的价格全面回归理性，回归到以消费者有支付能力购买的价格水平上来。一般来说，在住房市场，住房的价格基本上是由买者和卖者对价来决定。在以前的房地产市场，由于没有政策对投资与消费进行定义和区分，投资者与消费者以同样的条件进入市场。这时，住房投资者的对价水平与支付能力往往会高于住房消费者，加上金融杠杆更是让投资者如虎添翼。住房投资者为了获得住房，更有意愿及有能力出价更高，特别是在中国这个购买住房就是赚钱的投资无风险年代里，投资者有更强烈的意愿去提升住房的对价水平获得住房，而住房消费者往往会受到可支配收入的约束，而无支付能力进入市场。这时，房地产市场整个对价水平被投资者推得越高，住房消费者越是没有支付能力进入，越容易被挤出市场。当房价上升到绝对高的水平时，房地产市场只能成了少数的住房投机炒作者为主导的市场。所以，从市场经济法则或理论意义上说，住房要回到居住功能，就得让房价回归理性，就得让房价回归到消费者有支付能力的对价水平上。如果既要遏制住房投机炒作，让住房回归居住功能，又要稳定房价，这在理论上是完全相悖的。目前中国房地产市场调控乱象丛生，其根源很大程度上与理论上的认知差距

---

① 西南财经大学甘犁教授研究表明，2008年投资性购房占19.6%，2013年为28%，2016年为33.4%，2017年为37.6%，2018年更是上涨到了50.3%。因为，购房家庭在2013年的居住状况为，一线城市63.6%的家庭居住在自己的房屋里面，二线为69%，三线为80.4%。所以2013年至2017年，绝大多数居民购房主要是为了投资。甘犁：《为什么应该坚持棚改货币化？》，腾讯财经，2018年7月2日，https://finance.qq.com/a/20180702/030085.htm，2018年12月13日最后访问。

有关。

最后，"只住不炒"对楼市的市场定位，让住房回归到居住功能，就是要绝对遏制房地产市场投机炒作，就是要去除房地产的赚钱功能，要从源头上清除金融风险的根源，这在理论上具有十分重要的意义。因为现代房地产市场之所以能够出现繁荣、之所以能够成为投资工具，很大程度上与住房按揭贷款这个金融产品的创新有关。住房按揭这个金融产品的创新让居民把未来收入流用于消费，不仅全面提升了居民的住房福利水平，也成了推动国内经济增长的动力。但是，从历史的经验来看，金融创新既是现代经济增长的动力，也可能是导致金融危机的根源（易宪容，2017）。也就是说，当信用创造过度扩张而不是在合理的边界内时，那么这种金融创新就可能引发金融危机。如果住房市场不回归到它的居住功能，而是任由其利用金融杠杆投机炒作，必然会把住房的对价水平推得很高，并由此导致信贷的过度扩张，最后必然会引发金融危机。可以说，现代金融危机爆发多是与房地产的信用过度扩张有关。

1998 年以来，金融工具的创新或住房按揭贷款是房地产市场发展的动力，房地产市场的繁荣基本上是信用过度扩张的结果。比如，从 M2（广义货币）增长的情况来看，1949—2008 年 M2（广义货币）增量为 47.5 万亿元，2009—2012 年达到 50 万亿元，2013—2017 年达到 70 万亿元。从银行信贷增长情况来看，1998 年新增银行信贷总额为 11490 亿元，到 2017 年银行信贷总额为 13.84 万亿元。2017 年的信贷规模是 1998 年的 12 倍。[①] 也就是说，从 1998 年开始，住房按揭贷款进入居民的视野后，中国信贷规模及融资规模出现加速度的增长，由此推动了房地产销售及 GDP 的总量快速增长，及各个城市的房价快速飙升。特别是在 2003 年之后，这种情况更为明显。比如社会融资规模余额 2002 年年底为 14.9 万亿元，2017 年年底达到了 174.64 万亿元，增幅为 11.7 倍。而房地产市场的信贷过度扩张，房地产市场价格飙升，已经成了最可能引发中国金融危机的根源。所以，从理论上来说，绝对遏制房地产市场炒作，去除其赚钱功能，则是保证中国不爆发系统风险最为重要的方面。就此而言，"只住不炒"对楼市的市场定位具有十分重要的理论意义。

---

① 上述数据来自《国家统计年鉴》。

4.4 当前中国房地产市场制度
改革及未来发展

从 2016 年中央经济工作会议"只住不炒"概念提出，也就意味着从根本上确立了中国房地产市场改革目标（房地产市场回归本源或居住功能，去除赚钱效应）及房地产市场发展模式（建立多层次的消费性住房市场）。几年来，根据这个房地产市场发展的宗旨，各地方政府确实出台了一系列的房地产调控政策。而这些房地产调控政策出台，不仅没有让房地产市场性质发生转变；反之，出台的调控政策越多、越频繁、越严厉，国内多数城市的房价越上涨，房地产市场越乱象丛生。所以，住房和城乡建设部会同中宣部、公安部、司法部、税务总局、市场监管总局、银保监会等部委，近日印发了《关于在部分城市先行开展打击侵害群众利益违法违规行为治理房地产市场乱象专项行动的通知》。① 而当前房地产市场乱象丛生的核心，仍然是各种房地产投机炒作越来越严重。何也？

当前房地产市场的核心问题是什么？或乱象丛生的根源在哪里？问题就在于党的十九大报告对房地产市场清楚定位，即"房子是住的、不是用来炒作的"之后，政府职能部门不是用经济杠杆来落实党的十九大报告对中国房地产市场的定位，而是用各种政府的行政性工具来参与和对抗市场，但房地产市场商品端则完全以市场化方式进行。两者根本就不是一回事，从而使这些房地产调控政策根本就不可能让房地产市场性质转变。再加上有关房地产市场的一系列重大制度改革进展缓慢（比如土地、财政、金融、税收、立法等制度改革），在"因城施策"的框架下，地方政府不仅没有意愿改变房地产市场的性质，让房地产市场由投资为主导的市场转变为消费为主导的市场；反之，不少城市推出房地产调控政策往往成了这些城市住房饥饿营销的策略，并由此激发了一波又一波各城市房地产市场炒作潮或抢房潮。可以说，在这一波房地产行政

① 《关于在部分城市先行开展打击侵害群众利益违法违规行为治理房地产市场乱象专项行动的通知》（建房〔2018〕58 号），住房和城乡建设部，2018 年 6 月 28 日，http://finance. sina. com. cn/roll/2018 - 06 - 28/doc - iheqpwqy2013100. shtml，2018 年 12 月 13 日最后访问。

性调控政策作用下，各城市的居民早就识破了各地方政府的房地产调控的实质及招数，早就意识到地方政府根本就不想改变当前房地产市场现状；反之还在预期这些房地产调控政策一定会放开再次把当地房价推高。各城市房价只涨不跌成了一直在推高房价上涨的动力。只要房地产市场的性质不改变，只要房价一直在上涨，特别是房价仍然在疯狂上涨，再加上棚户区改造的货币化分房，银行信贷政策始终保持过度宽松，国内投资者就会涌入房地产市场。即使各城市一直在出台行政性的房地产调控政策，但是无论是房地产开发商还是住房投机炒作者都能够采取不同的方式来规避地方政府所谓的调控政策，只不过，他们增加些许规避这些限购政策的成本而已。在这种情况下，国内房地产市场岂能不乱象丛生？实际上，从国际上的经验来说，或从市场法则本身来说，只要对住房消费与投资用信贷及税收进行严格界定，特别是在事中及事后进行严格的限定，比如用住房交易累进所得税对住房投机炒作进行严格限制，让投资者无利可图，房地产市场的乱象丛生才能消失。

所以，当前国内房地产市场改革的重点首先是要通过经济杠杆（比如税收政策及信贷政策）让住房市场回归本源，回归居住功能，清除房地产赚钱功能。比如韩国就采取住房交易累进所得税的方式严格限制房地产投机炒作，成熟的市场都是如此。也就是说，要用税收政策及信贷政策对住房的投资与消费在事前、事中、事后进行严格界定清楚，并以此方式来清除住房赚钱功能。如果做不到这点，"只住不炒"的原则要得到落实是不可能的。而且就当前中国现实情况来看，不仅房地产相关的税收政策相当落后，而且有房地产交易所得税也形同虚设（地方政府对交易的"阴阳合同"默许）。这些成了房地产投机炒作一直盛行最为重要的原因。

其次是立法，要制定《住宅法》，把"只住不炒"的原则用法律固定下来。而《住宅法》的确立不是仅由职能部门或少数人制定，而是需要通过公共决策的方式来进行，这样才能够实现整个房地产市场利益调整的均衡化。笔者认为只有这样才能把居住功能定位的新原则及程序正义具体地体现在住房发展模式、土地、产业、金融、税收、投资、政府资助等政策各个方面，更为具体地体现在住房的土地交易、城市规划、融资、开发、租赁、销售等住房市场各个环节上。这也是让中国住房市场回到居住功能上来的重要方面（易宪容，2017）。

最后,重新严格界定政府在房地产市场的职能边界(比如保障性住房是政府的职责),减少政府对房地产市场主导与干预,让市场机制对房地产资源配置起决定性的作用。如果不让政府的行政性调控方式逐渐地退出市场,房地产市场调控要见成效是相当困难的。而政府对房地产市场的过多干预,这可能是刺破房地产市场泡沫最为重要的原因所在。只有在上述三个条件确立的情况下,中国的租售并举住房市场才能顺利发展,否则会面临一系列的障碍。当前国内许多城市的住房租赁市场发展缓慢基本上与这些条件不充分有关。所以,当前中国房地产市场制度改革,优先考虑的就是这三个方面的问题。

中国有一个 14 亿人口的住房市场,这个市场仍然具有无限发展的潜力,问题是要让这个市场发展与繁荣,就得在"只住不炒"原则上通过制度改革让房地产市场回到本源,回归到居住功能,去除房地产市场赚钱功能,这样才能够逐渐降低房地产市场风险,否则,中国房地产市场发展是不可持续的。

5 中国住房公共政策基本原则与框架的研究[1]

5.1 问题的提出

毫无疑问，在现代社会，住房在经济生活中的重要性，是一般的商品无法比拟的。它不仅直接关系到每一个居民生活居住的福利及财富水平，而且还关系到一个国家的文明程度；它不仅关系到一个国家经济的发展程度，也关系到一个国家城市化的进程。由于住房在经济生活中如此重要，因此，住房市场的发展不仅仅在于其本身的发展，而且关系到与住房相关的当事人及关联产业各方面的利益关系。正因为住房在经济生活中如此重要，不少国家的政府一般都会就住房制定各种各样的住房政策，以便保证住房市场的公平公正及住房市场的持续稳定发展。

在 1978 年以前的计划经济体制下，中国没有住房市场，城镇居民采取公有住房实物分配的方式。在这样的住房制度下，住房建设投资不足、住房供应短缺、居民住房条件难以改善、住房分配的不公平等问题十分严重。1980 年起，中国城镇住房制度开始改革，但直到 1998 年 7 月之前住房制度改革进展是十分缓慢的，居民的住房矛盾也越来越突出。1998 年 7 月，中央政府宣布了住房制度全面改革的通告（房地产的 23 号文件）。[2] 该文件决定从 1998 年开始停止城镇居民的住房实物分配，逐步实行住房分配的货币化。按照 23 号文件的要求，国家相关部门陆续出台了一系列刺激住房消费，鼓励和扶持住房消费需求的金融、税收等配套政

---

① 该文章发表在《经济社会体制比较》2009 年第 6 期。

② 即《国务院关于进一步深化城镇住房制度改革加快住房建设的通知》（国发〔1998〕23 号文件），百度文库，2012 年 4 月 18 日，https：//wenku.baidu.com/view/de1690ed6294dd88d0d26bce.html，2016 年 12 月 30 日最后访问。

策。正因为这次住房制度的重大改革，从 1998 年 7 月起，中国住房市场得到前所未有的发展，城镇居民住房条件得到很大程度的改善。1978 年人均住房面积为 6.7 平方米，1998 年只有 9.3 平方米，而 2005 年则达到了 26.1 平方米（隆国强，2008）。也就是说，1998 年以来的住房制度改革改善了居民的基本住房条件、增加了居民财富、促进了资本市场的发展与宏观经济的增长和稳定等（朱亚鹏，2007a）。

但是，住房货币化改革启动后，住房不平等状态并没有改变；反之在改革过程中进一步恶化（朱亚鹏，2007a），并随着住房市场的快速发展又导致了不少新的严重的经济与社会问题。比如，住房价格上涨过快，使绝大多数居民无能力承担并远离住房市场，从而使中国住房市场成为投资者的天堂；房价过高，不仅吹大了房地产的泡沫，也在积累银行体系的风险，加深国内金融体系的潜在危机（最近美国金融危机就是房地产泡沫导致的结果），而且房地产泡沫吹大也严重地阻碍了国家经济战略的转移、产业结构的调整，导致了居民消费的严重挤出；同时，当前的住房市场也成了一种严重的社会财富转移机制，从而使全民财富短时间内向少数人聚集，使居民之间的财富分配越来越不合理，财富分配两极分化越来越严重，社会冲突与矛盾四起；掠夺性地使用土地资源，中国土地使用效率极低①，这将严重地影响中国经济未来持续稳定地发展；住房市场贪污腐化严重，最近查出的不少贪污受贿的大案要案基本上都是与住房土地交易有关等。

对于这些问题，朱亚鹏认为，这是当前中国的住房市场发展模式的偏颇所导致的结果（朱亚鹏，2007b）。当前中国住房领域里的"房价上涨过快，很多居民无力承担；房地产投资过热，孕育着泡沫风险，影响经济的健康发展；经济适用房、廉租屋政策实施不力；住房的不公平加剧"等现象，其问题的症结就在于中国住房制度改革的逐渐"新自由主义化"（朱亚鹏，2007a）：政府在住房改革过程中过分强调住房市场化，忽视其在住房供应和住房保障方面的责任。而这种新自由主义的住房制度和住房保障日益"剩余化"，导致了住房领域的各种问题和风险。

---

① 研究表示，在现代城市化的过程中，尽管中国人均土地资源十分稀缺，但近几年来中国土地资源使用浪费最为严重。比如，据 664 个城市数据表示，城镇居民人均用地是 133 平方米和城市容积率为 0.33，远远高于发达国家人均城市用地的 82.4 平方米和国外一般城市容积率，国外一般城市容积率都在 0.2 以下（谢伏瞻，2008）。

以新自由主义来评判中国这几年来的住房制度改革及住房市场发展的问题，看到中国住房市场问题一些方面，但没有看到中国住房问题实质与根源所在。因为中国住房制度改革与转轨，表面上是走向新自由主义的住房体制，但实际上仍然是计划管制的体制而且这种政府对住房市场的管制比国内任何一个市场都会严重。因为从目前中国住房市场现实来看，只是在住房产品上极力市场化但是在住房的要素上则与市场化相去甚远，住房的要素市场基本上是一个严重的管制的市场。我曾经把这种现象归结为，中国住房市场是住房要素的非市场化及住房产品的市场化（易宪容，2006）。也就是说，1998年以来的住房制度改革表面上是大力推进住房私有化、市场化、货币化和社会化，政府希望用这种方式来减少公共住房的提供，缩小在住房方面的开支，从根本上改变政府、单位及个人之间的住房责任，但实际上，地方政府及一些相关权力者却是在利用现有的住房制度、土地制度、信贷制度、税收制度等缺陷，让中国住房制度改革变成了一种严重分配不公的财富分配与转移机制，从而使整个社会财富在短时间内向少数人及权力者聚集。而住房市场这种严重分配不公的财富分配与转移机制则是住房市场快速发展及问题丛生的根源所在。

当然，也有人认为这是当前中国住房市场的制度设计与政策方面不足，从而导致住房保障体系覆盖率过低，无法满足居民基本的居住需求（贾康、刘军民，2007）；也有人认为房价过高和居民对住房的支付性不足及住房市场隐含着泡沫，在于住房预售制度的问题与缺陷（丁成日，2009）；而房地产开发商的共识则是认为房价快速上涨是地价过高和居民的"刚性需求"① 过大导致的结果等。对于上述讨论，前两种观点有一定的道理，但只是看到问题的一个方面及表象，没有把握到问题的实质。而对于后一种观点，基本上是站在既得利益集团的角度颠倒了市场的因果关系。

----

① 对于住房的"刚性需求"，这是房地产开发制造出来的一个概念。即居民都有需要住房居住的愿望，既然有意愿就有"刚性需求"。但是实际上这种"刚性需求"是与居民的购买支付没有关系的。如果居民的住房需要的愿望不与居民支付能力结合起来，那么这种住房的"刚性需求"不是市场的需求。比如说，每年有1000万农民进城和城里有250万年轻人要结婚，他们都有住房的潜在需求，但是如果房价过高居民没有支付能力，这种需求就无法转化为实际的市场需求。所以这种"刚性需求"在任何一本经济学教科书中都是不存在的。"刚性需求"实际上是把居民对住房的需要愿望转化为对住房的需求。这在逻辑上是不成立的。

可以说，近几年随着国内各地的房价快速上涨，民众与住房市场的矛盾与冲突越来越大，住房市场的经济问题也开始转化为社会问题及政治问题。对此，从 2005 年起，政府每年都在对住房市场出台不同的宏观调控政策，如调整土地供给政策以保证住房供给增加，改变住房市场消费模式，通过整顿市场来打击住房市场的炒作，通过调整住房市场产品结构来满足广大居民的消费需求，加大政府财政投入发展住房保障体系等，但是住房市场的问题与矛盾不仅没有解决，反而更为严重；快速上涨的房价不仅没有减缓，而且在不少城市还在加剧。

现在我们要问的是，为什么中国住房市场的问题与矛盾会愈演愈烈、住房财富分配会越来越不公平、政策越是调整其中的矛盾与冲突则会越大？其原因何在？在本文看来，国内住房市场之所以出现这样多的问题，根源就在于中国住房市场只有住房产业政策和住房政策，而没有住房公共政策。所谓的住房产业政策是指国家根据住房市场发展的要求，通过调整住房产品结构与住房生产企业的组织形式，来增加住房的供给总量，以便能够有效地适应住房需求结构变化的政策措施。住房产业政策所关注的是住房市场产品的供求关系。所谓的住房政策涉及与住房相关的土地、融资、开发、租赁、销售等各个方面，主要是如何帮助低收入者或特殊人群解决基本的住房条件问题。比如，保障性住房政策、安居工程政策等。它所关注的是对政府依赖不同的人如何通过政府政策资助，帮助他们解决基本的住房条件的问题。住房公共政策则与住房产业政策及住房政策有很大不同，住房公共政策的核心或本质就是通过国家的公共权力来协调住房市场各主体或利益集团之间的利益关系，并根据公共利益的要求，通过公共政策的基本程序，来达到住房市场各种主体之间的利益均衡，以此来维护社会的和谐与稳定。也就是说，住房公共政策所关注的是住房市场各主体之间的利益均衡及住房市场持续稳定发展。它是一种住房市场的利益调整与协调机制。

从上述住房公共政策的基本含义可以看到，当前国内住房市场许多问题与困境就在于没有协调好住房市场当事人之间的利益关系，就在于住房市场当事人之间的利益分配没有达到公平公正。特别是中国住房市场基本上是由政策主导的市场，或"政策市"，如果当前的住房政策不能够调整与协调好住房市场当事人之间的利益关系，那么这个市场不仅会问题丛生，而且也无法持续稳定地发展。因此，全面地研究中国住房市

场的公共政策，并在此基础上确定中国住房市场公共政策的基本原则与
框架、建立起相应的可执行制度，既是化解当前住房市场问题与困境的
关键所在，也是保证中国住房市场能够持续稳定发展的关键所在。

　　本篇的结构是，第二部分探讨了中国住房市场公共政策的前提与基
本原则；第三部分讨论了中国住房市场的公共发展模式；第四部分研究
了中国住房市场的土地公共政策；第五部分研究了中国住房市场的金融
公共政策；第六部分研究了中国住房市场的税收公共政策；最后为全篇
的总结。

5.2　中国住房市场公共政策的前提与基本原则

　　对于住房市场的公共政策，我们可以先从"公共性""公共政策"来
理解。所谓的公共性，按照德国哲学家哈贝马斯的看法（哈贝马斯，
1999），公共领域"首先意指我们的社会生活的一个领域，在这个领域
中，像公共意见这样的事物能够形成。"它是"介于私人领域和公共权威
之间的一个领域，是公众在这一领域对公共权威及其政策和其他共同关
心的问题做出评判的地方。"在这个公共空间里，它既可以整合和表达民
众要求所形成的观点并传播，又能使公共权力接受来自民间的监督与约
束。因此，所谓的公共决策就是通过民主、科学的程序对重大的公共问
题让全体公民来讨论、来提出各种意见、来找到好的解决办法、来形成
社会的共识的一种决策方式，而不是重大的公共决策由少数精英分子或
被利益集团捕获的某种职能部门来确定，并把这些决策强加在其他公民
身上。

　　公共政策是指国家（政府）与公民就某一公共问题通过一定的程
序共同做出决策的选择，并通过国家行为解决公共问题的过程（李建
华，2009）。也就是说，政府作为一种权威公共组织，其职能就是按照
公共利益的要求及一定的程序来调整与协调相应主体之间的利益关系，
并寻求到这种利益关系的平衡点，以此来促进社会经济的发展，维护社
会和谐与稳定。在这里，公共政策的主体是政府及相关利益参与的公
民；主体所面对的是公共问题；公共问题的解决基于公共利益的标准及

在法定程序内利益主体之间的博弈。由于任何一项公共政策的制定、执行与终结都是不同主体之间的利益关系的调整或变动，为了保证这种利益关系的调整或变动的公正性，公共政策既要确定这种利益关系变动的公正性标准或公共利益标准，也需要通过程序正义来保证这种利益关系变动的公正性。可见，公共政策的本质是国家运用公权力在一定法定程序内来协调各主体之间的利益关系，但这种利益关系变动或博弈是一个过程。

由此可以引申出，所谓的住房市场公共政策可以理解为国家（政府）与公民就住房公共利益通过一定程序共同做出决策的选择，并通过国家权力来调整与解决住房公共利益的过程。在这里，我们先来分析，为什么住房会成为一个公共问题并需要公共决策的选择来调整和协调其利益关系？这种住房公共政策是什么以及住房公共政策通过什么样的方式可获得？前者是这一节讨论的内容，后者则放在下一节来分析。

我们可以看到，为什么中国的住房市场面临的矛盾与问题这样多？主要是由住房属性的多样性及住房市场的性质决定的。住房既是投资品也是消费品；住房既是必需品也是奢侈品；既是市场的一般产品，也是一种公共产品。因此，住房仅是从一个纯粹市场角度而不从公共性角度是无法解开住房市场的问题之谜的。

首先，在现代文明社会，个人具有居住权的天赋性，即社会有义务保证每一个降生在这个社会的居民基本的居住条件。它是现代文明社会的基本标志。因此，住房的公共性第一要义是指每一个公民的基本居住权具有原则上的优先性。这是住房市场存在与发展不证自明的公理。因为，保证人类每一个人基本的衣食住行，既是人类社会得以存在和繁衍的基本条件，也是现代文明社会的基本标志。正因为基本居住权是现代文明社会人类的基本需求，因此，在发达的国家里，甚至有一定的文明程度的国家里，保证每一个居民住房的基本的居住权是这些国家住房市场的基本政策或政策宗旨。① 比如，美国住房政策的宗旨或核心就是要让

---

① 无论是 1981 年联合国的《住宅人权宣言》，还是法国、西班牙、荷兰等国的宪法，都把每一个公民的基本居住权放在绝对优先位置上（贾康等，2007）。美国的《国家住宅法》把住房发展的宗旨界定为就是要生产"安全舒适绝大多数人有支付能力的住宅"（童悦仲等，2005）。

每一个美国公民能够买得起有支付能力的住房。① 每一个公民居住权的优先性也就说明住房问题是关系到每一个人的基本生存条件与社会建设的繁衍及文明的基础，因此，住房问题从本源上就是一个公共问题，离开了这一基本要求，住房市场其他方面的属性也就无从谈起。特别是在土地公有制的中国，保证每一个公民基本居住权利的优先性更应该成为住房市场发展的基本国策。② 在这样的公理体系下，中国住房市场的法律制度、发展模式、运作规则、利益分配与调整等方面应该是在这个基础上建立、延伸与拓展。离开这个基础，离开了住房市场的居民居住权的优先性，住房市场存在与发展的意义就不一样，它所面临的困难与问题就会层出不穷。

其次，住房市场的公共性还表现在住房市场的人民性上。因为，中国是共产党领导下的社会主义国家。正如胡锦涛在党的十七大报告中指出的那样，中国共产党的根本宗旨就是全心全意为人民服务，党的一切奋斗和工作都是为了造福人民，要始终把实现好、维护好、发展好最广大人民的根本利益作为党和国家一切工作的出发点和落脚点，做到发展为了人民、发展依靠人民、发展成果由人民共享。这是科学发展观的核心（《中国共产党第十七次全国代表大会文件汇编》，2007）。所以，在党的十七大报告中，"住有所居"是民生经济的基本内容之一。

从总书记这一段话的基本精神来看，中国住房的发展并非仅是追求GDP高低，追求房地产增加多少产值，追求房地产可以带动多少关联产业的发展，而是看这种发展是否符合绝大多数人的利益，是否提高全体

---

① 可以说，美国所有的关于住房市场发展的制度规则，法律及经济手段都是围绕着如何保证每一个公民基本的居住条件来确立。比如美国关于各种住房市场的各种优惠政策都是支持居民自住需求，而对住房投资则有严格的限制条件。可以说，凡是成熟的市场经济国家，对住房购买的投资都有严格的限制。

② 党的十七大报告，就把"住有所居"作为推动和谐社会的最基本的方面，参见《中国共产党第十七次全国代表大会文件汇编》，人民出版社 2007 年版，第 36 页。

《国务院关于解决低收入家庭困难住房的若干意见》（国发〔2007〕24 号），百度文库，2011 年 12 月 7 日，https：//wenku. baidu. com/view/00255b32a32d7375a417800c. html，2016 年 12 月 30 日最后访问。

《国务院办公厅关于促进房地产市场健康发展的若干意见》（国办发〔2008〕131 号），《税屋》2015 年 11 月 11 日，http：//www. shui5. cn/article/09/83290. html，2016 年 12 月 30 日最后访问。

关于房地产的 2007 年的 24 号文件和 2008 年的 131 号文件都把住房发展归结于民生的市场，归结为改善全体居民基本居住条件。

中国人的住房福利水平①。如果我们的住房市场仅仅是富人的市场，如果中国住房市场仅仅是为少数人服务的市场，那么这个市场与住房市场的人民性就是完全背道而驰，也是与中国共产党的基本宗旨相背离的。也就是说，住房市场的人民性正说明住房问题是一个完全公共的问题。

最后，中国住房市场的公共性还体现在中国城市的土地为国家所有上（谢伏瞻，2008）。在中国，住房市场是建立在土地国有的基础上的。土地国有意味着什么？不仅在于中国土地为中国全体的公民所有，而且在于中国土地所有的权能为全体人民服务，人民有权分享土地上的成果。也就是说，尽管中国的城市土地由中央政府委托地方政府来管理，但最终所有权是全体人民。人民有权利来转让或收回国有的土地，也有权利来共同分享土地的增值与成果，有权利来分享土地附着物的溢价。正因为中国土地为国有，住房生产的最基本的要素是土地，因此，土地附着物即住房上的利益如何来分配与调整则是一个纯粹的公共问题。

可以说，每一个居民基本居住权的天赋性、党的宗旨的人民性、城市土地的国有性，不仅表明住房问题是一个完全的公共性的问题，而且表明了它也是住房公共政策制定与确立的前提与基础。在这个前提与基础上，住房市场运行才能够符合广大民众的根本利益，住房公共政策才能体现其公平公正。也就是说，既然住房市场的公共政策是通过国家公权力来调整与协调住房市场所有的当事人的各种利益关系，并以此达到这种利益关系的平衡，那么住房市场的公共政策的基本原则或核心就是如何通过国家公权力来保证每一个公民的基本居住权、如何让绝大多数居民的住房福利条件得以不断改善。在这个基本原则下，中国住房市场的法律制度、发展模式、运作规则、利益分配与调整等方面都是在这个原则上建立、展开与发展的。离开这个原则，住房市场存在与发展的意义就不一样。因此，我们当前最大的任务就是如何通过立法的方式把这个原则固定下来。比如，中国要尽快制定《住宅法》。如美国的《住宅法》第一句话，就规定美国住房发展的目标或宗旨，就是要生产让每一

---

① 《国务院办公厅关于促进房地产市场健康发展的若干意见》（国办发〔2008〕131 号），《税屋》2015 年 11 月 11 日，http://www.shui5.cn/article/09/83290.html，2016 年 12 月 30 日最后访问。

2008 年国务院关于房地产的 131 号文件就认为住房市场发展的基本宗旨是为了居民住房条件改善与提高居民住房福利水平。

个家庭都有支付能力购买的住房,让每一个公民有一个舒适的家。这是美国住房市场得以发展的基础。中国的《住宅法》也要把上述住房公共政策的基本原则制度化,以此来确定中国住房市场发展方向与目标。

当然,任何公共利益并非是一个抽象的概念,也不可以还原成某种个人利益。公共利益的识别与获得需要在一定的程序下经过绝大多数公民参与讨论与博弈才可能得到全体公民的认可并取得共识。也就是说,为了保证住房公共政策的公平公正不仅需要确立公共利益的基础,而且还得设计一套公民广泛参与及对公权力使用的合理限制的程序,通过住房公共政策程序正义性来保证住房公共政策的公平公正。由于篇幅有限,对于这个问题在此不作过多的讨论。下面只是在上述中国住房公共政策的前提与原则的基础上来讨论中国住房市场公共政策的基本框架,比如中国住房市场发展模式,土地、金融、税收、住房保障等方面的公共政策,以便确立中国住房市场公共政策的基本内容。

5.3 住房发展模式是中国住房公共政策的核心

中国住房市场最早开始于广东与深圳。由于广东、深圳与香港有地缘、人缘等便利条件,因此,国内最早的住房市场发展先是走上香港那种高地价、高房价及高福利房的发展之路(杨万汝,2003)。由于这种住房发展模式利益更倾向于房地产开发商及地方政府,因此香港的住房发展模式很快就在国内各地遍地开花。但是,目前内地的住房市场发展模式对香港模式的学习只是学习一半,学习了高房价、高地价,而没有学习高福利房,从而使中国的住房发展模式既无法建立在住房消费性的基础上,也无法保证国内绝大多数居民基本的居住权。

我们可以看到,无论是从中国香港住房发展模式的基本内容来看,还是从中国的国情来说,香港住房市场发展模式是不适合内地的。尽管这种模式看上去是一百多年来香港市场自然演化的结果,但实际上,这种住房市场发展模式是特别环境下的产物。因为,香港的这种住房发展模式是英国政府在撤离中国以前以行政方式掠夺及转移香港民众财富的一种间接手段。在这种住房市场发展模式下,尽管香港经济在中国改革开放中得到飞速的发展与繁荣,但政府通过这种住房市场让社会大多数民众的财富轻易地转移到了政府官僚、少数房地产开发商及社会精英手中。我们只要看一下香港政府高官及大学教授的工资,看看香港少有的几家房地产开发商聚集的财富,以及香港绝大多数民众的住房条件如何差,就能够看出其中的奥妙所在。

可以说,香港的住房发展模式,对于一个区域面积小、土地公有及土地十分稀缺、经济繁荣的小经济体来说,可能是一种无奈的选择。比如中国香港与新加坡。在土地稀缺程度较高、土地为政府所有的条件下,如果房价过低,也就不能够显示出该地土地的稀缺程度;但房价高又必然把绝大多数中低收入的民众完全排斥在住房市场之外,因此该地政府只能通过特殊的住房保障体系来解决中低收入民众的住房问题。加上中国香港和新加坡的经济繁荣与法律体系健全,这就为该地形成一套独特的住房保障体系。比如,香港50%以上的民众通过公屋来保证居民基本居住条件,而新加坡住房保障的比例比中国香港还要高。

由于香港与中国内地人缘、地缘等关系,国内住房市场的发展是从学习与模仿香港住房发展模式开始的。比如早几年的广东、深圳。而且这种发展模式也很快成了国内各地学习与模仿的典范。但是,在这种学习与模仿香港住房市场发展模式的过程中,国内住房市场更多的是学习高房价、高地价的一面,但高福利房或公屋则多是文件上的提倡,只是2007年的24号文件①及2008年的131号文件,这种态势才有所改变。比如说,截至2005年年底,全国累计用于最低收入家庭住房保障的资金为47.4亿元,不足北京市不少楼盘一个项目的投入,真是杯水车薪(易宪容,2007)。即使是所谓的经济适用房,不仅不少地方的投资连年下降,而且即使建筑经济适用房也仅是定向销售,如北京。而香港居民公屋入住率达到50%以上,即香港50%以上的中低收入民众可以通过住房保障体系来解决基本的居住条件。正因为中国现行的住房发展模式在住房保障性上供给不足,从而使许多城市居民的住房条件难以改善。

---

① 《国务院关于解决低收入家庭困难住房的若干意见》(国发〔2007〕24号),百度文库,2011年12月7日,https://wenku.baidu.com/view/00255b32a32d7375a417800c.html,2016年12月30日最后访问。

当然，从 24 号文件与 131 号文件内容来看，早些时候全国盛行的"香港住房发展模式"将发生重大的变化。因为，这些文件强调了住房市场是一个以居民消费为主导市场，强调生产满足居民自住需求的中低价位、中小套型普通商品住房。可以说，如果这些住房政策能够落实下来，不仅在一定程度上体现住房公共政策的基本宗旨（生产更多绝大多数居民有支付能力购买的住房），也能够保证国内住房健康持续地发展。但是，2008 年美国金融危机爆发，政府为了保证经济增长，出台了不少扩大内需的政策，而地方政府则以此为理由要求刚刚确立的这些政策改变，这就使 2009 年 4—7 月国内住房市场经过一年来的调整又开始转向投资为主导的市场。可以说，住房市场发展模式如果不以公共政策方式用制度固定下来，住房市场政策变化就容易导致住房市场远离绝大多数人的公共利益。

比如，美国的住房发展模式就是一个"大市场、小政府"的二元二级市场住房体系（童悦仲，2005）。所谓"大市场"就是美国家庭住房 95% 以上是通过住房市场来解决（包括住房购买与住房租赁）。目前美国 1 亿多个家庭中，有 7100 万个家庭通过市场拥有住房，30% 左右的家庭通过市场租屋来解决。所谓"小政府"是指政府只限于帮助那些无能力支付私人房租的低收入家庭和老年人解决住房问题。政府资助的公共住宅或廉租屋家庭大约在 130 万户，占美国全部家庭的不到 2%。加拿大的情况也是如此，政府资助的廉租屋家庭不会超过 5%。而美国这种住房发展模式基本上是通过住房公共政策的方式来确立的。

从目前中国住房发展模式来看，地方政府想学习香港那种高房价、高地价、高福利房的住房发展模式根本行不通，它违背了绝大多数人的公共利益。中国住房公共政策的核心就是建立起适应中国的住房发展模式。在本文看来，在中国住房公共政策的前提与原则的基础上，中国住房发展模式应该是一个多层次的体系（易宪容，2007）。第一层级是不足 10% 的极低收入的家庭、老人病人等进入政府提供的廉租屋或公屋体系，通过这种方式来保证最弱势民众的居住生存权。第二层级是 10%—80% 的中低收入民众的消费性住房市场，在政府土地政策、住房货币化补助、优惠利率、优惠税收等优惠条件下通过住房市场来解决其基本的住房条件问题。在这一层级中，不同收入民众所获得的优惠条件也不一样。但要做到这一点，政府就得用法律来保证（美国的《住宅法》）国内住房市场是生产民众有支付能力的住房。并在上述界定的基础上，让第一层级、第二层级住房市场定义为完全的住房消费市场。第三层级剩下20%的中高收入者进入住房市场。在这个层面，住房供求完全由市场来决定，不纳入住房保障体系，也不对住房产品的属性投资与消费进行严格区分。在这个市场里，住房属性完全由市场来确定。

在这个住房发展模式中，其特点主要表现为：一是层次清楚、利益分明、对于不同的阶层的人其住房利益分配各得其所，并通过法律把这种住房利益分配关系固定下来；二是住房市场资源配置以市场为主导，政府对住房参与部分极小；三是住房市场以住房消费为主导，住房投资所占的比例很小；四是住房发展模式作为一种住房公共政策，必须通过程序正义来保证，而不是简单制定一种规则。可以说，在这样的住房发展模式下，不仅可达到各利益主体之间的利益关系平衡，而且还可为这种住房发展模式的政策具体化提供基础。

5.4　住房市场的土地公共政策

由于没有土地公共政策，中国土地制度所面临的问题是无以复加的。无论是《宪法》对城市的土地规定的矛盾性（蔡继明，2009），还是这种土地制度对农民身份与权利的歧视所导致的弊端，都是十分严重的。而且中国土地政策缺陷也导致了"三农"问题无解，导致了中国经济发展战略转移及产业结构调整困难等重大的经济问题。对于这些问题，本文在此不进行讨论。本文关注的是，在既有土地制度安排下，其利益分配关系为什么会严重失衡？为什么农民及城市居民的利益会受到严重侵害（农民利益受到侵害是通过土地权益，城市居民是通过高房价）？为什么地方政府热衷于土地财政及土地交易会成为腐败行为的重灾区？等等。可以说，这些问题的根源基本上都是与没有中国住房市场的土地公共政策有关。

现行中国土地政策的法律源头是《中华人民共和国宪法》（以下简称《宪法》）。比如，《宪法》规定，城市的土地归国家所有，农村的土地归农民集体所有，国家只有出于公共利益的需要才能对农地实行征收或征用。

从《宪法》对土地规定来看，有以下几个问题值得思考。一是城市土地归国家所有，也就意味着城市土地最终所有权为全体中国公民所有。无论是人大，还是中央政府及地方政府都只能是以一级又一级代理人来行使土地的权能。既然现行土地制度形成一条比较长的委托代理链，那么这种制度有什么样的安排来保证在这样长的委托代理链中代理人不侵害委托人的利益，即国有土地所有的权能是否为全体中国公民服务，同时全体中国公民能否有权分享国有土地各种权能所生产的成果。但实际上地方政府不仅主导了当地土地各地权能使用与变更，而且土地管理代理人成了土地的终极所有者。这种土地产权缺陷必然会导致地方政府极力扩张土地交易的规模，极力地希望在自己手上把其所管理的土地交易出去。

二是按照《宪法》，既然城市土地是国有，农村土地由农民集体所有。从文字上来看，城市与农村的土地边界是十分确定的。但是由于农村的集体土地既不能出卖，也不可转让，这不仅从根本上剥夺了集体土地的基本权利，也使农村土地最终所有权实际转化为国家所有，农村与城市土地的边界不确定。而这种土地边界的不确定就成为代理人，即地方政府提供了侵占农民利益的制度基础。比如说，陕西省咸阳市1986年城市土地规模为18.5平方千米，到1998年扩张到48平方千米；2004年城市规划修改再扩张到100平方千米，控制面积为500平方千米，8年的时间里扩张27倍（蒋省三，2006）。而这种城市边界的扩张很大程度上是以侵害农民利益为代价的。

三是这里的"公共利益"是指什么？它又是通过什么方式来确立的？这些都是相当不明确的。一般来说，公共利益是指整个社会全体公民的共同利益。比如说，在城市化过程中，交通、能源、水利等基础设施的建设，或政府给整个社会提供的公共品等。这些都是以基础设施公共服务的方式提供给大众。实际上，在一个价值多元化的社会里，公共利益并非仅是一个抽象的概念，它应该是社会各阶层通过公共政策反复博弈利益均衡的结果。这样才能够体现出公共利益的正当性、合法性及公共性。实际上，由于《宪法》中这种公共利益不确定或界定不清，从而使各地方政府能够滥用权力，借助于公共利益之名征收农民集体用地来满足非公共利益的目的，即早几年盛行的所谓"经营城市"。蔡继明的研究表明（2009），在中国近一轮的"经营城市"运动中，地方政府所征收的土地真正用于公共利益的不到10%。

可以说，1982年的《宪法》关于土地制度安排，由于它是计划经济下的产物，因此它已经不适应几十年变化了的经济环境与条件了，根据这样的《宪法》所制定的关于住房市场的各种土地政策自然会存在许多严重的弊端。因为这些土地政策不仅没有体现全体公民的公共利益，也没有通过公共决策的方式来平衡协调当事人各方的利益关系。

比如说，20世纪90年代以来政府出台的关于土地政策的文件，有人统计过有近150件，字数超过70万字（谢伏瞻，2008）。特别是表现在土地出让金的政策上，中央政府与地方政府的利益博弈从来就没有停止过。但是，这些利益博弈从来就没有形成公共政策，而只是上下级政府之间的利益关系的调整。由于没有形成土地的公共政策，也就无法就土地问题达成各当事人之间的利益协调与平衡，使土地市场所面临的问题与利益冲突十分严重。同时，由于住房市场的土地政策，现行政策容易成为少数人侵害大多数人利益的工具，成为地方政府侵害农民利益的"合法"方式。比如，当前国内地方政府之所以对经营城市、住房市场如此感兴趣，就在于通过现行的土地政策转移26万亿元之多农民及城市居民的利益（周天勇，2009）。

因此，制定中国住房市场的土地公共政策已经到迫在眉睫的时候了。当然要这样做，首先得对现行关于土地的法律法规进行全面检讨清理，并通过程序的正义来确定住房土地市场的公共利益，在此基础上来制定住房市场的土地公共政策。而且住房市场的土地公共政策的核心是如何通过政府公权力来平衡政府、企业、个人之间的利益关系。还有，住房市场的土地公共政策不仅在于每一个人基本居住权的保障问题，而且在于中国的城市化过程中，住房市场资本化过程中巨大的财富溢价如何分配的问题。这里既有土地的溢价，也有土地附着物住房建筑的溢价。这笔每年有2万多亿元的住房巨大财富的溢价，本来就是全国人民一笔巨大的财富。但是，由于没有住房市场的土地公共政策，而仅是把住房市场看作一般商品市场，这样，这笔巨大的住房溢价就会看作是房地产开发商及地方政府能力、经营的结果，并让这笔巨大的财富轻易地流入少数人手上。这不仅导致对农民及城市居民利益的侵害，也让国有财富严重流失。

我们可以看到，早些时候房地产开发商能够以十分低的价格从政府手上协议转让获得大量的土地，并将这些土地囤积起来，甚至把房囤积起来推高房价，从市场的角度来看，从住房的一般性质来看，房地产开发商这样做无可厚非。甚至市场上流行的观念是住房企业利润最大是其本性，但是实际上，问题就在于政府没有把住房市场作为一个公共性的问题，没有把住房市场的巨大溢价看作全国人民共有的一笔财富，而且轻易地为住房开发企业及地方政府获得了。可以说，如果没有政府的城市化过程，没有政府在城市过程大量的基础投资与服务投入，那么这笔城市化过程中住房的溢价是不可能产生的。比如，为什么在国内一线城市的住房价格比较高、土地值钱，而在一些穷乡僻壤的地方土地及住房则不值钱？关键的问题就在于政府对这些的地方所投入的不同。如果把政府这些巨大投入仅仅是作为住房开发企业的利润，这对全体中国的居民来说是不公平的。比如，目前一些发达地方政府都把当地的土地及土地收入仅作为地方所有，这样做不仅违宪，而且对国有土地制度下经济落后地方民众来说也是不公平的。因为，国有土地所产生的财富是全体中国公民共享的，而不是一些地方一些人所持有的。因此，建立起一个全国性土地基金也是住房市场的土地公共政策的重要内容。通过这个土地基金，以级差地租的方式来收取土地出让金，以中央转移支付的方式来让全国居民分享城市化进程中的成果，这样，才可能减小由于住房作为财富分配及转移机制所带来的收入分配不公，才可缓和居民收入分配差距扩大所带来的矛盾，为全国经济平衡发展创造条件。

可见，当前土地公共政策的基本内容就是通过公共决策的程序来检讨当前土地法律法规和重新确立住房市场的土地公共政策，其中包括界定土地的基本权能，确立城市与农村的基本边界，平衡住房土地市场各种当事人的利益关系，保护最绝大多数农民及城市居民的根本利益不受到侵害，保证全国每一个公民的基本居住权得以分享，保证全体中国公民能够分享中国城市进程中土地溢价的成果等。只有在这个基础上，住房土地市场许多问题才能够得以解决，各方的利益关系才能得以平衡，否则，如果在中国住房土地交易市场就不公平不公正，那么中国住房市场许多问题就会由此而生。

5.5　住房市场的金融公共政策

　　住房市场是一个资金密集型市场，无论是住房开发还是住房购买都与金融支持程度密切相关。可以说，不同的住房金融政策决定了住房市场不同程度的发展与繁荣。特别是住房的消费，如果没有新的住房金融政策推出及住房金融产品的创新，无论是成熟的市场经济国家还是住房市场刚发展的中国，住房市场要得到快速的发展与繁荣是不可能的。因此，作为一种住房的公共政策，住房的金融公共政策是其政策的核心部分。

　　比如，在美国，每一次经济危机或金融危机出现后都会推出一系列有关的住房金融的新政策（施瓦兹，2008）。如 1929 年美国经济大衰退之后，政府就推出了《联邦住房借贷银行法》《有房户借贷款法》等与住房信贷相关的法案，以便在大萧条时期帮助成千上万居民保留了住房和清偿债务。比如，这些法案确定了固定利率、长期分期付款以及住房按揭贷款首付等住房信贷标准；以此成立了联邦住房管理局及住房贷款银行等住房信贷机构。正是因为通过这一系列的住房金融政策及法律制度安排，美国逐渐地形成一套有效运行几十年的住房金融体系。比如，对于美国的住房开发企业，不仅有便利的融资渠道进入金融市场，而且融资产品多、融资成本低。对于住房的消费者来说，则形成了广泛发达的住房金融制度与市场。美国住房消费信贷的基本形式是住房按揭贷款。美国金融机构既有金融政策基础上利用长期积累的经验和现代信贷管理的技术与方法，不断地创造新的、多样化的住房按揭贷款品种来促进居民购买住房、建房，并对购买住房者提供各种优惠，包括降低贷款利率和利率免税。同时，对低收入家庭提供福利贷款、住房津贴或允许租住政府建造的低租金公共住房，形成以市场机制为主导、政府参与为辅助的住房金融市场体系。当然，尽管这次美国次贷危机的爆发，让这个住房金融体系受到严重创伤，但是美国住房金融政策体系对住房发展的作用并没有改变，问题是如何采取有效的监管方式来防范金融风险。

　　对于中国住房市场来说，住房金融政策调整及金融产品的创新，是住房市场发展与繁荣的关键。一般来说，中国住房金融业务是从 1980 年开始，比如说，1983 年的《城镇个人建造住宅管理办法》，开始办理住房储蓄贷款住宅贷款业务。1997 年央行颁布了《个人住房担保贷款管理试行办法》，该政策标志着中国住房消费信贷开始启动。而 1998 年央行公布的《个人住房贷款管理办法》（银发〔1998〕190 号）则是住房金融信贷最为重要的政策文件。它确定了中国住房金融市场发展的基本方向，从而建立起了中国特色的"银行为主、信贷为主、一级市场为主"住房金融市场体系。

在这样的住房金融体系下，住房融资单一，对商业银行信贷依赖程度过高；政策性住房金融发展滞后，比如说对中低收入居民等特定人群缺乏政策性住房金融支持；住房金融市场结构不合理，市场机构体系不完善，既无多样化的住房金融机构也无多层次的住房金融市场来承担住房金融的风险，让住房金融风险完全聚集在商业银行等。

更为重要的是，尽管目前许多住房金融政策及制度安排看上去是从发达市场经济引入，但是许多住房金融政策只是学其形而无其神。比如说，中国的住房预售制度就完全是一种单边风险承担机制（易宪容，2007）。即这种住房预期制度仅是根据计划经济下的 1994 年制定的《中国城市管理法》而设立的一种住房金融政策。由于这种住房金融制度安排留下的是计划印迹，从而使这种住房金融政策基本上与发达市场体系下的住房预售制度有很大差别。其制度安排更多的是考虑房地产开发商的利益、防范的是房地产开发商的风险，而更少考虑购买住房居民及商业银行的风险，从而使这种制度安排的金融风险或是让住房购买者来承担或是由商业银行来承担。由于这种住房预期制度是一种单边风险承担机制，从而使这种制度成了房地产开发商"空手套白狼"获取住房市场暴利的重要工具。对于这样一种存在严重的利益扭曲的住房金融制度，2004 年央行提议要取消这种住房预售制度，但遭到房地产开发商的激烈反对，从而使央行取消住房预售制度的建议完全消失。

对于个人住房按揭管理规则，同样是形似神不似。直到 2007 年央行出台的 359 号文件才有所改进。但即使是 359 号文件，同样与发达国家相应制度规则相去甚远（发达国家的住房按揭制度都会出现问题，如果中国不调整问题会更大）。比如，当前 359 号文件的住房按揭政策仍然是目前世界最为宽松的住房按揭政策。第一，在大多数国家，个人住房按揭贷款每个月还款的比重不会超过家庭月支配收入的 28%—35%，但是我国则可以达到 50%。如果收入证明的不真实性,那问题更大;第二,在大多数国家,个人住房按揭贷款市场准入需要用四个文件来证明其收入真实性。比如个人银行对账单、个人所得税税单、个人银行信用记录及个人公司证明。但是,目前在中国只要个人公司收入证明,而且这种收入证明可以在律师事务所开出。可以说,中国的个人收入证明的真实性与其他市场经济国家相差十万八千里。特别是在中国信用观念不足的条件下,这种个人收入证明的真实性更是可信度低。正因为个人按揭贷款市场准入门槛低,也为制造住房泡沫创造了条件。可以说,2016 年 5—7 月住房价格突然飙升泡沫四起,就与这种住房按揭贷款市场准入标准宽松有关。当然,中国住房金融政策所面临的困难可能比这还多,这里仅举出一点。正因为中国住房金融体系存在严重的缺陷,因此,住房金融政策就得以公共政策方式来制定。比如同样要重新检讨当前的住房金融政策体系,找出其问题所在。在上述分析的基础上,住房金融公共政策应该从以下几个方面入手。

首先,要围绕住房发展的目标,研究建立与中国住房制度相适应、符合中国国情的住房金融制度体系,比如以 359 号文件把投资与消费区分,就得建立起商业性与政策性两者并行的住房金融体系。这样既可以商业化的方式支持住房市场发展,又能顾及中低收入者等特定人群的住房金融问题。比如要通过对现行的住房金融体系改革建立起"市场为主导、监管有度、一二级市场联动、风险共担"的住房金融体系。

其次,改革与重新确立中国新的住房金融市场。新的住房金融市场力求建立起多层次的市场,利用不同融资方式、不同金融产品、不同金融市场,来满足多层次住房融资需求。对于住房开发融资可以依据住房的不同性质采取差异化的金融政策。但先要取消或改革现行的住房预售制度。通过这种差异化的金融政策鼓励房地产开发商进入保障性等政策性住房建设、鼓励房地产开发商围绕着住房发展目标进行产品结构的调整。这样,通过差异化的金融政策不仅能够促进房地产开发商实现政府住房发展的目标,而且可以促使住房业实现整个产业结构调整及行业运作提高效率。

同时,通过住房信贷消费政策来引导居民住房购买的理性、居民住房需求有序地释放,防止居民住房购买力在短期内集中释放并对未来形成大量透支,保护与鼓励居民的正常住房消费需求,严厉遏制住房投机需求与投机炒作。为了达到上述目标，对于住房消费信贷的产品，也要采取差异性的金融政策，形成适应不同年龄、不同收入水平、特定职业、不同产品功能等群体贷款人需要的住房按揭产品系列。李云林（2009）研究发现当前国内住房按揭市场利率单一、无差异性不仅是不少投资者利用银行金融杠杆炒作住房的制度根源，也是国内银行体系潜在风险的根源。而在美国的住房按揭贷款，不仅其利率期限结构、利率品种多，而且对不同贷款人进行差异性的风险定价，越是风险高者，其贷款利率则越高。① 采取适当的信贷补助政策，帮助一些特定低收入居民能够进入相适应的住房市场。完善现行的二手房市场融资体系，这其中包括优惠的住房购买及租赁金融支持政策等。

最后，加快建立现行住房贷款风险分担制度，针对风险高的制度安排进行全面改革。同时，要建立住房金融市场风险的监测与防范系统。加强住房金融市场信息收集、整理、研究与分析，并给市场提供更多透明公开的相关信息知识等。

可见，住房金融公共政策包括住房金融体系的确立、住房金融价格机制理顺及住房金融产品差异化的定价、住房金融补助政策及住房金融监管体系等。要保证住房市场健康持续发展，就得对中国现行的住房金融政策进行全面的调整与改革，以此建立起一套符合中国国情的住房金融支持体系。要加大住房金融市场立法的力度，通过法律方式来界定住房金融市场的功能及利益关系，而不是让住房金融市场成为少数人谋利的工具。

5.6 住房市场的税收公共政策

中国住房市场的问题，不仅在于住房市场发展模式、土地政策、信贷政策有问题，而且住房税收政策有问题。在一个发达的市场体制下，政府完全可以通过住房发展模式的界定、信贷政策调整、土地政策及住房税收政策等政策的调整，来达到政府的住房公共政策的目标。比如说，

---

① 一般来说，次级信用的客户比优级信用的客户，其按揭贷款利率要高4%以上，但是在中国其利率水平是一样的，无差异性。

当前住房市场许多问题，就与没有通过好的住房税收政策来调整住房市场的行为，来平衡城市居民的住房福利水平有关。比如，目前对不动产税征收，更注重不动产转让环节、不动产取得和所得环节征税，而不注重不动产的保有环节征税。这样，在早几年房价只涨不跌的情况下，对住房转让环节、取得环节及所得征税，不动产税的征收不仅不能够起到调节住房市场的个人收入分配的问题，反之通过税收转嫁效应，严重增加住房自住者的购买成本，降低自住房购买者的住房福利水平。而在住房价格进入下降通道时，尽管出台了一系列减少住房交易环节税收的政策，但是，在房价较高的情况下，对于支付能力不高的居民来说，这样的税收优惠政策也只是杯水车薪。对中低收入者进入高房价市场所起到的作用十分有限。正因为中国的住房税收政策的严重不足，这不仅造成了中国住房市场严重的财富分配不公，也导致了房地产开发商没有激励生产更多的中低产品，持有较多的住房的投机者不愿把手中的住房流入市场，人为制造住房供求关系的紧张，从而不断地推高房价。即使在住房市场进入下降通道时，由于住房持有成本低或无成本，从而使住房投机者手中持有住房待价而沽，不仅影响住房销售而且影响整个住房市场调整及经济调整。因此，住房市场的税收公共政策应该也是住房公共政策的重要部分。

一般来说，住房的税收政策应该包括四个方面的内容。首先是在房地产开发方面，可以通过税收的补助与减免来鼓励房地产开发商生产政府住房目标所设定的产品。比如目前中国的廉租屋的生产开发、经济适用房的生产与开发。在这方面，有相应的税收政策，但所补助的力度与广度还不够。

其次是在住房流转与交易环节对购买住房者及有房者税收的补贴与减免。其中包括对中低收入者来说，交易税的优惠，消费性按揭贷款利息税收减免、自住性住房不动产税减免、第一套住房出售所得税减免，以及其他的各种税收优惠政策。就目前中国的情况来看，现在住房交易税仅是优惠一般，没有差异化。

再次是住房租赁方面的税收安排。由于中国住房市场刚发展10年，二手房市场发展相当缓慢。由于二手房市场不发达，从而也无法带动住房租赁市场繁荣。市场没有出来，相应的税收优惠政策也就无法出台。但是，如果是一种住房的税收公共政策，为了保护中低收入家庭基本的居住条件，租赁市场的税收优惠政策同样是十分重要的。

最后是不动产税。如何通过有效的不动产税政策来保护绝大多数民众的利益，来增加地方财政收入、如何来调整住房市场的价格关系，不动产税的征收是住房政策重要的方面。

可以说，早几年，房价上涨过快、住房投资过热，如何通过征收不动产税来调整住房市场这种态势，连续几年都有人大代表提出议案，希望中国通过开征不动产税来遏制房价过快上涨，调整住房市场过高空置率。我们注意到，从 2005 年起，国务院发展研究中心也完成了《中国住房税收政策研究报告》（谢伏瞻，2006）。但是，几年过去了，由于住房税收制度不健全，从而使住房市场的问题越来越多、越来越复杂，要求开征不动产税的社会呼声也越来越大。2009 年又有代表提出开征住房空置议案。但是住房不动产税开征制度却迟迟无法出台。

一般来说，不动产税又称住房物业税，它是一种选择性的财产税。它同其他财产税一样，是一个现代国家赋税结构的三大支柱（还有消费税、所得税）。开征不动产税，可以矫正现行所得税的某些缺陷，堵塞逃税的漏洞；发挥量能课税的原则，促进社会所得的公平分配；提供政府丰富和稳定的财政收入，改变目前地方政府土地财政困境；提高资金市场的利率，从而使生产成本增加，引起产品及劳务价格的上涨，而部分税务负担会通过价格的上涨而转嫁到消费者身上；同时改变住房持有条件，从而改变住房持有的行为等。也就是说，不动产税是保证住房市场健康持续发展较好的制度安排。

当然，开征不动产持有税需要一定的基础条件，一是要求登记机构全面而详细地审查登记相关事项，以保证不动产登记内容的真实性，即能够全面了解当地住房的实际情况；二是用科学方法或市场方式对住房进行低成本估价；三是政府有税收征管能力；四是要有严格细化科学规范的征收规则。如不动产税的税基、税率及其他税种之间的关系、中央与地方之间税收分配、征税的减免与优惠对象界定等，只有在这些方面创造条件，不动产税的开征才能有效地进行，并达到开征不动产税所要达到的目标。所以开征不动产税先得制定法律与规则，然后试点，并在此基础上全面展开。

就目前中国的情况来看，由于中国住房体系的复杂性，如有商品房、单位建房、公房、个人建房等，如果不对当地的整个住房存量做一个全面清楚的了解，不仅不动产税的税基无法确立，而且也不能对不动产税的税收减免做一个清楚的规定。由于中国住房市场刚刚发展几年，二手房市场相当不发达。在二手房市场不发达的情况下，有效住房评估体系也就无法确立。还有，物业法律缺乏、个人征信体系的缺乏、银行信用体系不健全，这些都是征收不动产税的基础条件。如果这些基础条件不好，要设立一种公平公正的不动产税并实施是不容易的。

不过，政府完全可以通过公共政策的方式，让不动产税制简化，也能够创造条件开征不动产税。比如，首先规定，每一个家庭持有一套住房不必征税（第一套住房无论其条件如何，家庭情况如何都不征不动产税），而不动产税从征收第二套住房开始。而第二套住房征税，不同地方所征收的税率不同，基本上由各地方来决定，但税收分配，则采取越是发达地方或房价高的地方，其地方所占的比重越低。这样，一则使地方政府没有动力来推高当地房价，二则可用中央所收取不动产税通过转移支付的方式到不发达地方。然后，逐渐完善中国的不动产税征收制度。当然，要做到这一点，首先就对全国住房进行普查，则严格采取住房购买实名制。

可以说，目前不动产税之所以迟迟没有启动，市场的困难与问题、体制的问题是自然，更为重要的不动产税制度规则制定与推动者往往是最大既得利益者，如果在这一点不有所突破，中国的不动产税的出台还是遥远的事情。因此，不动产税突破只能通过公共政策方式进行，否则，不动产税无论是出台政策还是征收都是无解。

总之，住房市场的税收公共政策贯穿了住房的生产开发、销售、租赁、持有等全部环节。通过税收政策可以激励房地产开发生产更多的中低价位的住房，激励房地产开发商对经济适用房等保障性住房的开发；通过税收政策鼓励居民自住性住房的购买而限制投资性住房的购买；通过征收不动产税来增加国家税收，改变目前为人诟病的"土地财政"，调节居民财富收入分配等。可以说，当前中国住房市场的问题并非是有没有住房的税收政策的问题而是如何来保证住房的税收政策公平公正的问题。制定住房市场的税收公共政策是理顺住房市场各种利益问题的关键，而要做到这点就得通过公共决策的方式进行。

5.7 小结

住房市场公共政策是对当前住房市场研究中全新的话题。它是指国家（政府）与公民就住房市场的利益通过一定程序共同做出决策选择，并通过国家的权力来调整与解决住房公共利益的过程与行为准则。它的核心就是用国家的权力来协调和调整住房市场中当事人之间的利益关系，实现这种利益关系的平衡。因此，住房公共政策贯穿于住房的生产开发、销售、租赁、持有等全部环节。它包括住房市场的发展模式、住房市场的土地公共政策、住房市场的规划公共政策、住房市场的金融公共政策、住房市场的税收公共政策、住房市场的消费公共政策、住房租赁市场的公共政策、住房保障体系等方面，由于篇幅关系，本文只讨论其中几个方面。

从上述分析可以看到，由于中国没有住房市场的公共政策，从而导致了中国住房市场的许多严重问题，无论是居民的基本居住权无法保障、住房市场的利益分配失衡、土地财富不能共享，住房市场价格机制的扭曲与波动，还是住房政策无效率、贪污腐化盛行等都是与没有住房市场的公共政策有关。因此，面对住房市场错综复杂的利益关系，面对住房市场完全扭曲的价格机制等，中国住房市场的公共政策制定已经势在必行。只有确立了住房公共政策，才能化解当前中国住房市场的各种矛盾。

而且，我们也可以看到，近几年来，中国住房市场出台的政策多之又多，但是不少住房政策不仅内容不具有公共性，而且在政策议程设置上不具有公共性，从而使住房市场存在许多重大的问题，特别是涉及广大民众切身利益的重大问题不能够进入住房政策议程设置。如果一些住房市场的重大问题连政策议程设置都无法进入，那么这些问题要解决是根本不可能的。因此，对住房市场的公共政策的制定与确立已经不是只限定在理论层面讨论的问题了，而是如何让住房市场公共政策进入政策议程设置，否则，无法保证全国绝大多数居民的住房福利条件不断地改善，无法保证中国住房市场能够持续稳定地发展。

可以说，从目前的情况来看，住房政策的公共政策已经是中国住房市场最为重要的方面，住房的公共政策要讨论的东西也很多，在此只能挂一漏万，但愿以此为起点，引起国内学术界同人更多的人重视并一起来研究与讨论。中国住房问题只有全面地进入完全公共决策的范畴，它才是许多住房问题真正得以解决的开始。

6 关于房地产税几个基本问题的理论分析[①]

6.1 为何要征收房地产税?

对于开征房地产税,国内研究与讨论了多年,众说纷纭,见仁见智,各方都能够找到一大堆要开征或不开征的理由。2017 年 12 月 20 日财政部长肖捷在《人民日报》发表题为"加快建立现代财政制度 认真学习宣传贯彻党的十九大精神"的文章明确指出:[②] 按照"立法先行、充分授权、分步推进"的原则,推进房地产税立法和实施。今年"两会"政府工作报告公然宣布已经把房地产税立法纳入规划,房地产税在立法后将会实行。[③] 至此,对于征收房地产税才达成共识。不过,尽管政府对此已形成共识,但社会赞成及反对声音仍然此起彼伏。有人就认为,[④] 中国根本就不用学习欧美国家征收房地产税,这是一种制度不自信,为何欧美国家有房地产税,中国也要设立房地产税呢? 刘小兵(2018)认为,如果房地产税是为了挤出房地产泡沫、是为了调节社会收入分配关系、是为了增加政府财力等,但要达到这些目的有很多方法,为何要通过征收房地产税的方式来达到这些目的呢? 因为,无论有多少理由,都不应该开征保有环节的房地产税。有人认为,开征房地产税是与十八届三中全会精神相背离的。也有人认为,征收房地产税有可能成为压垮中国高房

---

① 该文章发表在《探索与争鸣》2018 年第 4 期。

② 肖捷:《加快建立现代财政制度》,《人民日报》2017 年 12 月 20 日。

③ 《2018 年政府工作报告》,《中国青年报》2018 年 3 月 6 日,http://www.china.com.cn/lianghui/news/2018 - 03/06/content_ 50665718. shtml,2018 年 6 月 6 日最后访问。

④ 《为什么说房产税对老百姓的生活可能会有负面影响?》,创富财讯,2018 年 1 月 22 日,http://www.sohu.com/a/217667644_ 99989415,2018 年 6 月 6 日最后访问。

价的最后一根稻草等。事实上，对于是否开征房地产税，国外学界的讨论也是众说纷纭，有主张征收的，也有不主张征收的，甚至有学者还认为房地产税是一种"最坏的税收"（何杨，2017）。

不过，我们应该看到，国外实践已经证明，在市场经济体制下，征收房地产税是市场经济的法则（用者自付原则），它是促进现代国家治理（确立纳税人意识及约束政府权力）和推动现代社会文明的重要方式。至于说中国设立房地产税法是一种制度不自信，则是有点扯，不需要太多讨论。对于中国开征房地产税能否达到什么目的，房地产税有多少功能，在房地产税没有出台之前，这些都是未知数。因为，当前无论如何讨论，中国房地产税是一个什么样的东西都不知道，对于一个未知的东西来讨论它的作用与功能，肯定是意义不大的。但是，在中国现实的背景下，如果不开征房地产税，以下几个问题根本就无法解决，比如居住正义、房地产市场长效机制的形成、现代国家治理机制的确立等。如果中国房地产市场的这些问题不能够得到解决，如果中国不推进国家治理体系和治理能力的现代化，那么中国特色社会主义新时代的人民日益增长的美好生活需要和不平衡不充分的发展之间的矛盾是无法解决的。

首先，居住正义不仅是现代文明社会的基本标志，也是人民日益增长的美好生活的基础。一般来说，在现代文明社会，居住权为天赋人权，无论他是富有还是贫穷，这个社会就必须保证每一个人的基本居住条件。这是人得以生存的基本条件，也是人类社会得以繁衍的基础，更是人民过上美好生活的前提。如果房地产市场仅是赚钱的投资工具，让少数人持有更多的住房，两套、三套，甚至百套以上的住房，而绝大多数人则居无片瓦，那么这个社会就不存在居住正义。就目前国内的房地产市场来说，由于以往房地产税收制度的严重缺陷，不能够对住房的投资与消费用税收进行清楚的界定，从而最后让房地产市场基本上成了一个投资炒作为主导的市场，多数住房成了少数人投资赚钱增加财产的工具。这必然会导致国内居民住房持有严重不公，很多住房持有在少数人手上。少则居无片瓦，多则成百上千，甚至很多企业都参与这种住房投资炒作。在这种情况下，居住正义严重缺失，如果能够设计一种公平公正的房地产税制度是能够调节这种关系，尽管这种房地产制度不可能全部地解决这些问题，但它是保证居住正义的一种重要方式。

其次，中国房地产市场发展近 20 年，由于现有房地产市场存在严重的制度缺陷，从而引发了中国经济及房地产市场许多严重的问题。比如，经济的房地产化、房地产市场泡沫巨大、房地产持有差异导致社会财富严重的分配不公、房地产市场"寻租""设租"严重、政府土地财政严重等，这必然导致国内房地产市场发展的不可持续性，而这些问题的根源很大程度上与中国房地产市场税收制度的缺陷有关。所以，党的十九大报告指出，① 坚持"房子是用来住的、不是用来炒的"定位，加快建立多主体供给、多渠道保障、租购并举的住房制度，让全体人民住有所居。也就是说，为了整顿房地产市场，就得让房地产市场回归到它的居住本源，建立起房地产市场的长效机制。而房地产市场长效机制的核心就是利用有效的经济杠杆，让市场机制在房地产资源配置中起决定性的作用，而不是用各种短期的政府行政措施来干预市场，房地产税则是这种经济杠杆最为重要的一个方面。

比如，当前中国房地产市场风险高，居民投机炒作住房严重，就在于现有的房地产税收制度存在严重缺陷，当前的这种房地产税收制度让房地产市场成了少数人赚钱的工具。如果不遏制这种房地产投机炒作，中国房地产市场及金融市场都将面临巨大的风险。由中国社会科学院发表的《中国住房发展报告（2017—2018）》显示，② 截至 2016 年年底，中国居民购买住房抵押率升至 50%，已经接近美国 2008 年金融危机爆发前的水平。此外，如以居民杠杆率来看，在这几年同样快速上升，居民杠杆率是指居民部门债务占 GDP 的比重。1996 年中国居民杠杆率只有 3%，2008 年也仅为 18%，但是自 2008 年以来中国居民杠杆率开始呈现快速增长，短短六年时间里翻了一番，达到 36.4%；2017 年第三季度居民杠杆率已经高达 48.6%。根据 Wind 数据显示，③ 中国居民部门债务占居民可支配收入的比重，从 2006 年的 18.5% 暴升至 2017 年 8 月的 77.1%，这与 1997 年时香港的情况差不多。而那一年香港爆发了严重的金融危机，

---

① 《习近平在中共第十九次全国代表大会上的报告》，新华社，2017 年 10 月 27 日，http：//news. sina. com. cn/china/xlxw/2017 - 10 - 27/doc - ifynffnz2886269. shtml，2018 年 6 月 6 日最后访问。

② 王春艳：《坚定决心　开启新时代中国住房新模式》，中国社会科学网，2017 年 12 月 5 日，http：//www. cssn. cn/zx/201712/t20171205_ 3770582. shtml，2018 年 6 月 6 日最后访问。

③ 苏宁金融研究院：《中国居民债务逼近收入　抑制居民消费水平》，中国投资咨询网，2018 年 1 月 16 日，http：//www. ocn. com. cn/jinrong/201801/mqkpq16154523. shtml，2018 年 6 月 6 日最后访问。

房价之后几年暴跌 67%。当前房地产问题很大程度上与房地产市场税收制度缺陷有关，没有征收房地产税则是一个重要的方面。

目前国内的房地产市场，尽管中央政府职能部门一直在强调房地产市场调控的重要性，比如，2018 年年初，住建部负责人强调，对房地产调控绝不松手，中国银监会主席郭树清认为要继续遏制房地产泡沫，但各地方政府则一直在与中央政府博弈，地方政府希望房地产市场仍然为经济增长点及动力。所以，年初以来部分城市放松限购条件，推出吸引人才政策，包括广州、天津、青岛、南京、厦门、西安、合肥、成都等多个城市，只要有大学本科学历就可申请户口，成为当地人，并在这些城市购买住房。这就表明，如果房地产市场调控更多的是政府的行政手段而不是经济杠杆（如税收政策），那么地方政府要破解这种行政性房地产调控易如反掌。所以，开征房地产税不能说是对当前房地产市场的问题包治百病的神丹妙药，但至少是一种更为有效的经济杠杆。

最后，在党的十九大报告中指出，国家治理的现代化是实现中国社会主义现代化的重要组成部分，而地方政府治理现代化则是国家治理现代化的基础。因为，通过税制改革，不仅可提高普通民众政治参与度和公民意识，增加民众有序政治参与的渠道，也有利于推动地方政府治理体系的现代化。因为，民众纳税人意识的增强，就会要求地方政府公正及问责，要求政府全面改善公共产品及公共服务。如果没有开征房地产税，还是沿用传统的土地财政体系，那么地方政府要走向国家治理现代化是不可能的。

可以说，开征房地产税是市场经济的逻辑，也是促进国家有效治理现代化和推动现代社会文明的重要方式。同时，也是整顿当前中国房地产市场乱象重要的经济杠杆。当然，开征房地产税并非是包治房地产市场百病的神丹妙药，但如果不设立一种公平公正的房地产税是无法建立起房地产市场的长效机制，也是不可能遏制房地产市场泡沫的。下一节将深入地讨论对房地产征税的目的。

6.2　征收房地产税的目的是什么？

对于什么是房地产税？或征收房地产税的目的是什么？在今年"两会"上，财政部副部长史耀斌对此作了一个权威的解释与介绍，基本上起到正本清源的作用。其方向是正确的，但其中的问题仍然很多。史耀斌副部长回答记者提问时表示，[①] 历史上看，房地产税作为一个税种历史比较悠久，是一个大多数国家都普遍采用的税种，它的作用主要就是调节收入分配，起到社会公平作用，同时筹集财政收入，用来满足政府能够提供公共服务的需求。房地产税的共性是，对所有的工商业住房和个人住房，都会按照它的评估值来征税；都有一些税收优惠；属于地方税，归属于地方政府；房地产税的税基确定复杂，需要建立完备的税收征管模式等。史耀斌对房地产税的解释，清楚讲明了两个方面的问题：一是为何要征收房地产税；二是如何确立一种公平公正的房地产税制度，但还有许多要讨论清楚的地方。

何杨（2017）认为，对于房地产税，由于各国初始条件及理论来源不同，房地产的性质有很大差别。英国式的财产税主要起源于差饷（rates，比如美国1676年波士顿开始征收房地产税，其收入用于支付社区的服务成本等，香港则用警察服务成本），所以英式的房地产税（也是目前最为成功的房地产税模式，有英国、美国、加拿大、印度、新加坡、中国香港等），征收房地产税的目的直接为基层地方政府公共服务筹集收入，以市场评估价作为税基。德国、澳大利亚和新西兰则采取的是单一土地税。其思想来源于亨利·乔治，其思想强调土地涨价归公并用之服务于社会。而日本及韩国则更多遵循其自身对房地产税征税传统（所得税及流转税为主），同时引进了对住房保有环节征税，这种房地产税制度更强调的是通过房地产税来遏制房地产市场泡沫，调节社会收入分配关系。也就是说，从发展模式来说，征收房地产税的模式是多元化的，房地产税的内涵特征及功能也是多样性的。

所以，一般来说，在一个成熟的市场体制下，房地产税又称不动产税，它是一种选择性的财产税（即是财产税中的一种）。它同其他财产税一样，是一个国家赋税结构中的三大支柱（还有消费税、所得税）。开征房地产税，它能够起到以下几个方面的作用：

一是可以矫正现行所得税的某些缺陷，堵塞逃税的漏洞。比如目前

---

① 王晓易：《财政部副部长：房地产税法律草案正抓紧起草和完善》，国际在线，2018年3月7日，http：//news.163.com/18/0307/10/DC9OPGDN00018AOQ.html，2018年6月6日最后访问。

采取个人所得税的国家，由于未实现的资本收益在计算上有实际困难，通常不会把它列为征税的范围。如果不辅以财产税的征收，这些未实现资本收益将成为逃税的漏洞，使政府一部分税收流失而无从补救。

二是发挥量能课税的原则，促进社会所得的公平分配。根据现有各种统计资料，世界上每一个国家的财富分配，都要远较它们的所得分配更为集中，财富分配的集中被认为是造成所得分配不均的一个主要原因。财产是一个人经济能力表现，征收财产税既表明了一个人的付税能力，也可减少财富集中，从而促进所得的分配公平。

三是征收财产税也是与"谁受益，谁付费"的课税原则或市场法则相一致的。因为每一个国家的政府支出中，国防与治安支出是最为重要的一块，而这些支出的目的就是保卫国人的生命财产安全。还有公共基础设施的建设不仅能够繁荣经济也能够使财产增值。房地产税就是居民使用服务及政府城市化投资让住房的价值上升所要付出的成本。

四是随着人口增加和经济发展，国人所拥有的财产会不断增加，个人财产征收可以提供政府丰富和稳定的财政收入。税基因人口增加与经济发展不断扩大，使财产税收入得以稳定发展，加上房地产的不动性，从而减少了逃税的可能。

当然，财产税还能提高资金市场的利率，从而使生产成本增加，引起产品及劳务价格的上涨，而部分税务负担会通过价格的上涨而转移给消费者，从而遏制房地产的过度需求等。可见，征收房地产税与土地所有制没有多少关系。

一般来说，房地产税的课税对象只限于土地及房屋。在计算税基的时候，房地产的抵押贷款即负债不得扣除。而且房地产税在大多数国家都属于地方税，为地方政府财政收入最重要的一部分。依照各国现行税制，每一笔土地及房屋都得征税，都得根据政府定期所评估的价格加以计算征订。为了课税的目的，政府通常每隔一阶段就会对所管辖区域内的房屋进行一次估价，这项工作完成后，每套房屋应纳税就得根据查定价格加以计算。而这种查定的价格，在进行下一次查定价格之前，没有重大事故发生，不得变更。

政府在查定房地产价格时可能有以下几种方法：一是市场交易法；二是成本法；三是资本法。对于以上三种方法，由于欧美国家房地产市场较为发达，市场交易法应用得最为普遍，特别是对自用住宅的估价，这种方法更是便利。无论哪一种方法，对于房地产税基的认定，都会用明确的法律来规定，以便减少房地产课税的随意性与不公平性。各国房地产税多采用单一税率。

同时，如同个人所得税的征收一样，房地产税的征收同样对某些特定房地产设定优惠办法。其优惠对象通常包括：政府机构所持有的房屋；宗教、教育、慈善或非营利机构所拥有的房屋；自用住宅及个人收入低于某一水准或年龄高于某一水准者所持有的房屋。

开征房地产税需要一定的基础条件，一是真实完整的不动产登记资料；二是用科学的方法对房地产进行低成本估价；三是政府的税收征管能力。如房地产税的税基、税率及其他税种之间的关系、中央与地方之间税收分配、征税的减免与优惠对象确立等，只有在这些方面有了条件，房地产税的开征才能有效地进行，才能公平公正，并达到开征房地产税所要达到的目标。

所以，中国征收房地产税，既要遵循现代税收制度的一般共性或市场法则，也要根据当前中国房地产市场初始条件强调侧重点。可以看到，由于中国经济是由计划经济转轨而来，个人的财产也逐渐地从无到有，所以中国财产税制度一直缺失。这种制度缺陷，导致两大严重的社会问题，一是居住正义缺失，二是社会财富严重的分配不公。比如，目前国内居民的一点工资、稿酬、劳务收入等都要征税，而对持有几百万元、几千万元以上的财产则不征税。可以说，这种现象是导致当前中国社会财富严重分配不公的最重要原因之一，也是当前中国最大的财富分配不公。

尽管中国家庭住房拥有率平均达到89.68%，拥有2套住房以上的家庭比例达13%，远高于发达国家，但由于中国房地产税收制度缺陷，让更多的住房持有在少数人手上，使中国房地产市场居住正义严重缺失，及房地产投机炒作十分严重，房地产泡沫巨大。所以，中国开征房地产税，这些都是要考虑的初始条件。有人说，房地产价格不是税收问题（高培勇，2009），但好的房地产税收制度完全能够遏制房地产价格快速上涨，也能够挤出房地产泡沫。比如，韩国就是用严厉的房地产税来打击房地产过度投机炒作，对持有2套以上住房的课以重税。

再就是，随着国有土地可以交易转让、中国经济及城市化快速发展、大量的居民利用政府的各种房地产优惠政策涌入市场，中国土地溢价及房屋溢价也出现快速的飙升，这让社会经济成果、政府大量的城市基础设施投资、政府房地产优惠政策物化等因素沉淀在房屋财产上。按照亨利·乔治的涨价归公的理论或市场法则，这部分溢价也是应该归公，因此，中国开征房地产税不是不要开征，而是开征过晚。可以看到，在1949年以前，中国绝大多数人的财富有多少？1978年以前国内居民财富又有多少？即使再退到2000年以前国内居民的财富又有多少？等等。居民财富的快速增长很大程度上就是这种溢价的结果。

最后，根据市场经济用者自付的法则，国内居民之所以能够持有财富、之所以其持有的财富能够升值及其财产不会受侵害，是现代国家制度确立后的结果。因为，现代国家制度不仅促进社会经济发展，个人财富增长及个人财产随着国家经济增长而不断地溢价，而且也保证了个人所持有财产不会受到侵害或被掠夺。既然是用者自付，那么通过税收原则让使用现代国家制度多者多付费也是天经地义的事情。

所以，当前征收房地产税的最大难点，并不在于要不要设立房地产税，而就在于如何制定一种公平公正的房地产税，以此来达到实现居住正义、遏制房地产泡沫、调整社会财富分配不公、保证政府提供更多更好的社会公共服务。所以，一项公平公正的房地产税，它是对国内绝大多数人最有利的，特别是对中低层的中低收入民众最有利。但是，目前很多人在征收房地产税上以捣糨糊的方式把简单的问题复杂化，比如，有人说凭什么土地公有70年使用权的房屋还要开征房地产税？凭什么已经交了土地出让金还得重复征收房地产税？尽管其目的或是希望让今后制定的房地产税不公平也不公正，或让现有的掠夺绝大多数人利益的房地产制度永远存在下去，以此全面损害国内绝大多数人的利益，但重要的问题还是政府对一些基本的问题没有厘清，而让国内民众对房地产税的理解一片混乱，下面针对这些问题进行理论梳理。

6.3　土地私有制不是征收房地产税的前提条件

2018年"两会"，对征收房地产税的目的，政府部门总算也给出权威解释。但是，质疑声仍然是此起彼伏，有人就认为，中国为何要学习国外征收房地产税，中国的土地制度及房地产制度与其他国家都不一样，世界上没有哪个国有土地的国家要征收房地产税的。更有人认为①，如果中国和世界上绝大多数国家那样，土地是私有的，那么征收房地产税合法性瞬间成立，但是目前中国土地是国有制，土地财产当然也属于国家所有，再加上中国住房所持有的土地只有 70 年的使用权，70 年后土地上的附着物住房早就折旧为零了，住房财产价值最终只是土地的价值，房屋财产的价值实际上是土地财产价值（丁建刚，2018）。所以，属于国家的土地财产凭什么要个人来交土地的财产税？中国征收房地产税没有合法性。周天勇（2018）认为，现在的国家土地所有制，房主或土地使用者都是"租客"，如果不赋予房主对土地和房屋永续使用产权，开征房地产税没有法理依据。

其实，这些质疑最大的问题就是没有把几个基本概念分清楚，即地价、地租、房地产税。一般来说，这三个概念与土地所有制没有关系（何杨，2017）。地价是指在市场经济中土地交易的价格。在土地私有制的情况下，双方价格达成土地交易协议，购买支付相应费用，土地的所有权等权能全部转让。在土地公有制下，地价有时看上去是一次性支付的租赁价格，其权能部分转让，但在中国，实质上同样是土地的交易价格。地租则指租用土地的直接生产者所创造的剩余价格被土地所有者占有的部分。而房地产税则是公共品或政府提供公共服务的价格。购买这种服务的税收都被资本化进入房地产的价值。对于不少国家来说，房地产税的缴纳人既可是房屋的所有者，也可是房屋的使用者。从上述来看，无论是土地私有制，还是土地公有制，开征房地产税与土地所有制没有多少关系，只不过，土地私有制下产权更为明晰而已。

比如，香港土地为政府所有，1997 年前拍卖出的土地使用权有 75 年、99 年、999 年三种，1997 年之后拍卖出的土地使用权 50 年，但香港拍卖出的土地不仅要交易土地出让金，住房也得交差饷税或房地产税。2010 年两者占整个政府财政收入的比例分别为 12.4% 和 3.1%（何杨，2017）。还有，以色列国有土地占比达 93%，澳大利亚堪培拉的土地为政府所有，及美国和加拿大也存在一些特有的公有土地。这些公有土地如

---

① 丁建刚：《关于"房地产税"，八问财政部副部长》，"丁建刚房产"2018 年 3 月 8 日，https：//chuansongme.com/n/2232239752025，2018 年 6 月 6 日最后访问。

果出让给个人和公司使用，需要签订租约，并付给政府相应的租金。但这些公有土地的使用者都必须缴纳房地产税，租期的长短并不影响房地产税的评估价值及纳税义务（何杨，2017）。也就是说，无论是从理论上说，还是从经验上说，开征房地产税与土地所有制没有多少关系，土地私有制并非是开征房地产的前提条件，土地公有制开征房地产税从经济学角度上看同样符合逻辑。

我们就此退一步说，假定"只有土地私有制开征房地产税才有合法性基础"这种逻辑成立，即财产归属谁所有，谁就得来交财产税或房地产税，中国的土地财产归属国家所有，当然不应该让个人来交土地财产税。对于这样的分析，我们先澄清几个基本概念。比如，什么是产权？产权有哪些属性及权能？产权的权能可分离吗？这些权能的核心又是什么？如果把这些问题理清楚了，中国住房的土地所有权的归属问题也就清楚明了了，也知道中国房屋的土地实质性所有权到底是在谁手上？

在现代市场经济体制下，产权作为一种界定权利的制度安排，就是通过法律的方式把与财产相关的权利界定清楚，以便让当事人能够承担责任及获得利益。而财产的产权既可是整体性的，即财产所有的权能为一个当事人所持有，也可以让产权权能分开及分离，当事人部分持有财产的权能。比如，土地租赁者获得土地的使用权及部分土地收益权。财产的权能包括所有权、使用权、控制权、支配权、剩余索取权、自由转让权等，而这些权能是可分离的。在市场经济条件下，财产的所有权之所以重要，就在于获得由所有权可以派生出其他产权的权能，财产所有权的目的就在于如何对财产使用、占有、有权自由转让及获得财产收益等。如果一个当事人仅是要获得财产所有权，而不需要获得这些派生的权能，那么这个当事人拥有这种财产所有权的意义肯定不大。这个当事人拥有不拥有这种财产所有权也不太重要了。国有企业的产权制度之所以会认为具有严重的缺陷，就在于它的所有权是一种虚拟产权，即表面上所有权为国家所有，但实际上其权能通过一层层的代理关系被转移走了，不为所有者获得及利用。

目前作为附着在土地上的国内房屋，表面上建筑这些房屋所使用的土地只有70年使用权，所有权为国家所有。但实际上除房屋土地所有权名义上为国家所有之外，与房屋有关的其他权能早就转移到每一个住房持有者手上。住房持有者不仅拥有所持有房屋的实质上的所有权、使用权、控制权、支配权、剩余索取权、自由转让权等，权能是完整的，也拥有该房屋所占用土地的使用权、控制权、支配权、剩余索取权、自由转让权、土地溢价获取权等。在这种情况下，目前国内居民所持有的70年土地使用权的房屋，其房屋的权能基本上完全为房屋持有者所有，土地的国家所有权其实早就成了一种名义所有权或虚拟产权。因为中国房屋持有者已经把房屋相关的所有的权益都归属在个人名义下。

对于这点，中国的《物权法》已经有清楚的界定，并给予了法律上的保障，即中国土地使用者在授让土地后，除能够凭借其所享有的土地使用权依法进行占有、使用和收益，在处分环节也依法具有较高的权限，从而赋予了土地使用人一套较为完善的财产权利，使土地使用权具有财产属性。还有《物权法》对70年土地名义所有权，已经规定住宅用地使用权在出让期满后可以"自动续期"（何杨，2017）。这更是从根本上强化房屋持有者对房屋的土地具有实质性所有权。

试想，如果房屋的土地所有权不是一种名义产权或虚拟产权，而是一种实质性所有产权，那么房屋持有者只能对所购买的房屋使用70年，除此之外不经过所有者的同意是不可能自由转让，也不可把房屋所产生的收益归自己，更不可把土地的溢价归自己。最为简单的例子是，房屋的持有者把房子租出去，租客可以自由转让该住房吗？可以把住房产生的收益归属自己吗？这些房屋的权能完全归属房屋持有者所有，租客只有租赁期的使用权。所以，中国房屋的实质所有权早就归属房屋的持有者名下，如果中国房屋持有者已经获得了房屋的实质性所有权，其土地名义所有权对他重要吗？更何况70年的土地使用权制度仅是当时为了让公有土地可进入市场的一种权宜之计的制度安排，《物权法》规定到期时可能自动续期。所以，按照当前这些人所主张"财产归谁，谁来交房地产税"的逻辑，那么房屋持有者已经获得房屋实质性全部权能，房地产税当然要由房屋持有者交了。

还有人狡辩说，政府要征收房地产税，就得把土地拍卖时所收取的土地出让金返回给购买住房者。真是太可笑了！对此，将在下一节再分析。可见，土地私有制并非是开征房地产税的前提条件或法理基础。开征房地产税与土地所有制没有多少关系，更何况中国房屋的土地实质所有权早就归属在房屋持有者手上了。

6.4 土地出让金是土地交易的价格，并非平常所指土地租金

对于土地出让金，一直是征收房地产税纠缠不清的问题，而且在这个问题上，许多人捣糨糊把问题越捣越糊涂。比如，有人在我的博文后留言，自己购买的只能居住70年的房产，没有自己一寸土地，要征收房地产税就得把土地出让金所交的钱先退回。这种观点也是国内不少学者所主张的。比如，周天勇（2018）认为，房屋交易过程房产购买者间接缴纳了土地出让金，如果再征房地产税，相当于二次征税。因此，要把原来实际征税的高额土地出让金进行逐年退税。而且当前中国房价过高，就是土地出让金过高的结果。其实，这些言论混淆了两个问题：一是中国的高房价是房价决定地价还是地价决定房价？二是中国的土地出让金是地租还是土地的交易价格？对于第一个问题简单说几句，在以投机炒作为主导的房地产市场，是房价决定了地价而不是地价决定了房价，是房价上涨预期造成了地价不断上涨，而不是反之。

在这里，我们重点讨论的是第二个问题。首先，土地出让金是什么概念？土地出让金的概念完全是来自香港的房地产制度。以往英属领地上的土地基本上是国家所有或皇室所有，土地拍卖时约定99年土地使用权。所以，在香港，实行的是"有偿、有期、有条件"的土地使用制度（张学诞，2013）。"有偿"就是获得拍卖的土地使用权要付费，就得缴交土地使用的出让金。"有期"就是拍卖的土地使用权是受时间限制，如1997年前拍卖出的土地使用权有75年、99年、999年三种，1997年之后拍卖出的土地使用权为50年。而其土地使用权租约又会有可续期和不可续期两种。前者到期时自动续期，后者到期时要重新申请及重新签订新约。而商品住宅租约基本上是属于前者。"有条件"就是指每一幅土地都有明确的使用条件规定，不得有任何改变。也就是说，在香港，获得土地使用权不仅要付费，而且要在限定时间及条件下使用。对此，香港从来就没有人会把土地出让金与房地产税纠缠在一起。

中国内地的土地出让金制度基本上是从香港引进，但是有选择性地引进。1986年的《中华人民共和国土地管理法》正式以法律的形式确定

了国有土地有偿使用制度。1987 年深圳率先试行城镇国有土地使用权出让制度。后来的《中华人民共和国城市房地产管理法》及《协议出让国有土地使用权规定》等法律法规进一步规范了国有建设用地有偿转让制度。也就是说，在香港，任何商业用途的土地都不可能让政府免费赠送，都得通过土地拍卖获得，都得付费。中国内地土地出让金制度来自香港，同样是商业用的土地也要付费。因为，既然土地使用是一种商业行为，是为了获利而来，就得通过市场的交易进行，是不可能免费获得用于商业的土地。香港 99 年土地使用权的土地要付费，那么国内 70 年土地使用权的土地同样要付费使用。对 70 年土地使用权的付费就是土地出让金。

如果如前面学者所说的，土地出让金是一种税（征收房地产税后要有退税机制）而不是一种市场的土地交易价格，那么无论是协议转让还是市场拍卖获得的土地，这就意味着当事人都可以免费获得土地的使用权。如果中国土地使用权不需要有偿付费使用，或国有土地谁都可免费使用，那么中国 14 亿人谁不会去抢占一块土地呢？如果这种情况出现，那么中国一定是一个"丛林社会"。许多人为了获得更多的土地一定会采取暴力的方式进行。这个时候中国肯定是"国将不国"。更不用说在土地私有产权制度下，不通过市场的交易价格，没有人能够从他人那里获得所需要的土地。所以，按照上面有些学者的逻辑，所谓的开征房地产税就得建立土地出让金的退税机制是完全与市场法则相悖的，根本上就没有市场经济的逻辑。

所以，中国土地使用权的有偿出让，支付的土地出让金就是国有土地使用权的市场交易价格，而不是通常所认为的地租，更与房地产税无关。因为，第一，如果土地出让金是地租，那么土地出让金就应该是土地使用权获得者在租赁期间付给土地所有者的部分收益，但目前土地出让金并非是事后的收益付给。《物权法》规定房屋土地 70 年使用权期满后可以自动续期，也就意味着土地使用权租赁期是无限的。这种土地使用权租赁期的无限性，也意味着土地所有权从一开始就把土地的公有所有权虚拟化，并让土地的实质性所有权归属到房屋持有者手中。在这种情况下，土地出让金根本就不是地租而是土地的市场交易价格。第二，有人认为土地出让金是公有土地租赁时的一次性地出让收入的土地最初出租时的溢价（何杨，2017）。就土地的价值来说，既包括其内在价值，也包括社会经济发展、政府公共投入、私人投资等导致土地价值上升。

作为公有土地，如果一次性支付土地出让金是租赁土地的溢价，这时主要包括的是社会经济发展及政府公共投入的溢价，那么这种溢价更不是地租，也不是税收，甚至没有把土地内在价值包括在内，这种观点对土地出让金属性的解释更弱。第三，就国内房屋来看，国有土地的所有权是虚拟的，房屋土地的实质所有权在土地转让完成后或土地出让金支付之后，房屋持有者已经永续性地获得了房屋土地全部实质性的权能，所以土地转让时，土地出让金实质上就是一种土地的市场交易价格，而不是其他。这些都是市场经济的真实逻辑。如果土地出让金是一种土地的市场交易价格，而不是其他，那么困扰国内房地产市场多年的土地出让金及房地产税的关系也就清楚了。

对于当前土地出让金的问题，并不是与房地产税的纠缠，而是这些土地出让金没有真正成为国有或公有财富的问题。因为在土地公有制度下，整个土地都为全民所有或国家所有，全体人民是土地的终极所有者，国有土地或公有土地的交易价值及溢价都应归属于全体人民而不是属于少数人或地方政府，国家应该把这些土地财富设立一个全国性的土地基金。如果有了全国性土地基金，就能够把土地出让金归于这个全国土地基金，让全国人民来公平公正地共同分享这些财富。比如，北京的土地出让金并非归北京市政府所有而是归全国土地基金所有。但是，由于当前没有全国性土地基金，当前中国土地制度通过过长的代理链，把归属于全国人民的财富或财产一层一层转移到少数人手上或地方政府手上。而这种财富转移则是造成全国居民财富严重分配不均及区域性发展严重不平衡根源所在。就此，中国的土地出让金制度要进行重大的改革。

6.5　中国房地产税制度设计中的几个基本问题

房地产税的公平公正是现代税收的基本原则，也是房地产税能够顺利推行的前提。它也是国内税收改革成功的关键。那么如何才能保证房地产税的公平公正呢？从国际上的经验来说，不仅房地产税的发展模式具有多样性，而且一种成熟的房地产税制度形成往往都需要一个漫长的过程，再加上房地产税的内涵及功能的丰富多样性，这就要求中国在设计房地产税时，首先要从中国的初始条件出发，比如启动房地产税征收的设计先把侧重点放在保证居住正义、遏制房地产泡沫及调整收入分配关系上（比如韩国的房地产税），然后在房地产税成熟的过程中逐渐加入其他功能。因为只有把这些房地产市场问题处理好了，其他房地产税的功能才能得以发挥。

其次，房地产税是一种受益税，也是一种地方税。在欧美发达国家，农村与城市、城市与城市之间经济发展的差异不会十分巨大，而且也是市场长期演进所致，以房地产税的地方性不会严重伤害政府公共服务的均等化。但是中国的农村与城市、城市与城市、区域之间经济发展差异十分巨大。而且这种差异很大程度上又是以往计划经济及目前的权力经济所造成的，经济资源以权力为主导向少数城市聚集。国内不少城市的房屋价值就是这种权力聚集资源的结果。所以，房地产税的地方性要逐渐地推进。比如房地产税可分为商业房地产税及住宅房地产税，住宅房地产税又以价格来界定高端住宅房地产税（比如以每平方米2万元为界）及一般住宅房地产税。对于商业房地产税及高端住宅房地产税，可由中央政府管理及制定税率，地方政府征收，统一缴纳至中央政府，并由中央政府进行转移支付让全国人民共享。一般住宅房地产税划归地方政府管理。否则，区域性最公平公正的房地产税也会导致严重的"马太效应"或政府公共服务严重的不均等。

再次，对城市土地管理制度及出让金制度全面改革。先是对土地出让金的概念正名，确定其为土地的交易价格；建立全国性的土地基金，把公有土地出售的资金划归全国性土地基金所有，由中央政府预算统筹，让全国人民共享；改革现有的城市土地管理制度等。

最后，加强与完善关于房地产税的基础制度和基础设施建设。如制定《住宅法》，把党的十九大报告对房地产市场的定位（只住不炒）固定在法律制度上。对中国房屋进行全国性的普查，建立起全民共享的房屋信息系统，并对不同类型的房屋清楚正名，清理历史遗留问题。清理简化现有房地产税收制度。政府要加强对民众房地产税的教育，以便国人对房地产税有更多的了解等。这些基础性制度安排对启动房地产税征收非常重要。

7 中国住房租赁市场持续发展的
重大理论问题的研究[①]

7.1 中国建立住房租赁市场面临的困境

党的十九大报告指出，坚持"房子是用来住的、不是用来炒的"定位，加快建立多主体供给、多渠道保障、租购并举的住房制度，让全体人民住有所居。按照党的十九大报告的精神，中国房地产市场将要发生一次重大的战略转折，即由以往商品住房销售为主导的市场转变为商品住房销售和住房租赁市场发展并举的市场，以此来保证国内居民的基本居住条件。这样既要满足国内居民不断增长的改善性住房的需求，也要保证中低收入居民的基本居住需求。这是实现中国居住正义的重要途径。2018 年 9 月 20 日颁布的中共中央和国务院《关于完善促进消费体制机制，进一步激发居民消费潜力的若干意见》（以下简称《意见》）更是要求，[②] 大力发展住房租赁市场特别是长期租赁。总结推广住房租赁试点经验，在人口净流入的大中城市加快培育和发展住房租赁市场。加快推进住房租赁立法，保护租赁利益相关方合法权益。《意见》表明，住房租赁不仅是保证中低收入居民基本居住条件的方式，也是激发居民消费潜力的重要内容。可以说，这种观念上的转变，对中国房地产市场的未来发展具有十分重要的意义，它将会给中国房地产市场带来巨大的影响。

因为，改革开放 40 年来，中国房地产市场主要是以商品住房购买为

---

① 该文章发表在《探索与争鸣》2019 年第 2 期。

② 陈合群：《关于完善促进消费体制机制进一步激发居民消费潜力的若干意见》，新华社，2018 年 9 月 20 日，http://finance.sina.com.cn/china/2018 - 09 - 20/doc - ihkhfqnt2857482.shtml，2018 年 12 月 30 日最后访问。

主导。通过居民商品住房的购买，中国房地产市场得到了快速及前所未有的发展，并取得了巨大成就，国内居民的基本居住条件得到了全面的改善。比如，1949 年中国城市居民人均住房面积为 4.5 平方米，1978 年下降到 3.3 平方米（李斌，2009）。但是 1998 年中国商品住房市场出现之后，这种局面得到了完全改观。2016 年 7 月 6 日，国家统计局在官网上发布了一篇文章称，[①] 2016 年全国居民人均住房建筑面积为 40.8 平方米，为 1978 年的 13 倍。从分城乡的情况来看，2016 年城镇居民人均住房建筑面积为 36.6 平方米，农村居民人均住房建筑面积为 45.8 平方米。1998 年之前，每年国内商品住房销售面积都在 1 亿平方米以下，1998 年达到商品住房 12185 万平方米，而在 2017 年则达到 169407 万平方米，2017 年是 1998 年的 14 倍。[②] 1998—2017 年商品住房销售总面积达到 1431935 万平方米，如果按每套为 90 平方米计算，每个家庭为 3 口之家，那么这个期间销售的商品住房可达到 15910 万套住房，可以满足近 5 亿人口居住。根据盛松成（2018）的测算，[③] 目前狭义口径中国城镇的商品住房达到336 多亿平方米，可以容纳 9 亿多人口。也就是说，中国商品住房市场得到了前所未有的发展，城市绝大多数居民的基本居住条件得以保证。

但是自 1998 年中国住房制度改革以来，政府的房地产政策更多的是鼓励居民购买商品住房。根据浙江大学不动产研究中心的调查，[④] 2009 年以来国内城市居民有七成以上的人购买了住房。目前全国 40 个省会及重点城市居民的住房拥有率都在 70% 以上，居民住房拥有率最高的城市是长沙，其比例更是达到了 90% 以上。三四线城市居民住房拥有率所占的比例肯定比这 40 个城市还高。不过，国内居民的商品住房拥有率如此之高，尽管造就了国内商品住房市场空前的繁荣与发展，是这些年促进中

---

① 王金雪、秦华：《居民收入持续较快增长 人民生活质量不断提高》，人民网，2017 年 7 月 11 日，http://dangjian. people. com. cn/n1/2017/0711/c412885 - 29397056. html，2018 年 12 月 30 日最后访问。

② 该数据来自《中国统计年鉴》（历年）。

③ 盛松成：《三四线城市库存风险已显露了，到了该调整时候》，新浪财经·意见领袖，2018 年 9 月 6 日，http://finance. sina. com. cn/zl/bank/2018 - 09 - 06/zl - ihiixzkm5626117. shtml? cre = sinapc&mod = g，2018 年 12 月 30 日最后访问。

④ 《中国居民住房拥有率》，百度百科，https://baike. baidu. com/item/% E4% B8% AD% E5%9B% BD% E5% B1% 85% E6% B0% 91% E4% BD% 8F% E6% 88% BF% E6% 8B% A5% E6% 9C% 89% E7% 8E% 87/4492386? fr = aladdin，2018 年 12 月 30 日最后访问。

国经济增长的最大动力，但随着国内一线、二线城市房价快速飙升，这些城市的中低收入居民根本就没有支付能力进入商品住房市场。对于这些城市的中低收入居民来说，基本居住需求的矛盾与问题越来越严重。所以，为了保证城市中低收入居民的基本居住条件，化解这些城市中低收入居民的居住需求的矛盾，政府已经意识到仅是发展商品住房销售市场这种单条腿走路模式存在严重的缺陷，中国发展住房租赁市场势在必行。所以，党的十九大报告对当前的中国房地产政策进行了重大战略调整。党的十九大报告明确提出了"房子是用来住的、不是用来炒的"市场定位，要求中国房地产市场回归到居民居住需求为主导的市场，并要求加快建立多主体供给、多渠道保障、租购并举的住房制度，即通过发展住房购买和住房租赁发展"两条腿"走路的方式来化解当前中国房地产市场的矛盾与问题，补上国内房地产租赁市场没有发展的这个"短板"。

在党的十九大报告中确立了发展中国住房租赁市场的原则之后，国内房地产市场立即闻风而动。地方政府及金融机构纷纷推出了一些发展住房租赁市场的政策和措施，不少大型的房地产开发企业开始介入住房租赁市场，房地产中介经纪公司也开始改造住房租赁业态及经营模式，由此中国的住房租赁市场开始风生水起。但是，面对着这种突然而起的住房租赁市场，由于政府对其发展在理念上、政策上、法律法规上等方面都准备不足，由于弱势的住房租赁者对这个发展起来的市场认识不足，当前中国住房租赁市场只能由房地产开发企业及房地产市场中介公司根据党的十九大报告精神理解及企业内在本性自由地发展。结果是，中国住房租赁市场刚发展，其矛盾与问题立即暴露了出来，同时也让中国住房租赁市场发展立即陷入了困境。

据报道，① 2018 年以来国内一线城市及部分重点城市的房租价格突然出现快速飙升。这些数据显示，过去一年里，在全国的一线、二线城市中，有 13 个城市房租上涨幅度超过 20%。其中成都房租上涨了 30.98%，深圳上涨了 29.68%，重庆、西安、天津、合肥等二线城市涨幅全部超越北上广，而北京和广州的涨幅也均超过 20%。仅是 2018 年 7 月房租的飙

---

① 《7 月全国城市房租价格均上涨　11 城房租平均涨幅超 20%》，《证券日报》2018 年 8 月 24 日，http://www.ce.cn/cysc/fdc/fc/201808/24/t20180824_30112344.shtml，2018 年 12 月 30 日最后访问。

升更是疯狂。而按照平均月租金排序，北京、深圳、上海已经分别达到了 92.33 元、78.3 元、74.48 元。这意味着在两三个月时间里，国内一线城市，一套 100 平方米的住房平均房租已经从 5000—7000 元迅速上涨到 7000—10000 元。对于这些城市房租为何会突然快速上涨，原因肯定是多方面的。但问题焦点又是在哪里呢？目前见仁见智，争议极大。

有人认为是季节性因素所导致。但中国房地产测评中心近日发布的《2018 年 7 月中国城市租赁价格指数报告》显示，[①] 7 月中国城市住房租赁价格指数为 1042.5 点，较上月上升 1.4 点，环比上涨 0.13%，同比下降 1.09%。也就是说，从全国的情况来看，7 月住房租赁市场价格同比不仅没有上涨；反之下跌，住房租赁价格指数连续第四个月出现同比下跌态势。而从北京、上海、深圳三个一线城市来看，7 月房租环比上涨分别为 2.4%、2.1% 和 3.1%。2018 年 1—7 月，租金指数同比上涨 10.7%，略高于 2015 年和 2017 年涨幅，低于 2016 年涨幅。也就是说，与一般年份相比较，住房租赁市场的价格并没有出现季节性突然上涨情况，这些城市的房租上涨基本上处于正常区间，并没有多大问题。

也有人认为，是由于大力拆除违规建筑所导致。贝壳研究院的报告指出，[②] 近来北京市集中清理与拆除违规公寓、群租房以及隔断房等不符合消防安全的租赁住房，导致市场上低端租赁房源减少，这容易导致租赁性住房减少，由此推高房租。在这些公司看到，政府对群租房以及隔断房整顿，使低端客户向高端客户转变，以及现在租房者基本上是高端租房客户，两类客户碰在一起，必然导致这类住房租赁市场出现价格的结构性上涨。对于大力拆除违章建筑，这个因素是否能够导致房租突然快速上涨，其理由同样是一点都不充分，因为北京曾出现过类似的情况，也引发了社会广泛的舆论，但这些政府行为已经在调整，更何况，其他城市没有这种大力拆除违章建筑的政府举动，房租同样在快速上涨。同时，近年来，随着城市的快速扩张，各个城市住房拆迁早就是一种常态，这些城市并没有由于这种常态性的住房拆迁来推高房租的，更用不说突然让房租快速上涨了。也就是说，就目前的情况来说，这些政府拆迁行

① 《2018 年 7 月中国城市租赁价格指数报告》，中房网，2018 年 8 月 3 日，http：//fdc. fang. com/news/2018 - 08 - 03/29165391. htm，2018 年 12 月 30 日最后访问。

② 《房租大涨真相揭开，监管火速出手》，搜狐网，2018 年 8 月 20 日，http：//www. sohu. com/a/248870854_ 99992453，2018 年 12 月 30 日最后访问。

为对当前房租上涨有一点影响，但不会太大，更不用夸大这种影响，转移问题的实质。

而最有代表性的观点是贝壳研究院所主张的供求结构失衡是造成此轮房租上涨的重要原因。① 贝壳研究院发布的《2018 年中国住房租赁白皮书》指出，房屋租赁市场是一个消费群体 1.68 亿人口，市场规模 1.2 万亿元的巨大蛋糕，而且这个蛋糕还在不断地成长中。根据《2018 年中国住房租赁白皮书》的预测，在未来的 5 年中，住房租赁人口将会增长 50%，市场规模将增长 150%。所以，他们预测，就当前中国的租赁市场的情况来看，基本上是总量不足、结构失衡。在这种情况下，房租上涨是一种趋势。以北京为例，北京共有租赁人口 800 万人，目前租赁房源量约 350 万间，租赁缺口 400 万间以上，可租赁的住房严重供应不足。对于这种解释，基本上是为其行业成长而给出的一套说法。因为，住房租赁市场供求结构是一个自然形成的过程，短期内并不会因为这种住房租赁市场的供求结构出现裂变而导致房租突然快速飙升。更何况，对于一线城市来说，进入住房租赁市场的对象主要是由外地流入的中低收入居民。在极高房价的情况下，以他们的薪资水平是没有支付能力进入正规的商品住房租赁市场的，他们进入的市场是当地农民建造的出租屋。深圳及广州城中村星罗棋布，绝大多数中低收入居民都进入了农民的城中村租赁市场。而北京、上海则进入城市周边的城中村的住房租赁市场。北京的公共交通特别是地铁为何会如此拥挤（每日客流量以千万计，在上下班的高峰期间，地铁起始站每天都是人山人海。比如北京 5 号线天通苑北站，这期间的人流量非常大），与许多中低收入居民只能进入城市周边的"城中村"住房租赁市场有关。而这些城市的"城中村"是非商品性的租赁住房，根本就没有纳入《2018 年中国住房租赁白皮书》的分析视野。

实际上，这次不少城市的房租突然快速上涨，主要的原因是住房中介租赁公司及长租公寓哄抬房租的结果。8 月 18 日，我爱我家副总裁胡景晖在朋友圈发文表示，因为众所周知的原因即日起辞去在我爱我家集团的所有职务。在之前即 8 月 17 日，胡景晖向媒体指出当前国内一些城

---

① 张凤旭：《2018 年中国住房租赁白皮书》，和讯网，2018 年 7 月 23 日，https：//sy.house.ifeng.com/news/2018_07_23 - 51536065_0.shtml，2018 年 12 月 30 日最后访问。

市住房租金快速上涨的问题。[①] 胡景晖认为，以自如、蛋壳公寓代表的长租公寓运营商，为了扩大规模，以高于市场正常价格的20%—40%在争抢房源，人为抬高收房价格，而且这些长租公寓重装修、N+1出租模式加剧了租房价格上涨。也就是说，当前国内一些一线、二线城市租房市场的租金快速飙升，基本上是以"租金贷"为主导的长租公寓这种经营模式所导致的。据了解，这种以"租金贷"为主导的长租公寓的经营模式，[②] 一方面，先由一些房屋中介公司以哄抬租金的方式抢占房源，即高于市场价格从房东或业主手中抢占房源并形成对租赁住房房源的垄断，然后与业主签订一般为3—5年的长期租约，中介公司对房屋经过适当装修之后再向外出租。中介机构一般以季度或半年向业主支付租金。另一方面，又以解决一些租客"押一付三"传统模式的压力为幌子，向租客提供"押零付一"或"押一付一"等优惠条件来吸引及招揽租客。在这种交易中，房屋中介公司暗中做手脚，让蒙在鼓里的租客与网络金融平台等第三方信贷机构签订贷款协议，一次性贷款未来的房租交给房屋中介机构。租客向长租公寓公司支付押金，同时在约定租期内，每月向第三方信贷机构还款；其间产生的利息或服务费由公司向信贷机构支付。也就是说，这些住房租赁中介公司与租客签订不是一份住房租赁合同，而是一份与第三方信贷机构的贷款合同，即公司利用租客的信用，向网贷平台进行贷款（或称"租金贷"）或银行贷款，把未来的租金一次性预付给长租公寓公司，租客则按月向银行或网贷平台还款。中国租房市场这种"租金贷"所谓的金融产品创新油然而生，并很快在国内一些城市盛行。

在这样的长租公寓的"租金贷"运作模式下，房屋中介机构便可利用时间差，截留从"租金贷"获得的长期租金中的大部分资金，仅需要小部分用来支付业主的房租，而房屋中介公司就能够把所截留的大部分资金或用于这种长租公寓的快速扩张，垄断市场可租赁的房源，或用这些资金到其他市场进行生利投资。正因为这种"租金贷"经营模式能够

---

① 《胡景晖辞去我爱我家所有职务，发文：因众所周知的原因》，《21世纪经济报道》2018年8月18日，http://finance.sina.com.cn/roll/2018-08-18/doc-ihhvciix1760518.shtml，2018年12月30日最后访问。

② 《黑白租金贷》，东方财富网，2018年8月30日，https://baijiahao.baidu.com/s?id=1610165153731742639&wfr=spider&for=pc，2018年12月30日最后访问。

"空手套白狼"获得暴利,所以很快就吸引了国内各种社会资金蜂拥而入。2018 年 1 月 16 日,中国长租公寓领跑者自如就完成了 40 亿元人民币的 A 轮融资,其估值达到了 200 亿元人民币。[①] 国内排名 TOP100 的房地产开发商中,已有超过 30 家涉足长租公寓领域。蜂鸟屋统计数据显示,[②] 截至 5 月 31 日,分散式品牌公寓 TOP10 总融资金融约为 75.792 亿元;而集中式品牌公寓 TOP10 融资总额约为 71.15 亿元。这样自然会加剧长租公寓市场的快速扩张及对各个城市可租赁住房不计成本抢房。在这种情况下,必然会造成国内一些城市租赁住房紧张及房租突然间快速上涨。也就是说,这种以金融化为主导的长租公寓模式,也是一种暴利的经营模式。比如,我爱我家控股集团原名昆明百货大楼(集团)股份有限公司,原本从事百货商品经营,2017 年集团通过重大资产重组,成功控股我爱我家,公司由此集团开始转型地产中介服务行业。已有的财报数据显示,从 2013 年到 2017 年该上市公司业绩一路惨淡。除 2016 年公司营业收入和净利润双双转正外,其余四年这两项指标均为负数。后来通过收购我爱我家进入房产中介之后盈利能力得到快速提升。2018 年上半年,公司业绩出现了"井喷"。已经披露的半年报数据显示,2018 年上半年公司实现营业收入 53.3 亿元,同比增长 741.86%;净利润 3.29 亿元,同比增长 1189.71%[③]或近 12 倍。也正是这种暴利模式,立即吸引了社会各种资金涌入了长租公寓市场。

　　不过,这种以"空手套白狼"的"租金贷"长租公寓的经营模式不仅导致了最近一些城市住房租金快速上涨,也增加了国内整个金融体系的风险。因为在房租上涨,或房屋中介公司把资金用于其他投资收益较好时,那么这种过度的扩张,其风险会增加,但不会暴露出来。如果当住房租赁市场的房租下行,所垄断的房子无法租赁出去时,或他们的投资失利时,这种"租金贷"经营模式随时都可能引发房屋中介公司资金链断裂的风险。而资金链断裂,就无法继续向房东支付租金,从而导致

---

　　① 《成为长租公寓行业第一只独角兽　自如还有对手吗?》,《界面新闻》2018 年 1 月 16 日,https://www.jiemian.com/article/1885427.html,2018 年 12 月 30 日最后访问。

　　② 《长租公寓如何利用现金流管理实现快速融资?》,《蜂鸟屋》2018 年 6 月 11 日,http://www.sohu.com/a/234644895_820705,2018 年 12 月 30 日最后访问。

　　③ 彭硕:《我爱我家被罚背后:净利暴涨 12 倍　被曝租廉租房再转租》,新浪财经,2018 年 9 月 13 日,http://finance.sina.com.cn/stock/s/2018 - 09 - 13/doc - ihiycyfy0444175.shtml,2018 年 12 月 30 日最后访问。

迫使房东收回房屋。同时，租客交了房租，但要面临着无房屋可住的处境，还得偿还"租金贷"。如果租客拒绝再还贷款，那么这些第三方信贷机构也面临着资金链断裂甚至倒闭的风险。

可以看到，这种以"租金贷"为主导的长租公寓的经营模式，不仅将导致金融体系的严重风险，也将给整个住房租赁市场及整个社会带来严重恶果。比如，北京的这些房屋中介机构，通过这种"租金贷"经营模式进行快速扩张，让整个租赁市场的房源基本上操纵在他们手上。这些公司手上的房源少则几千套，多则数万套及十几万套，这些房屋中介公司不仅能够轻易地操纵市场，推高房租，制造整个租房市场的恐慌情绪，以图谋取暴利，也将全面扰乱政府发展租房市场的政策。同时，这些房屋中介机构手上持有的住房涉及的资金以数十亿元计之，所涉及家庭至少是房源的 1 倍，其中所隐藏的社会风险之大是难以估量的。一旦"租金贷"的风险爆发，房屋中介机构可以置身事外，或干脆以破产的名义逃之夭夭。整个社会则面临着巨大的金融风险。比如杭州鼎家长租公寓公司的破产就是一个最好的案例。[①] 也就是说，中国的住房租赁市场起步就走入歪门邪道，如果这样，中国的住房租赁市场是不可能健康持续发展的。

现在的问题是，政府要推行租售并举的住房体制，希望发展住房租赁市场来弥补国内房地产市场的"短板"，市场对此反映也十分强烈，但是中国住房租赁市场为何开始发展就会出现如此大的偏差？是房地产开发商及房地产经纪中介的唯利是图吗？或仅仅是资本的趋利动机吗？估计仅是这样的解释是没有说服力的，也不能够把握问题的本质。目前国内住房租赁市场乱象四起，更为重要的应该是我们对中国住房租赁市场健康发展在理论上准备不足，没有认识清楚中国住房租赁市场的初始条件是什么，也没有把握到中国住房租赁市场的本质特征、基本原则及核心问题。在这样的情况下，也就无法确定中国住房租赁市场的租金定价基础，制定出适应中国的住房租赁市场持续发展的模式、相应的政策及法律法规。对于发展中国住房租赁市场，目前政府只能是边干边学或试

---

① 李叶：《长租公寓公司真的爆仓了，杭州鼎家破产 4000 户租客受损》，《中国房地产报》2018 年 8 月 23 日，https://www.jiemian.com/article/2410131.html，2018 年 12 月 30 日最后访问。

点，在理念上、制度上、法律法规上都准备不足。所以，本文对中国住房租赁市场的重大理论问题进行研究和讨论，希望以此来把握中国住房租赁市场的初始条件、本质特征、发展原则及核心问题，以便为政府制定中国住房租赁市场的政策提供重要的理论依据，并由此引导中国住房租赁市场走向持续健康发展之路。

7.2　中国住房租赁市场发展的初始条件

初始条件既是现实市场发展的基础，也是政府政策选择的依据，所以，对初始条件的研究与认识对未来市场如何发展显得非常重要，由此也会引发出各个国家住房租赁市场发展的不同路径。比如，英美与德国的住房租赁市场不同，很大程度上就与其初始条件有关。比如英国住房租赁市场开始于 18 世纪工业革命及城市化，并由此逐渐演进而成；德国的住房租赁市场主要起源于第二次世界大战后国家重建。初始条件不同导致两国的住房租赁市场发展模式巨大的差别。20 世纪末，英国的个人住房持有率为 69%，居民租房居住的占比为 31%（美国情况与此也差不多）；德国个人住房持有率为 43%，居民租房居住的占比为 57%（戴维·莫林斯、艾伦·穆里，2012）。而英美的大部分租赁住房基本是由地区政府及非营利部门提供，德国租赁市场住房是由政府及市场共同提供。后者由此形成一个十分成熟与完善的住房租赁体系（约翰·艾克豪夫，2012）。

中国房地产市场发展的初始条件与其他国家存在根本上的不同。这不仅在于它是由计划经济转轨而来，更重要的是中国土地产权制度特别性。这是形成当前中国住房租赁市场初始条件最为重要的原因。现行中国土地产权制度的法律源头是《中华人民共和国宪法》（以下简称《宪法》）。比如，《宪法》规定，中国土地实行公有制或国家所有，城市的土地归国家所有，农村的土地归农民集体所有，国家只有出于公共利益的需要才能对农地实行征收或征用。但 1986 年颁布的《中国城市土地管理法》同样是承认中国土地实行公有制，公有土地的使用权由国务院行使。但是该法律也规定，城市土地可以自由交易转让，而农村集体土地不可自由交易转让，只有由地方政府征收变更为城市土地之后才可自由转让。也正是这样的土地制度安排，造成了中国房地产市场及住房租赁市场一系列的问题。

　　因为，从《宪法》角度来看，既然中国土地为国家所有或公有，那么无论是城市土地还是农村集体土地，其土地最终所有权为全体中国公民所有。无论是人大，还是国务院、地方政府、农村集体组织，他们不过都是一级又一级的代理人。他们只能是以一级又一级代理人来行使土地的权能，从而使现行土地制度安排形成一条比较长的委托代理链。现在的问题是，这种制度如何来保证国有土地为全体全民所有或公有，有什么样的制度安排来保证在这样长的委托代理链中代理人不会侵害委托人的利益呢？即国有土地所有的权能是否为全体中国公民服务，同时全体中国公民能否有权分享国有土地各种权能所产生的成果或城市化过程中土地溢价。比如设立全国性土地基金，但实际上这样的制度安排在中国没有。农村集体土地终极所有权归属到农村集体组织所有而不是全国人民公有，城市土地所有权归属于地方政府。特别是地方政府不仅主导了当地土地各种权能使用与变更，而且城市土地管理的代理人成了土地的终极所有者。公有土地的属性完全被改变，全体中国公民的土地终极所有权基本上被剥夺。所以，这种土地终极所有权缺位的土地产权制度，代理人政府有强大的动机极力地扩张土地交易的规模；有强大的动力推动房价上涨以此来推高土地价格；有强大的动力采取更多的优惠政策让居民购买住房并让住房市场成为最好的赚钱投资工具，因为这样才能让土地需求得以不断膨胀等。同时，受房地产市场暴利之引诱，作为土地代理人的农村一级的村民组织同样有强烈动机开发其手中持有的土地，从而导致中国小产权房盛行；而村民也有强烈的动机让其宅基地的价值最大化，在其宅基地上所建造的住房越来越高、越来越密集，尤其一线城市的"城中村"更是如此。这些都是所有权缺位（或虚拟所有权）的土地产权制度所导致的结果。

　　所以，当前中国住房租赁市场建立的初始条件是，终极所有权缺位的土地产权制度，极高的居民住房拥有率（目前全国达到89.68%，远高于全球60%左右的一般水平。即使是四个一线城市也达到70%以上①），

---

　　① "中国居民住房拥有率"，百度百科，https://baike.baidu.com/item/% E4% B8% AD% E5%9B% BD% E5% B1% 85% E6% B0% 91% E4% BD% 8F% E6% 88% BF% E6% 8B% A5% E6% 9C% 89% E7% 8E%87/4492386，2018 年 12 月 30 日最后访问。

高房价（如果按照联合国的标准，一般房价收入比在 3—6 的范围内比较合理，但目前中国许多城市早就超过 20 以上水平①），投机炒作为主导的市场（住房是投资还是消费，应该看购买住房的目的是自己使用还是买时为了卖出；判断住房市场是投资为主导还是消费为主导，如果住房的销售量变化，房价是如何变化的。如果住房销售量急剧下降，但房价还是不随之下跌，反之上涨，那么这个市场为投机炒作为主导的市场。因为这时的房价是由市场的预期决定，而不是市场供求关系变化决定。如果房价随着销售量的变化而变动，那么这个市场是以消费为主导的市场），住房产权制度复杂（有公有产权、私有产权、大产权、小产权、无产权等不同产权类型的住房）等。

所以，要建立起持续稳定发展的中国住房租赁市场，就得对终极所有权严重缺位的土地制度进行重大制度改革，既要把土地的终极所有权回归到全民所有，也要让农村集体土地可自由交易转让。前者是要建立起一个全国性土地基金。通过这个土地基金，以级差地租的方式来收取土地出让金而不是让土地出让金成为地方政府财政收入。建立这个全国性土地基金既可以为租赁市场发展提供资金上的支持，也可以通过中央财政转移支付的方式让全国居民分享城市化进程的成果，实现财政转移支付的均等化。这样，既可利用土地基金建造更多的公共租赁住房及为中低收入居民提供更多的住房租赁补贴，也可减小由于住房作为财富分配及转移机制所带来的社会收入分配不公，缓和居民收入分配差距的扩大矛盾，增加中低收入居民的消费力，并为全国经济平衡发展或财政支付均等化创造条件。同时，修订法律制度让农村集体土地可交易转让，并规定这些土地资源可以进入住房租赁市场。这两个方面的重大改革将成为发展中国住房租赁市场的基础条件。

要发展中国住房租赁市场的第一个前提条件就是落实党的十九大报告中的"只住不炒"的市场定位，去除住房市场的投机炒作功能，去除住房市场赚钱效应，让住房市场的价格完全回归理性，回到住房消费者有支付能力的购买水平上。如果这个前提条件不确立，有效健康的中国住房租赁市场是发展不起来的。因为，在一个以投机炒作为主导的市场

---

① "房价收入比"，百度百科，https：//baike. baidu. com/item/% E6% 88% BF% E4% BB% B7% E6% 94% B6% E5% 85% A5% E6% AF% 94/2814797，2018 年 12 月 30 日最后访问。

中，由于房价水平完全顶在天花板上，这个市场要实现向消费为主导的住房市场转型是根本不可能的，而且在这种情况下，居民更愿意购买住房而不愿意租赁住房。因为，居民购买住房既可用于自住，又可用于投资赚钱，及居民看到购买住房所分享到的权利会更多，自由度更大。也就是说，只要政府不用经济杠杆严格限制住房的投资功能，让这个市场转型，那么居民在是租房还是购买住房上永远是不确定的。特别是房价高得离谱的一线、二线城市，居民更是会宁可进入购买住房市场而不进入住房租赁市场。在这种情况下，这不仅会导致可租赁的住房越来越少，也会导致要进入住房租赁市场的中低收入者越来越多。这些城市的租赁住房市场的供应矛盾会更加突出。所以，要发展中国的住房租赁市场，就得坚持"只住不炒"的市场定位，让房价回归理性，让国内房地产市场真正实现转型。但是，2016 年以来的房地产市场调控政策，政府一方面要遏制房价疯狂上涨，另一方面又要保持房价稳定而不希望房地产市场回归到居住功能及房价水平向下移。这是一个与市场法则完全相悖的调控目标。因为，就目前一线城市及二线主要城市的房价水平来说，其房价早就上涨到了完全远离居民消费居住需求的水平，如果这些城市的房价不下跌，房地产市场要回到居住功能只能是一句空话。而这样的房地产市场调控目标也是近来以"房租贷"为主导的长租公寓之所以能够短时间爆炸式增长的一个重要的制度根源。

　　要发展中国的住房租赁市场还得对当前国内住房复杂的产权制度进行改革。就中国的住房产权制度来说，复杂程度是难以复加的。什么大产权、小产权；什么公有产权、私人产权；什么有产权、没有产权等，不对中国住房产权制度进行梳理及改革，同样是发展当前中国住房租赁市场的重大障碍。比如，中国香港与新加坡，两个地方都是临海的城市地区，土地资源都十分缺乏，政府提供的公共性住房所占的比重都非常高（香港的"公屋"占全部住房的比重达50%，新加坡的"社屋"则占比达80%以上），但中国香港与新加坡相比，两地公共住房的产权安排完全不同，从而也成了影响房价及租赁市场发展的重要条件。新加坡的"祖屋"享有完全的使用、转让和租赁的权利，而香港的"公屋"则享有完全的使用权，却享有部分转让和租赁权（王于渐，2018）。由于住房的产权制度安排不同，新加坡的房价与住房租金不高且平稳，住房租赁市场发达。香港则反之。目前国内住房产权制度最为棘手的问题是小产权住房处理。有人估计可能达 40 亿—50 亿平方米，① 相当于存量住房的 1/7。如果政府对小产权住房的产权问题能够以快刀斩乱麻的方式处理好，让这些住房进入租赁市场，这应该是发展中国住房租赁市场的一个重要条件。当然，农民在宅基地上建造的违章建筑也是应该要解决的问题之一。对这些问题，中共中央十八届三中全会决议有相应的原则，允许农村集体用地出租、转让及入股，但目前落实起来还是比较困难。

总之，中国的住房租赁市场发展的初始条件与任何国家都不同，这是中国住房租赁市场的现实基础，也是政府房地产租赁政策选择的依据，要制定适应中国的住房租赁市场的政策，就得对这些初始条件进行更为深入的研究与了解，并在此基础上对现有一些制度进行重大改革。

7.3　中国住房租赁市场的实质与核心

上面的数据显示，中国城市居民住房拥有率达到了 89% 以上，一线城市居民的住房拥有率也达到了 70% 以上。这就意味着进入住房租赁市场的居民基本上是中低收入的居民，特别是极低收入的居民。这些居民在三四线城市所占的比重只有 11%，在一线城市也只有 30% 左右。不过，这只是进入住房租赁市场的一类居民。另一类居民就是新近流入这些城市的居民。三四线主要是城市周边的农民，一二线城市有三四线城市等流入的居民也有流入的农村居民。也就是说，在当前中国住房市场的初始条件下，发展住房租赁市场的实质就是解决这些城市中低收入居民（包括现有的及新流入的）特别是低收入居民的基本居住条件的问题，而不是改善他们的居住条件，更不是创造出什么新概念。这是当前中国住房租赁市场发展的基点，无论是政府建造的公共租赁住房，还是社会力量建造的长租公寓，以及个人持有住房的租赁市场，都必须立足于这个基点，否则，中国住房租赁市场就会偏离其正确的发展方向。这也是当前中国住房租赁市场的实质。

既然中国住房租赁市场的实质是解决中低收入居民的基本居住条件

_____

① 这仅是一个猜测，实际数量多少是不清楚的，因为它是非正规市场，相关数据无法统计上来。不过，从北京周边的情况来看，小产权数量可能会比这种猜测还要大。

问题，由此必然引申出，住房租赁市场发展的核心主要是政府通过财政资助及政策安排来保证住房租赁市场供求平衡，无论是个人住房持有率68%左右的英美国家，还是个人住房持有率43%及有一个成熟完善的住房租赁市场的德国都是如此（戴维·莫林斯、艾伦·穆里，2012）。在美国，其个人住房持有率为68%，但美国政府有一套发展住房租赁市场的计划与制度安排（阿列克斯·施瓦兹，2012），德国则有一个成熟发达的住房租赁市场。对中国来说，这个方面基本上是空白，还在推进试点工作。所以，在理论上认清发展住房租赁市场的实质及核心问题是非常重要的。

在美国，住房租赁市场发展基本上是由政府财政资助及补贴来进行。比如，美国主要有三种住房租金补助计划。如政府的公共租赁住房、以项目为基础的租金补助计划（Project – based rental assistance，PBRA）以及发放住房租金券（Housing Choice Voucher Program）。美国的公共租赁住房是由政府财政拨款建造，主要是提供给最贫穷、最弱势的居民租用。该项目从1937年开始启动，到1994年时公共租赁住房共计140万个单位，可以为140万个极低收入居民家庭提供基本的居住条件（占人口的比重在5‰左右）（阿列克斯·施瓦兹，2012）。这些政府提供给极低收入居民的公租房，需要缴交其收入的30%或至少50美元作为住房每月租金。美国居民要获得这种政府的公共租赁住房，其申请家庭必须是"低收入家庭"，即收入不超过当地居民收入中位数（Area Median Income）的80%。而每年成功申请的家庭中，有40%是"极低收入"家庭，即收入低于美国家庭的贫困线，或其收入不超过当地居民收入中位数30%的家庭。所以，对美国全国来说，申请政府公共租赁住房的居民占全国人口的比重非常低，否则政府根本没有财政能力建造更多的公共租赁住房给这些居民租用。

以项目为基础的租金补助计划或PBRA，主要是为了解决中等收入家庭基本的居住条件问题。该项目从1961年开始启动，到2007年止，完成的项目总数为180万套（其占人口的比重也只有6‰左右）（阿列克斯·施瓦兹，2012）。该计划由美国住房及城市发展部与私人开发商签订20年期的租赁合约，私人开发商再将项目中的全部或部分单位出租给符合资格的家庭。这些私人开发商大部分是盈利企业，也有不少是非牟利团体。租金同样根据租户的收入决定，租客需要缴交收入30%或至少25美元作为月租。美国国会每年会拨出资金，用以补贴余下所需要的租金，以及填补其他实际营运开支。每个 PBRA 发展计划的总单位数目，必须有40%供"极低收入"家庭入住，其他住房则大部分只是限于不及当地居民收入中位数一半的家庭入住。可以说，正是上述这两项计划真正保障了城市较低及极低收入家庭（占整个家庭人口的比重在1%左右）的基本居住条件，保证他们有支付能力租到一定空间的住房。

美国的住房租赁券是另一种政府的住房租赁补助方式。美国的租房券首次在 1937 年的《公共住房法案》中提出，但经过多年的讨论，直到20 世纪 70 年代，租房券才成为美国住房政策的一部分。参加租房券补助对象必须是低收入家庭，即该家庭的收入水平低于所在地区中位数收入的 80%（阿列克斯·施瓦兹，2012）。同时，政府对参与房租券的公寓也设定相关要求，比如租金标准、建筑质量标准及参与者的意愿等。对于有资格的低收入家庭来说，政府发放住房租赁券可以让他们自由在市场租赁住房。目前已有超过 500 万人、220 万个低收入家庭参与这个计划（该计划占家庭人口比重为 2% 左右）。为了确保最有需要的人能得到资助，政府规定 75% 新申请家庭必须为"极低收入"，余下的申请名额则留给"低收入家庭"。

申请到了住房租赁券的居民家庭可以在 60 天内寻找住房，住房机构都会先核实单位的质量及租金是否合理。同样，这些家庭必须先缴收入的 30% 或至少 50 美元作为月租，余下的租金由住房租赁券"保底"至一个由住房机构设置的上限。有研究表明，这种制度实行多年，已经取得了很大成绩。这种制度安排不仅有利于居民自由选择住房租赁市场，既有利于住房租赁市场的发展，又有利于家庭居住及孩子成长环境的改善，同时也节省了政府财政支出。

美国租赁市场发展还有一个重要的制度安排，就是实行"包容性分区规划"，该计划就是土地拍卖时，土地合同要求房地产开发商获得土地所建造住房，房地产开发商要按照一定比例的住房指定中低收入家庭（无论是租赁还是购买）。比如房地产开发商开发的一个项目建造的住房100 套，其中 20 套必须分配中低收入家庭。而且这个计划到 2004 年年底，美国已经有 600 个以上的主要城郊社区推广（阿列克斯·施瓦兹，2012）。此外就是私人持有住房的租赁市场。对于这个市场，以市场化的方式运作，但也是在政府严格的监管下，政府对此市场制定一系列相关的保护弱势租赁者制度规则。

对于美国的住房租赁补助计划，所触及人口的比重在3%左右。它是建立在以下几个前提条件下的，一是对住房投机炒作有严格的限制，美国的住房市场不是以投机炒作为主导的市场，而是一个以消费为主导的市场，所以不仅住房的价格水平是建立在居民可支付能力基础上，而且住房租金价格也是以居民有支付能力为基础，即不能够超过居民收入支付能力的30%。二是发展住房租赁市场，特别是通过租赁来保证低收入家庭的租赁市场，是建立在政府巨大财政投入和财政补贴的基础上，主要是保证低收入家庭的基本居住条件。三是美国政府发展住房租赁市场，尽管政府财政补贴及投入不少，但其更多的是采取市场化的方式来进行，而不是政府过度参与及干预。四是在市场化的方式及政府制度安排下，在住房租赁市场要获得暴利几乎是不可能的，并对私人持有的住房租赁市场有严格的管制，对租赁者的利益绝对保护。所以，在这样的前提条件下，美国的住房租赁市场才得以健康持续地发展。这是美国住房租赁市场发展的模式。而德国的住房租赁市场发展模式与美国又有不同。

可以说，在过去几十年的世界历史中，房地产市场能够持续稳定发展的只有德国。这可能与德国对房地产市场定位及住房租赁市场发达有很大关系。1970—2015年，德国新建住房名义价格指数上涨了90%，扣除通货膨胀的影响，其实际价格下跌11.3%，实际房价收入比下跌62%（任泽平、甘源，2016）。德国把住房市场定位为满足居民基本居住条件的市场。房地产业只是国家福利体系的一个重要组成部门，而不是拉动经济增长的"支柱产业"，更不是赚钱的投资工具。比如，德国《住房扶持法》的第一句话或宗旨就是"社会福利住房的扶持是承担社会责任的住房政策的重要组成部分"（约翰·艾克豪夫，2012）。德国的《住房扶持法》《住房租金补助法》《住房租赁法》和《私人住房补助金法》分别为社会保障住房供给、中低收入的房租补贴、租赁市场的规范和私有住房建设提供了法律框架，被称为德国住房政策的"四大支柱"（任泽平、甘源，2016）。其目的就是绝对保证每一个居民的基本居住条件。

既然住房是国家福利的重要组成部分，那么对住房市场经济经营利润政府有严格的限制。比如，德国房地产政策一方面鼓励房地产开发企业增加投资（如住房建造的投资补贴），另一方面政府严格限定房地产开发商的利润水平。房地产开发商所建造的住房定价如果超过合理房价的

20%就算违法，超过了50%构成犯罪，就得罚款及承担刑事责任。同样，政府鼓励居民购买或建造住房出租，但利润水平也受到严格的限制。房东租赁住房，其租金超过合理租金20%就算违法，超过了50%就构成犯罪。合理房价及合理租金的界定标准都非常严格，都得通过多方的相应组织协商来确定。在这样的法律制度限制下，德国的住房租赁市场非常发达，市场化程度也很高，但想在住房市场牟取暴利几乎是不可能的。在德国，住房租赁市场所占的比重相当较高，1999年德国居民住房的租赁率达57%（戴维·莫林斯、艾伦·穆里，2012），而居民的住房拥有率只有40%多一点。

那么德国的居民为何喜欢租房而不愿意持有住房？这与德国对房地产市场完全定位为居住功能有关。所以，居民持有住房想通过住房交易获利基本上是不可能的事情。这不仅在于住房的交易成本高，而且住房资本利得税以累进制方式征税，基本上无法让住房交易获利。这自然会减弱居民持有住房的动机。还有，尽管居民持有住房对住房的消费及居民租赁住房对住房的消费本质上没有多少差别，但在现有的产权制度下，房东比住房租赁者享受更多的权利（杨太乐、刘峰等，2013）。比如，在时间跨度上房主对住房的消费没有租赁期的限制，房主对住房的所有权及附带的消费权可以自由地转让或继承。又如，房主有自由地对住房进行装修及内部改造的权利等。

但是德国居民为何会放弃持有住房消费诸多权利的优势性而更愿意选择租赁性的住房消费呢？这与德国关于住房租赁市场的法律安排有关。德国的《住房租金补助法》就明确指出，住房租金补助的目标是从经济上保障一个适当的以及适合家庭的居住条件（约翰·艾克豪夫，2012）。而租金补助的形式是以租金补助金发放（租金补贴）或者自有住房费用分担。从这里可以看到，为了保证居民的基本居住条件，每一个德国公民都能够获得政府的住房租金补贴。只不过，10%左右的居民租用政府提供保障性住房，而90%以上家庭（无论是市场租赁还是自己持有住房）都能够获得住房租金的补贴。只不过是根据家庭及支付能力的不同其所获得的补助金额不同而已。在《住房租金补助法》的安排下，如果居民租赁住房的消费远优于居民持有住房的消费，那么居民宁可租赁性住房消费了。而且，为了鼓励居民住房的租赁性消费，德国政府不仅对社会租赁住房建造进行了全方位的补贴，也要求房地产开发商建造更多优质的住房，以保证住房租赁市场的供给。同时，德国政府设立了《住房租赁法》等一系列的法律制度安排对住房租赁者进行强势保护，以此来保证居民更有意愿租赁住房消费而不是持有住房消费。比如，在这些法律安排中，政府会根据房屋的大小、地段和质素，给所有的住房打分，然后根据分数来划定相应租值。在这些法律制度设定下，房东不但不能收取高于相应租值的租金，每年租金加幅也受到严格限制。此外，该制度对租客的续租权有全面保障。这不仅在于在租约期间业主不能赶走租客，而且还在于，即使租约结束，除非租客出现重大过失，否则业主必须继续再租。同时，根据相关法律，租赁住房者成立了强大的住房租赁者协会。该组织不仅与各个相关部门协调租赁者的利益关系，也参与城市住房发展规划、住房法律法规及住房政策的制定中，以此全方位地来保护租赁者的利益。对于保护住房租赁者的利益来说，荷兰在这方面的要求更多、更为具体。比如，创立于 20 世纪初的荷兰住房协会，其宗旨就是为低收入承租人提供经济适用住房；为低收入的承租人在政策问题和住房管理上争取更多的话语权等，目的就是要在住房租赁市场全方位地来保护中低收入的租赁者利益。它是中低收入承租人利益全方位保护的法人组织（马尼克斯·库普曼等，2012）。

从德国的住房租赁市场发展模式来看，德国之所以能够建立起一个发达成熟的住房租赁市场，保证居民的天赋居住权，最为主要的是以下几个方面。一是严格地把住房定位为居民的社会福利，既不是经济产业，更不是赚钱工具，并用一系列的法律把住房的居住功能原则固定在制度安排上，严格限购住房投机炒作、严格限制与住房运作有关的经济行为的利润水平。二是在法律的框架内，强调市场功能是保证住房租赁市场发展最佳的手段。三是通过政府的经济强激励政策及具有普遍广泛性的政府财政补贴让居民更愿意选择住房的租赁性消费，而不是持有住房消费。这些同样是在严格法律框架内。四是建立了一个绝对保护弱势住房租赁者利益的组织，以便对住房租赁者在租赁住房的规划、建造、经营、管理等每一个环节利益实现全方位的保护。

从美国和德国住房租赁市场的发展模式来看，尽管两者有不小的差异，但原则上是相同的。一是都强调了住房租赁市场的本质是如何来保证中低收入者的基本居住条件，实现社会的居民正义；二是都强调了为了实现其目标，政府必须有大量的财政投入，制定相应的法律法规及政策保证财政投入有效性、租赁性住房分配的公正性及租赁住房市场运作的市场化；三是都制定了一套对住房租赁者的利益不受侵害绝对全方位保护的法律及政策。这些都是住房租赁市场发展的一般性原则，对中国发展住房租赁市场具有重要的参考意义。

党的十九大报告给出中国房地产市场的清楚定位，就是坚持"房子是用来住的、不是用来炒的"的定位，要求建立起租售并举的住房体系，其原则所强调的是发展住房租赁市场，但这些都是原则性规定，并没有给出中国住房租赁市场具体的发展模式。不过，最近公布的《意见》①，给出了中国住房租赁市场发展的具体轮廓，即大力发展住房租赁市场特别是长期租赁。总结推广住房租赁试点经验，在人口净流入的大中城市加快培育和发展住房租赁市场。加快推进住房租赁立法，保护租赁利益相关方合法权益。这里政策所强调的是发展长期租赁市场、住房租赁市场模式在边干边学中形成、通过立法来保护当事人利益，而不是绝对保护租赁者的利益。但这些政策并没有触及现代住房租赁市场的本质与核心，这就容易导致住房租赁市场偏离持续稳定发展方向。最近深圳市公布的房地产市场发展的"4-4-2模式"征求意见稿，② 所建造的40%住房是政府资助的可租可售住房，其价格限制在市场价50%之内，解决住房的对象主要是中等收入新流入的人才型人口；所建造的20%为公租房，租赁对象为低收入者。对于深圳这个住房租赁模式，未来发展如何，是否具有普遍性，还得需要时间来考验。因为，这个发展模式，与成熟的租赁市场发展模式还是差距较大。可以看到，从当前强调发展中国住房租赁市场的政策与观念来看，总体上是理论上的认识不足、制度法律准备不足，也没有看到要对当前住房市场的制度进行重大改革的规划。所以这些都显示出国人与政府对租赁住房市场的理论研究十分重要，同时也意味着如果不对现代的土地制度和住房制度进行重大的改革，中国住房租赁市场发展将面临不少重大的障碍。

---

① 《深圳市人民政府关于深化住房制度改革 加快建立多主体供给 多渠道保障租购并举的住房供应与保障体系的意见（征求意见稿）》，深圳市住房和建设局，2018 年 8 月 13 日，http：//www. lg. gov. cn/zwfw/zdyw/bzxzfsq/ggzlzflhsq/zcwj/201811/t20181114 _ 14502004. htm，2018年 12 月 30 日最后访问。

② 同上。

7.4　中国住房租赁市场租金如何来定价

由于住房这类商品及服务的特殊性，由于住房租赁者在市场中处于绝对弱势的地位，这就显得住房租赁市场如何定价特别重要。无论是英国，还是德国，以及其他发达国家，在住房租赁发展特殊阶段都会对住房租赁租金实行严格管制。比如1915年，对于居民集体抗租运动和英国动乱威胁，英国颁布了《租金及按揭利率增长法》，该法律规定当时的房租及按揭贷款利率要维持在1914年8月的水平，不得提高。该法律到1923年后，政府才对房租管制逐渐得以放松（戴维·莫林斯、艾伦·穆里，2012）。在德国，"二战"结束之后，住房极度短缺，政府为了控制住房租金快速上涨，保障租房者的利益，德国要求各地政府按照不同区位、不同房屋和不同的房屋质量，制定相应的指导性租金水平，作为住房租金的参考标准，并出台了相应的住房租金管制法律。德国的房租管制法律直到1975年在住房供求关系缓解后才逐步取消（约翰·艾克豪夫，2012）。也就是说，住房租赁市场发展初期，好像政府对房租的管制是一条必由之路。从德国的住房租赁市场运行机制中可以看出从理论上讨论清楚当前中国住房租赁市场如何定价的重要性。

党的十九大之前，由于政府对住房租赁市场的政策关注不多，因为，这个时候的住房租赁市场更多的是私人持有住房的租赁市场。尽管这个住房租赁市场存在的问题很多，但房屋租金基本上是随行就市，甚至由于商品房涨得太快，市场往往会以房价租金比来证明国内房价水平太高，很少会认为住房租金太高的。但是，党的十九大之后，中国房地产市场的战略选择是建立起租售并举的房地产市场体系，政府希望发展住房租赁市场来化解十几年来积累的房地产市场问题。因为，前十几年中国商品房销售市场相当发达，但住房租赁市场没有发展起来，特别是政府建造公共租赁住房缺乏。不过，当居民手上持有大量的住房之后，居民持有的住房租赁市场早已经形成规模，只不过这个市场由于政府关注太少而较不规范而已。

所以，要建立起租售并举的住房体系，政府要发展的住房租赁市场，最为主要的是两个方面。一方面是完全政府财政支持建造的、具有保障性质的、公有产权的政府提供的公共租赁住房。这类保障性公共租赁的住房，完全由政府财政资金建造，建造完成之后，以象征性租金分配给低收入特别是极低收入居民居住。至于低收入居民的标准完全由政府设定的规则来确定。所以，这部分公共租赁住房完全属于保障性质，政府只能收取象征性的租金提供给低收入的居民居住。所以，这类住房的租金完全由政府确定，也不与住房租金的市价比较。不过，由于政府的财力有限，政府所建造的公共租赁性住房在整个租赁市场所占的比重很小。在发达国家，其比重也只在 1%—2%。目前国内这个市场刚起步，地方政府有多少意愿建造该种类型的公共租赁住房是相当不确定的。

另一方面是由于政府设定的特殊项目的商品性租赁住房。这类租赁住房项目，政府在拍卖土地时就设定了租赁住房性质、要求、租金、建造与经营该租赁性住房的利润水平，分配对象等，以市场化方式让外部企业建造与经营。所以，这类租赁住房的租金也完全由政府来确定。在德国，其住房租赁市场之所以能够发展与繁荣，许多租赁性住房是通过这种方式来建造的，同时政府对此类住房利润水平有严格的限制。

最近，深圳正在探索建立稳租金商品房制度，此次推出的稳租金商品房将采取严格的租金管制，实行"一房一价、一年一调"，租金每年增长率最高不超过 5%。所谓的稳租金商品房，是指房地产开发商组织营运，在一定期限内只租不售，接受政府部门的租金管控或指导，面向在深圳市工作的未购买住房居民出租的商品房。也就是说，深圳对住房租金管制，主要是针对政府提供的公租房，其适用范围非常有限。最早能够入住的也只有 248 套住房，还得到 2019 年 9 月才能入住。不过，这也给市场一个清楚明确的信号，政府将对公租房定价管制，以此来引导整个市场的住房租金的变化。

就目前中国建立起租售并举的住房体系这个战略目标而言，预计政府是希望建造更多这类公租房来解决当前不少城市特别是人口净流入城市的住房问题。但就此而言，住房租金的价格完全由政府来决定，或政府对这个市场公共性租赁住房实施严格的价格管制，但政府也要采取各种优惠政策（土地及信贷优惠政策）吸引企业进入这个市场建造住房，同时，还得确定企业建造及经营该类租赁性住房的利润水平，确立该类住房的分配机制，以此来保证这类住房真正能够落实到中低收入居民的居住上。

但从目前的情况来看，地方政府对支持这类租赁性住房建造与经营力度都十分有限，所以，这个市场与商品房销售市场相比，发展还是十分有限的。再加上政府不愿意以更大的财政投入建立起中低收入居民租赁住房的补贴与保障体系，所以这类住房租赁市场发展还十分缓慢，甚至规则设定不到位，使一些房地产开发商建造的具有保障性的租赁住房完全成了纯粹商品性的租赁住房。比如万科在北京的长租公寓，就是一个对租客比较不利的租赁住房项目。所以，《意见》强调发展长租公寓是一个方向，但地方政府有没有意愿进行更大的财政扶助很重要。如果这类公共租赁住房市场发展不起来，中国要建立起租售并举的住房体系是不容易的。

再就是以私人持有住房的租赁市场及农村集体土地开发的租赁性住房市场如何定价的问题。对于这类住房租赁市场的租金，一般来说，都是由市场价格机制来确定。不过，住房租赁市场与其他商品或服务市场有很大不同，这不仅在于在住房租赁市场的租客在这个市场中完全处于十分弱势地位，而且如果没有相关的制度安排来限制，或不对该类住房的租金进行管制，其住房租金很容易形成垄断性定价，或房屋租赁公司很容易操纵价格。

所以，正如上面讨论过的，在许多发达国家的住房租赁市场，基本上都设有对租客权利绝对得以保护的制度安排，甚至有租客协会等组织来保证租客的基本利益。比如，一个建筑项目所建造的住房有可持有的住房及可出租的住房，租客协会的意见要纳入其中。租客收入占租金比重、每年租金的上涨幅度、租约退出市场时间等都有严格的法律限定，从而使租客的利益很难受到侵害。由于中国的住房租赁市场发展还在初期，这些相关的制度安排和法律还没有确立，所以，在个人持有的住房租赁市场及农村集体土地建造起来的住房租赁市场不能够完全由市场定价，这里既有对租客利益绝对保护的制度安排，也要让住房的租金限制在租客中位数收入 30% 水平之下，而不是以住房租金房价比水平及整个社会居民收入中位数水平来设定。这两个方面应该是私人持有住房的租赁市场及农村集体土地开发的租赁性住房市场如何定价在理论上的基本原则。当前的租赁市场的法律制度就应该建立在这两个基点上。最近，国内一些城市的住房租赁市场的房租突然间快速飙升，很大程度上就是与相应的制度安排不到位、不完善，及与长租公寓的"租金贷"经营模式以价格操纵的方式严重侵害租客的利益有关。所以，政府就得制定相关的法律制度进行严格限制，并取消"租金贷"。否则中国的住房租赁市场既不能够走向正确的方向，更无法保证绝大多数中低收入居民的基本居住条件。对于发展中国住房租赁市场的重大理论问题还有不少，比如政府建造公共租赁住房的比重、农村集体用地租赁性住房开发、租赁市场的发展模式等，这里只能荦荦大端。

7.5　小结

目前国内住房租赁市场乱象四起，最为重要的是我们对中国住房租赁市场健康发展在理论上准备不足，没有认识清楚中国住房租赁市场的初始条件是什么，也没有把握到中国住房租赁市场的本质特征、基本原则及核心问题。在这样的情况下，也就无法确定中国住房租赁市场的租金定价基础，制定出适应中国的住房租赁市场持续发展的模式、相应的政策及法律法规。对于发展中国住房租赁市场，目前政府只能是边干边学或试点，在理念上、制度上、法律法规上都准备不足。所以，本文对中国住房租赁市场的一些重大理论问题进行研究和讨论，希望以此来把握中国住房租赁市场的初始条件、本质特征、发展原则及核心问题，以便为政府制定中国住房租赁市场的政策提供重要的理论依据，并由此来引导中国住房租赁市场走向持续健康发展之路。

中国的住房租赁市场发展的初始条件与任何国家都是不同的，主要表现为终极所有权缺位的土地产权制度、极高的居民住房拥有率、高房价、投资炒作为主导的市场、住房产权制度复杂性等。这些是中国住房租赁市场发展的现实基础，也是中国住房租赁市场法律及制度安排的依据，要制定适应中国的住房租赁市场的政策，就得对这些初始条件入手，并在此基础上对现有一些制度进行重大改革。

现代住房租赁市场的本质及核心是如何来保证中低收入者的基本居住条件，实现社会的居民正义。而要做到这点，中国住房市场一定要回到居住消费功能上来，而不是再成为投资赚钱的工具。在这个前提条件下，政府必须通过不同的方式与途径对住房租赁市场有大量的财政投入，制定相应的法律法规及政策保证财政投入的有效性、租赁性住房分配的公正性及租赁住房市场运作的市场化，并制定了一套对住房租赁者的利益不受到侵害绝对全方位保护的法律及政策。

由于住房这类商品及服务的特殊性，由于住房租赁者在市场中处于绝对弱势的地位，这就显得住房租赁市场如何定价必须在理论上讨论清楚。对于公共租赁住房来说，完全由政府定价，并对租客收取象征性费用。对于个人持有的住房租赁市场及农村集体土地建造起来的住房租赁市场，由于这个市场刚刚发展，相关的制度安排和法律都准备不足，所以，这两个市场不能够完全由市场来定价，这里既有对租客利益绝对保护的制度安排，也要让住房的租金限制租客中位数收入30%水平之下，而不是以住房租金房价比水平及整个社会居民收入中位数水平来设定。这两个方面应该是私人持有住房的租赁市场及农村集体土地开发的租赁性住房市场如何定价在理论上的基本原则。所以，目前对这两个市场进行住房租金管制是十分必要的。因为，无论是英国，还是德国，及其他发达国家，在住房租赁发展特殊阶段都会对住房租赁租金实行严格的价格管制。对于目前市场流行的"租金贷"，政府必须坚决取缔。

8 论住房市场的内在本质、
功能边界与价格走势[①]

8.1 当前国内住房市场的基本态势

从 2010 年"国十条"[②] 起,经过近两年的房地产宏观调控,尽管从 2011 年 10 月起国内一些城市住房价格有些下降,但整个全国住房市场持续了一年多的"量降价滞"僵局并没有被打破,甚至这种僵局还有可能再延续。中国住房市场这种僵局能否打破?什么时候打破?僵局打破之后住房市场又会走向哪里?它对整个中国经济及民生会造成什么影响?等问题都是当前市场及国人最希望有明确答案的问题。不过,在本文看来,要获得这些问题的答案,不仅要对当前住房市场的现状有一个清楚的了解,也得对当前国内住房市场一些重大理论问题进行梳理与分析。这样,才可拨开迷雾见光明。否则,国人对当前住房市场到底会怎么样仍然是一头雾水。

首先,我们来看当前国内住房市场的现状,这里有一组数据(见表1)。

从表 1 数据来看,十年来国内住房市场表现为以下几个特征。一是住房市场处于超高速增长期。比如 2002 年到 2011 年住房开发投资、资金流入及住房销售金额分别增长了 792%、854%、920%,出现了住房市场所谓的前所未有的繁荣。二是这种超高速增长又有两个关键的节点,即 2003 年和 2009 年。这两年政府就住房市场发展分别出台了 18 号文件[③]与

---

① 该文章发表在《江海学刊》2012 年第 3 期。

② "国十条"是指 2010 年国务院发布的《关于坚决遏制部分城市房价过快上涨的通知》(国办发〔2010〕10 号)。

③ 2003 年《国务院关于促进房地产市场持续健康发展的通知》(国发〔2003〕18 号文件),山西省政府门户网站,2013 年 6 月 22 日,http://www.shanxi.gov.cn/sxszfzwfw/bmfw/zfly/bzxzf/zcyjd_5304/201607/t20160705_166834.shtml,2016 年 12 月 30 日最后访问。

表1   2002—2011 年国内住宅市场发展之现状

项目 年份	住房开发投资[①] （亿元，%）	资金流入 （亿元，%）	销售面积[②] （万平方米，%）	销售金额 （亿元，%）	住宅均价[③] （元/平方米，%）
2002	7791（22.8）	9750（26.7）	23702（18.9）	4958（23.3）	2092（12.9）
2003	10153（29.7）	13197（35.3）	29778（25.6）	6543（32.0）	2197（5.0）
2004	13158（29，6）	17169（30.1）	33819（13.6）	8619（31.7）	2549（16.0）
2008	30580（22.7）	38146（1.8）	59280（5.0）	21667（−20.1）	3576（−1.7）
2009	36232（16.1）	57128（44.2）	86185（54.4）	38432（80.0）	4459（24.7）
2010	48267（33.2）	72494（25.4）	93052（8.0）	43953（14.4）	4723（5.9）
2011	61740（27.9）	83246（14.1）	97030（3.9）	48619（10.2）	5011（6.1）

    资料来源：根据各年的《中国统计年鉴》及《中国经济景气月报》整理。

302 号文件。[④] 这两个文件的核心就是把住房市场作为政府宏观经济调控主要工具及把住房购买的投资与消费混淆。表面上是扩大内需，实际上是鼓励住房投机炒作。这些政策让住房市场短期内完全转变为一个投资炒作为主导的市场及一种大众投资赚钱的工具。三是由于住房市场是投机炒作及赚钱的工具，房价快速飙升及泡沫吹大也是必然。不过，从国家统计局公布的数据来看，每年房价上涨幅度大约在6%，但仅从住宅的均价来看不到十年时间里上涨244%。而以银行信贷杠杆为工具的住房投机炒作，不仅是这个时期住房市场繁荣的动力也是这个时期房价快速上涨的推手。四是在302 号文件之后，由于政府采取过度激励住房投机炒作的信贷政策及税收政策，国内住房市场投机炒作更是发展到了极致，房地产泡沫吹得巨大及住房市场发展不可持续，从而使2010 年政府不得不出台政策对住房市场进行宏观调控。但是由于住房赚钱的效应十分强烈及住房政策目标与执行上的差异性，也就使国内住房市场宏观调控与转型面临着巨大的困难。

---

    ①   这里的住房开发投资与资金流入包括整个商品房市场。

    ②   下面三栏主要是住宅市场。

    ③   全国住宅均价是用当年住房销售总额除以当年住房销售总面积得出。

    ④   2008 年《国务院办公厅关于促进房地产健康发展的若干意见》（国办发〔2008〕131号），百度文库，2010 年11 月13 日，https://wenku.baidu.com/view/a2217b89680203d8ce2f24c2.html，2016 年12 月30 日最后访问。

也就是说，近十年住房市场的繁荣（尤其是在 2009 年之后）是建立在住房投机炒作及大量的银行信贷流入的基础上，它导致住房的价格快速飙升，尤其是一二线城市的住房价格上涨更快。尽管上述表格显示住房均价上涨幅度不小（有150%），但国家统计局数据并不是如此。这些数据不仅掩盖了一二线城市房价飙升程度，也掩盖了住房泡沫吹得有多大。但实际上，到 2010 年年底，国内住房泡沫吹大已经到了无可复加之地步（这个住房泡沫巨大可通过居民房价收入比、住房空置率、房价房租比、城市住房炒作普遍性等方式来度量与观察）。"国十条"就是在这样的背景下出台的。

在"国十条"看来，当时国内住房市场价格过高，市场炒作严重，不仅把85%以上中低收入者挤出住房市场，而且积累了中国金融体系巨大潜在的风险。比如，当前国内金融体系面临的不少风险（如地方融资平台的风险、房价下跌可能导致的银行信贷风险等）无不是与住房泡沫过大有关；而住房价格过高及住房泡沫巨大成了阻碍国内经济结构调整战略转型的重大障碍；同时，过高的房价也使住房市场成了一种社会财富严重掠夺与转移的机制。这种机制不仅剥夺了绝大多数人住房福利条件改善的权利及财富，也成了腐败党的机体及造成整个社会矛盾与冲突的根源。因此，如何挤出房地产泡沫并让过高的房价回归理性已经成了政府的基本共识。

不过，从"国十条"开始，尽管中央政府出台了不少住房宏观调控的政策，但住房市场则是表现为"量降价滞"的状态。所谓的"量降价滞"，就是指全国主要的城市住房销售量快速下降达到了 50% 以上，一些城市甚至下降了近 70%，但是住房的价格却顶在天花板上不向下调整。即使自 2011 年 10 月以来，不少一二线城市的住房价格开始下跌，但是房价下跌或是个别楼盘或只有些许，并非是全国的普遍现象。或 2011 年住房市场的各项主要指标并没有出现很大变化，只不过房价上涨幅度缩小甚至不涨而已。

对于这种现象，正好说明了当前住房市场是一个以投机炒作为主导的市场，而不是居民购买住房消费的市场。因为，如果住房是一个消费市场，当住房的销售量出现大幅下跌时，其价格也会随之下跌；住房销售量下跌得越严重，其住房价格下跌幅度也就会越大。当住房价格下跌到一定程度时，住房的消费者也会逐渐地进入市场。但当住房市场是一个以投机炒作为主导的市场时，尽管住房投机炒作者进入市场的条件发生了根本性变化，新的投机炒作者不能或也不敢进入市场。这时，住房销售量不仅会迅速下降而且也可能降为零，但这时如果已经进入的投机炒作者仍然预期住房的价格不会下跌，甚至预期下跌之后又会上涨时，那么已经进入的投机炒作者是不愿意退出市场的，整个住房市场就会出现"量降价滞"的僵局。

因此，了解当前国内住房市场现状，把握住这个住房市场的性质以及它是如何生成的？住房市场转型为消费市场，其性质与功能是什么，它又通过何种方式来实现？如果这个市场不转型，这个市场能否持续？如果不可持续，那么国内住房市场的又会走向哪里？如果要转型，它所面临的障碍与困难是什么？等等，这些就是当前国内住房市场要深入反思的几个重大的理论问题。本文以下几节就是围绕着这些问题来讨论及展开的。

8.2　现代住房市场的性质与功能

一般来说，住房作为一种商品，它与其他商品有很大的差别。住房既是投资品也是消费品；既是必需品也是奢侈品；既是一般商品也是一种公共产品。正因为住房具有多元化的属性，住房的性质与功能就取决于政府的住房政策。不同的住房政策也就决定了住房市场的性质不同。就目前现实情况来看，中国住房的性质应该建立在以下三个基本前提之上。

首先，在现代文明社会，个人具有居住权的天赋性，即每一个人降生在这个社会，社会就有义务保证他最为基本的居住条件。这是现代社会文明的基本标志。因此，住房性质的第一要义是指每一个公民的基本居住权具有原则上的优先性。这是住房市场存在与发展不证自明的公理。因为，保证每一个人基本的衣食住行，是人类社会得以存在和繁衍的基本条件，也是现代文明社会的基本标志。正因为基本居住权是现代文明社会的基本需求。因此，在发达的国家里，甚至有一定的文明程度的国家里，保证每一个居民基本的居住权是这些国家住房市场的基本政策或宗旨①。比如，美国住房政策的宗旨或核心就是要让每一个美国公民能够买得起有支付能力的住房②。也就是说，每一个公民居住权的优先性说明了住房问题是关系到每一个人的基本的生存条件与及社会的繁衍及文明的基础，因此，住房问题从本源上就是一个住房消费的问题，它的功能就是满足人们的基本居住。离开了这一基本要求，住房其他方面的属性也就无从谈起。

其次，中国住房市场是以城市的土地为国家所有为基础（谢伏瞻，2008）。土地国有意味着什么？不仅在于中国土地为中国全体的公民所有，全体公民对国有土地具有终极所有权，而且在于中国土地所有的权能都是为全体人民服务，人民有权分享土地上的成果。也就是说，尽管中国的城市土地由中央政府委托地方政府来管理，但最终所有权归全体人民。人民有权利转让或收回国有的土地，也有权利共同分享土地的增值与成果，有权利来分享土地附着物的溢价。正因为中国土地为国有，住房生产的最基本的要素是土地，因此，保证每一个公民基本居住权利的优先性更应该成为中国住房市场发展的基本国策。③ 在这样的公理体系下，中国的住房市场的法律制度、发展模式、运作规则、利益分配与调整等方面应该是在这个基础上建立、延伸与拓展。离开了这个基础，离开了住房市场的居民居住权的优先性，住房市场存在与发展的意义就不一样了，它所面临的困难与问题就会层出不穷。也就是说，在土地私有社会，土地要素也具有一定意义上的公共性（保证居民居住权的天赋性）。而在土地公有或国有制度安排下，不仅土地公有具有保证每一个居

---

① 无论是 1981 年联合国的《住宅人权宣言》，还是法国、西班牙、荷兰等国的宪法，都把每一个公民的基本居住权放在绝对优先位置上（参见贾康等《中国住房制度改革问题研究》，经济科学出版社 2007 年版，第 2—3 页）。美国的《国家住宅法》把住房发展的宗旨就界定为就是要生产"安全舒适绝大多数人有支付能力的住宅"（童悦仲等：《中外住宅产业对比》，中国建筑工业出版社 2005 年版，第 3 页）。

② 可以说，美国所有的关于住房市场发展的制度规则，法律及经济手段都是围绕着如何保证每一个公民基本的居住条件来确立。比如美国关于各种住房市场的各种优惠政策都是支持居民自住需求，而对住房投资则有严格的限制条件。可以说，凡是成熟的市场经济国家，对住房购买的投资都有严格的限制（参见施瓦兹《美国住房政策》，中信出版社 2008 年版，第一章导言）。

③ 党的十七大报告，就把"住有所居"作为推动和谐社会建设的最基本的方面，参见《中国共产党第十七次全国代表大会文件汇编》，人民出版社 2007 年版，第 36 页；关于住房的 2007 年的 24 号文件和 2008 年的 131 号都是把住房发展归结于民生的市场，归结为改善全体居民基本居住条件。

民居住权天赋性的义务与责任，而且每一个公民也具有国有土地增值及土地附着物溢价的权利。土地要素生产的商品首先是消费产品而不是投资品。即使在此前提下可转变为投资品，其投资的成果与收益不是少数人占有，而是让全体人民来分享。

最后，住房市场的性质还表现在住房的民生性上。因为，中国是共产党领导下的社会主义国家，中国社会所有的发展都是为了民生。正如胡锦涛总书记在十七大报告中指出的那样，中国共产党的根本宗旨就是全心全意为人民服务，党的一切奋斗和工作都是为了造福人民，要始终把实现好、维护好、发展好最广大人民的根本利益作为党和国家的出发点和落脚点，做到发展为人民、发展靠人民、发展成果由人民共享。这是科学发展观的核心（中国共产党第十七次全国代表大会文件汇编，2007）。所以，在十七大报告中，"住有所居"是民生经济的基本内容之一。

也就是说，中国的经济发展比如住房的发展，并非仅是追求 GDP 高低、住房产值增加，而是看这种发展是否符合绝大多数人的利益，是否提高全体中国人的住房福利水平。[①] 如果我们的住房市场仅仅是为了富人的市场，仅是为少数人服务和谋利的市场，那么这个市场与民生性及党的基本宗旨是相背离的。

可见，每一个居民基本居住权的天赋性、城市土地的国有性、党的宗旨的人民性，不仅决定了中国住房的性质是一个完全的消费品而不是投资品，住房的居住功能具有绝对的优先性，也决定了该市场在保证居住绝对优先性的基础上所溢出的投资部分、住房产生的增值与土地附着物上的溢价，每一个居民都具有分享其成果的天然权利而不是为少数人所占有与掠夺。中国住房就是一种居住的消费品，它的基本功能就是为了满足每一个居民基本的居住条件，即使是住房居住功能溢出的投资性质，其成果也得由全体居民来分享而不是由少数人来占有与掠夺。这就是中国住房市场基本性质与功能，也是中国住房市场得以发展的三个理论前提。

---

① 2008 年《国务院办公厅关于促进房地产健康发展的若干意见》（国办发〔2008〕131 号），百度文库，2010 年 11 月 13 日，https：//wenku.baidu.com/view/a2217b89680203d8ce2f24c2.html，2016 年 12 月 30 日最后访问。131 号文件就认为住房市场发展的基本宗旨是为了居民住房条件改善与提高居民住房福利水平。

8.3 保障性住房的实质与发展边界

一般来说，如何保证每一个居民基本的居住条件，在住房性质界定清楚的情况下，既可通过市场方式来实现，也可通过政府制度安排的方式来进行。对于后者，就是在成熟的住房市场体系外设立一个住房保障体系。可以看到，当国内房价推高到绝大多数居民无支付能力进入并使住房问题转化为一个社会和政治问题时，有房地产开发商就认为，当前国内房价过高或住房泡沫吹大，是中国住房保障体系出了问题。政府可通过"市场归市场、保障归保障"住房双轨制方式来化解当前住房市场的问题。所以，当前住房价格过高不是市场的问题，而是政府如何加大保障性住房建设的问题。同时，在政府看来，建设保障性不仅可以保障中低收入民众基本的居住条件，也可在一定程度上遏制过高的房价，同时它也可改变住房市场宏观调控的工具性，从而起到"一箭三雕"的作用。

可以说，正因为政府看到了保障性住房能够起到"一箭三雕"的作用，所以加强保障性住房的建设则成了近年来的住房宏观调控政策的重心。无论是2010年"国十条"还是2011年"新国八条"，这些住房宏观调控政策，最有新意的就是"大造保障性住房"。新政策希望通过"大造保障性住房"，可以通过建立起中国的保障性住房体系来解决当前不少城市中低收入居民住房条件差的问题，而且能够起到遏制住房价格的作用，同时也可减小商品房市场调整可能给经济增长所带来的负面影响。看上去，这样的住房宏观调控政策真的是一个好的选择。但是，这个"大造保障性住房"的发展模式，其理论基础在哪里？它是否符合现代市场经济的基本法则？如果不符合其问题又出在哪里？如果这样做在理论上不成立那么其经验法则又在哪里？中国具体实际与这些经验法则有哪些因素相吻合？哪些因素不吻合？如果不吻合，其问题又在哪里？等等。如果不从这些方面来思考，那么"大造保障性住房"的规划能否起到"一箭三雕"作用是未知的，甚至有可能会适得其反。

正如前文所指出的，现代文明社会的一个重要标志就任何国家都有义务为其国人解决基本的居住条件问题，居住权是现代社会每一个公民的天赋人权。因此，无论是市场经济还是成熟的欧美国家，还是新兴的市场经济国家，基本上都会把"保证居民的基本居住条件"写入宪法的要义（阿列克斯·施瓦兹，2008）。住房发展的前提就是要保证该国人民的基本居住条件。只不过，不同的国家或地区采取的方式不一样。正因为住房发展的第一要义是保证居民的基本居住条件，不少国家政府出台的住房政策或制度都围绕着这一要义来展开。无论是土地为国有的国家还是土地为私有的国家都是如此。因此，住房的生产、交易、流转、持有等环节的政策都是围绕着保证住房居住的第一要义而制定。比如德国等发达国家就严格禁止住房投资炒作（贾康，2007），在这些国家的住房投机炒作都会血本无归。正因为有这样的政策，德国的住房价格每年上涨不足1%。而美国日本等则通过住房所得税及住房财产税来保证住房第一要义，并通过不同的优惠政策让绝大多数居民有支付能力都可能进入住房市场（比如利率补贴、税收减免、财政补助等）（阿列克斯·施瓦兹，2008）。也就是说，保障性住房体系并非仅是建造大量的低价格的住房，而是针对不同的收入阶层的居民采取不同的住房保障政策。该政策的目标就要让每一个公民的基本居住条件得以保证与改善或为广义保障性住房体系。政府"建造保障性住房"仅是广义的住房保障性住房体系中的一部分，而不是把其比例限制在某个范围内。

中国作为土地公有的社会主义国家，住房刚刚从计划分配过渡到市场购买阶段。由于自2003年以来的住房政策出现严重的误差，整个住房市场完全偏离了住房的第一要义，而让住房市场成了一个投机炒作赚钱的工具。由于住房的功能发生质的变化，它不仅会与现代文明社会住房的基本要义偏离，也会让住房的价格快速上涨并让中低收入民众远离市场。在这种情况下，不仅使许多人的住房福利条件越来越差，越来越远离现有的住房市场，而且也使需要进入保障性住房的人越来越多，规模越来越大。因此，政府规划"大造保障性住房"对这些人来说当然是一件鼓舞人心的事情，也被看作一个巨大的民生工程。但实际上，如果不是2003年以来住房市场的性质与功能出现了严重偏离，保障性住房的重要性并非如此迫切与重要。或者说，如果当前住房市场价格不是顶在天花板上，而是逐渐地回归到以住房消费为主导的价格水平，那么不仅有支付能力进入这个住房市场的居民会越来越多，而且也通过广义保障性体系制度的安排让更多的民众进入住房市场。

不过，当前这种"大造保障性住房"的发展模式却隐含着一个严重问题，即这种住房发展模式既要解决中低收入居民基本居住条件问题也要让住房价格保持在现有的水平上不向下调整。而这种"高房价、高地价、高福利房"的经验模式既不是来自市场经济成熟的大国（杨汝万、王家英，2003），也不是来自新兴市场国家，而且来自中国香港及新加坡两个小岛地区。我们知道中国香港及新加坡的保障性住房占的比重过高，主要是其经济条件环境使然。比如新加坡与中国香港都是高收入发达地区，其地区的人口分别是300万及700万，及完成这个保障住房体系已经花了近70年的时间。这种住房体系具有完全的特殊性。在这两个地区，其保障性住房的规模之大或比例之高在全世界来说都是绝无仅有的（中国香港的"公屋"达50%以上，新加坡的"祖屋"达到85%以上）。而且香港与新加坡的住房发展模式不仅经历一个长期的历史发展过程，而且这种发展模式同样是以牺牲绝大多数人的住房福利条件为前提的。也就是说，无论从哪个方面来说（人口规模、地域广阔、时间周期等），内地都是不具备条件来建造香港类的住房保障体系的。假定有能力建造，香港类的住房保障体系也是不可取的。正因为香港类的保障性住房发展模式对内地来说不可能、不可取，故而政府2011年以来推行的"大造保障性住房"的规划遇到了诸多的困难。再加上，香港类的经验模式与内地实际情况相差较远，各地方政府没有动力与意愿来建造大量的保障性住房。

因为从这个现有的规划来看，政府保障性住房的政策目的希望做到以下几点。一是重新界定当前中国住房发展模式，即建立"住房双转制"，或房地产开发商所要求的中国住房市场应该是"保障归保障、市场归市场"，如中国香港与新加坡那样，把保障性住房与商品房市场割裂开，即中低收入居民的住房由政府保障性住房来解决，保障性住房之外完全由市场来解决。这样既可解决中低收入居民住房问题，又可让住房宏观调控不对当前的高房价造成多少影响与冲击，从而达到所谓的政府稳定房价的目的。二是要对当前住房市场发展模式进行重大的转变，新的住房政策有可能对市场造成较大的冲击，特别是在市场转型过渡期，即补充住房市场销售下降所带来的对住房业的冲击则成了新的住房政策的重心所在。而"大造保障性住房"，一方面可能适当地解决部分的住房问题，另一方面由于保障性住房的巨大投入，从而使在商品房市场的投资开发减少时，对住房固定资产的投资可以通过"大造保障性住房"来弥补，以此来实现住房市场平缓的转型。即住房市场的工具性不变。三是对住房市场调整，特别是挤出住房泡沫，政府看到住房泡沫严重性及危害，但是，其政策希望在挤出住房泡沫的同时又保持房价的稳定而不让现有的房价下降以此不影响整个经济的短期增长。

不过，政府希望"大造保障性住房"来冲击高房价及挤出住房泡沫，来实现当前住房发展的重大转型，意图当然是相当好的。但是这些政策既没有市场法则的逻辑，也与中国现实情况相冲突。首先，这种住房市场发展模式是中国香港及新加坡的模式。但中国香港与新加坡的住房发展模式不仅是一种特殊环境与特殊时期的产物，而且也经历了一个较长的时间过程。香港的住房发展模式是一个十分不成功的模式，是牺牲香港绝大多数人住房福利水平的模式。而这种模式获利最多的是政府土地财政及房地产开发商。

其实，中国住房市场的问题所在，并非完全是保障性住房体制的问题（早些时候国内保障住房过于不足，当前增加一些建设也是现代文明社会必然），而是过高的房价让绝大多数居民无支付能力进入。而房价过高又是一系列政府错误政策的结果，是这些政策促使中国的住房市场完全成了一个投机炒作的市场，一个赚钱盈利工具。可以说，如果这个问题不解决，保障性住房生产最多，要解决绝大多数中低收入居民的住房问题是不可能的。如果住房市场的"去投资化"，挤出住房市场泡沫，住房市场的价格全面回归理性，保障性住房的比例自然会逐渐减小，"住房双轨制"更没有必要。在现代许多市场发达的国家，住房市场的发展没有哪个国家是通过这样的双轨制来解决居民的住房问题的，市场仍然是化解许多住房问题的最好的方式。

退一步说，假定"住房双轨制"的发展模式能够成立，那么不仅在于各地方政府有没有激励大造保障性住房，而且在于各地方政府有没有财力建造保障性住房。如果各地方没有财力建造更多的保障性住房，那么中央政府对保障性住房的责任书最明确也无济于事。特别是当绝大多数地方政府都没有财力来建造大量的保障性住房时，这些地方政府都违约时，那么建造保障性住房的责任书就可能成为一纸空文。这里并非是法不责众的问题，而是这种"大造保障性住房"的规划不符合中国的实际。地方政府也没有能力来建造大量的保障住房，否则中国住房市场又会回到计划经济老路上去。再假定住房发展双轨制是有意义的，各地方政府也有钱来"大造保障性住房"，但是这些保障性住房如何分配则要有好的法律制度来安排。早几年的情况不要说，即使是现在，不少地方的保障性住房成了一些地方特殊阶层的福利，这是路人皆知的事情。如果国内"大造保障性住房"成了政府官员腐败的工具，那么"大造保障性住房"政策就会南辕北辙了。

从上述分析可以看到，保障性住房的实质是什么？它是在住房市场的性质与功能界定清楚的条件下，如何保障每一个公民基本的居住条件。这种住房保障有广义与狭义之分。住房保障体系的广义性是政府通过不同的优惠政策让绝大多数居民有支付能力都有可能进入住房市场，不同层次的居民所获得的优惠政策不一样；住房保障体系的狭义性是指政府通过建造保障性住房来让极少数居民以最低限度改善其住房条件。保障性住房的性质确定之后，其边界也就自然划定了。也就是说，狭义的保障性住房的边界是以政府严格的财政预算为条件的。同时，保障性住房的边界又取决于商品房市场的价格水平，商品房价格水平越低，保障性住房的范围就会越小。所以，无论当前房地产开发商所推崇的"住房双轨制"，还是香港类的"高房价、高地价及高福利房"的住房模式及大造保障性住房，既没有理论基础，也没有实际经验为佐证，更与中国国情相差太远。这些保障性住房发展模式不仅隐含着住房市场宏观调控的工具性不改变，而且隐含着当前的高房价不变化及没有看到住房市场性质改变之后整个房价是如何变化的，也没有看到房价水平变化居民的购房支付能力是如何变化的，及保障性住房的边界在哪里。这些都是当前住房市场重大的理论问题。如果对此没有弄清楚，国内保障性住房体系是无法走向正道的。

8.4　高房价不可持续性及下跌时经济可承受性

可以说，从 2011 年 10 月开始，全国房价"只涨不跌"的神话开始终结。国内房价下跌不仅持续几个月而且开始由一二线城市向全国蔓延。

正因为一些城市房价首次开始下跌，抵抗房价下跌的各种博弈及言论也层出不穷。比如荒唐的"房闹"、房企股权交易的增多、中小房企面临资金链的断裂、地方政府土地财政告急、市场"量跌价滞"的僵局，更有严重的"房价不能大跌"、住房市场不能够大起大落、"房价下跌过大所造成的负面影响比房价上涨的负面影响更大"等言论更是纷纷扬扬。特别是面对着国内外经济增长的放缓，要求放松对国内住房宏观调控呼声又开始出现。对于这样的局面，中国住房何去何从？尽管当前中央政府对住房宏观调控的态度是坚决的，但房价再下跌其调控政策是否会重新政策"松绑"是相当不确定的。不过，这里国人对高房价的不可持续性应该有清醒的认识。

首先，如果国内住房市场不调控，房价不下跌，住房市场的预期不改变，这样的住房是否可持续？毫无疑问，这种住房市场是不可持续的。它的不可持续性不仅在于住房巨大泡沫将导致严重的银行危机、金融危机及社会危机，而且在于中国经济的"房地产化"正在让中国产业结构逆向选择、让中国经济战略调整面临困难、企业及整个社会的核心价值堕落等。因此，从 2010 年"国十条"开始，中央政府对当前国内住房市场不可持续性的共识越来越清晰，宏观调控态度越来越坚决，所要达到目标及所采取的政策工具越来越具体与细化。比如，温家宝就认为房价要回归到绝大多数居民有支付能力的水平，房价回归到理性就得让绝大多数居民可接受。可以说，这既是当前住房宏观调控的短期目标也是底线，同时也是未来住房市场得以健康发展的基础，与前文所指出的住房市场三个基本前提是一致的。

其次，当房价快速上升，好像市场皆大欢喜，但当房价下跌时，好像市场就十分恐慌了。否则为何有人会认为住房的价格下跌到某种程度会让整个社会出现问题。现在我想要问的是，当前中国的住房市场是不是一个正常的市场，或至少是不是一个不太成熟的市场。如果承认中国的住房存在一个市场，那么住房市场价格的波动是十分正常的事情。10年来，国内不少城市的住房价格上涨了 10 倍，那么它下跌，即使是大幅度的下跌也是正常了。房价的波动、房价的上涨与下跌及周期性变化是市场永恒的主题。否则只有房价上涨而没有房价下跌，也就无所谓市场可言。如果否定这个前提，那么国内住房价格上涨与下跌又有何种意义。

既然承认国内住房是一个市场，这个市场的价格可波动或上涨下跌，那么房价上涨下跌就是市场的一个常态。因此，当国内住房价格持续上涨十年之后，开始逐渐下跌也是市场的常态。在这种情况下，假定住房价格下跌，它对银行、GDP 增长及个人财富增加或减少也是正常的，根本不值得来讨论房价下跌的影响问题，更不值得来讨论房价下跌多少对谁影响多大的问题。比如有人说，房价下跌对绝大多数持有住房的城市居民来说就是其财富的大幅"缩水"。但实际上，无论此人是把住房看作投资品还是消费品，但有点应该明白，既然居民的住房财富可快速增长，为何就不可突然减少呢？2008 年，美国金融危机爆发，绝大多数美国的金融资产"缩水"达 50%，面对严重的资产"缩水"，没有看到哪个美国人会认为其资产减少而不让美国股市的价格下跌的。如果把住房界定在消费产品的范围内，作为消费品它只会贬值，因此，作为消费的住房其价格下降同样也是正常，住房价格下降根本就不存在所谓的财富"缩水"的问题。

第三，现在整个社会，无论是中国还是海外，都在关注国内房价下跌对国内外经济影响的问题。最为流行的观点就是，如果房价下跌过大，不仅会直接影响住房投资增加下降及 GDP 的增长，而且也会影响与住房相关的各行各业的投资与生产，并由此引发整个中国全面衰退。表面上看，这种观点是有道理的。但是这种观点实际上是不成立的。一就是当前国内不少城市的住房价格已经上涨十年了，房价上涨幅度也十分大，住房泡沫也吹得巨大，这样的住房市场发展是不可持续的。如果不可持续的住房市场还希望通过以政府托市的方式这个泡沫继续吹大，最后的结果一定是整个住房市场泡沫的破灭而导致中国金融危机及经济危机。二是既然当前吹得巨大泡沫的住房市场不可持续，因此只有通过有效的住房宏观调控政策来挤出这个巨大的泡沫，这样才能把住房泡沫破灭的风险降低，减小挤出住房泡沫的风险。因此，房价下跌，住房泡沫挤出可能对国内一些企业、行业及个人造成一定程度的损失甚至更大的损失，这只是这些行业、企业及个人必然承担的风险及成本，这些人及组织想逃脱也是逃脱不了的。不要因为有某些企业、行业及个人没有能力来承担这个风险，当前中国的住房市场泡沫就不要挤出，住房市场就不要调整。三是当前中国的住房市场只有从根本上进行调整或转型，才是中国住房市场发展之路。这不仅是中央政府住房宏观调控的目标，也是国内住房市场的基本法则使然。这是谁也无法改变的事实。因此，对于当前房价下跌并非是要不要下跌的问题，而是如何让这种房价下跌的风险或损失降低。

第四，当前住房市场最有迷惑性或最可能让宏观调控政策逆转的观点就是，由于"房地产业的支柱性"，如果房价下跌将导致与房地产关联数十个产业的衰退，以致中国经济增长出现问题。如果中国经济没有增长，其他的发展都是空话。这就是我早几年所指出的"要警惕房地产要挟整个中国经济"。其实，这里有以下几个层次的问题。一是当国内住房泡沫巨大不可持续时，它不仅不存在经济增长；反之会摧毁经济增长。这种经典案例有许多。二是房地产"支柱性"或房地产经济增长之动力，不是建立在住房投机炒作基础上的，而是建立在民生基础上的。只有以民生为前提的住房市场才是带动社会经济增长的动力，而以投机炒作为主导的住房带给社会经济的只能是系统性风险及社会经济的毁灭。也就是说，只要把住房泡沫吹大，其泡沫破灭只是时间问题。三是既然房地产的支柱性是建立在民生的基础上，那么住房市场价格就应该回归理性，让绝大多数居民有支付能力购买。当住房价格严重高于这种水平时，房价下降也是必然，否则房地产支柱性不仅不存在而且失去意义。当住房投资为主导的市场向消费为主导市场转型时，也就是住房市场价格向下调整期，一定会承担一定的成本与代价的。四是以消费为主导的住房市场的支柱性不仅在于中国有一个无限大的市场，而且在于与投机炒作市场相比，其市场需求更大。房价下跌也正好是把巨大的住房潜在需求转化为现实需求的过程。在这种情况下，房价下跌的幅度越大，进入市场的消费者就越多，住房的销售就会越多，国内住房市场发展就越健康与稳定。

可见，对于国内高房价的不可持续性，这是不争的事实。因此，国内高房价下跌是一种必然。只不过，这种房价下跌是自然泡沫破灭还是通过宏观调控挤破泡沫。从世界历史来看，住房泡沫自然破灭必然会导致经济全面衰退，其风险是最高的；如果通过合适的政策人为挤出泡沫，它可能让这种房价下跌的风险降到最低程度。当前政府正在采取后一种方式，但是中央政府所下的决心还是不够。其问题的关键就在于没有真正看清房价下跌利弊得失。

8.5 房价理性回归及合理的房价水平

2012 年《政府工作报告》指出，要坚持住房调控政策不动摇，促进房价合理回归，打击住房投机炒作，促进住房市场健康发展。该精神就是 2012 年房地产宏观调控的目标与任务。如果不实现这个目标，国内住房宏观调控就不会停止。而且该目标与任务也对国内住房短期政策向长效机制转型提出了要求。这样也就去除了住房开发商及地方政府希望让住房宏观政策出现逆转并回到 2009 年的状态的幻想。

我们可以看到，为何中央政府认为要坚持住房宏观调控政策不动摇，就在于尽管当前住房市场宏观调控取得一些成效，比如住房开发投资增长有所回落；住房投机炒作需求在某种程度上得到遏制；一年多来住房市场"量降价滞"的僵局已经打破从而让房价上涨的势头开始转变；保障房的建设进度在快速推进等，但是国内不少城市房价之高、住房泡沫之大并没有发生实质性的改变。住房市场面临的巨大风险并没有减弱，国内住房市场面临的问题仍然是十分严重的。

因此，促进房价的合理回归，就是认可当前不少城市的住房价格仍然处于高位，而过高的房价对社会经济发展的影响是十分负面的。那么什么是住房价格的合理水平？首先就是让住房市场回归到它的基本功能。生产住房是为了满足民众基本的居住需求，而不是投机炒作赚钱的工具。其次如早些时候温家宝总理所指出，房价合理就是要让绝大多数民众可接受；或重庆市市长黄奇帆所认为的，住房的宏观调控目标就是如何让城市居民用其 6—7 年收入购买一套 70—80 平方米的普通商品房。前者是一个一般性的概念，后者则把这种一般的概念具体化了，具有十分可操作性。

也就是说，要让住房价格回归到合理水平就得转变当前住房市场的性质，恢复住房的基本功能。这是现代人类文明社会的基本常识。因此，把住房界定为消费市场而不是投机炒作市场，这是住房价格回归理性水平的基础。因为，住房作为一个消费品，理性的价格就是绝大多数人可接受或有支付能力购买。在这个市场，住房价格是以绝大多数居民的实际水平为基础的。房价高了，住房消费就会下降；房价低了，住房消费就会上升。住房消费一定时，住房供应增加了，住房的价格就下降了；住房供应减少了，住房价格就上升了。住房的价格是围绕市场的供求关系而变化的。

在把住房界定为居民居住消费产品的基础上，那么绝大多数居民可接受的合理房价在哪里。按照联合国的研究，世界绝大多数国家的住房价格水平基本上保持在购买一套住房，一个家庭3—6年收入就可支付。这就是住房价格与个人收入比。而重庆市市长则把合理的房价水平界定在当地居民用其6—7年收入购买一套70—80平方米的普通商品房的水平上。尽管，这种界定还得进一步细化，但基本给出了当前国内各城市合理房价水平的基准。因为，就目前的国内不少城市的房价水平来看，这些城市的房价不是仅高于这个基准，而是高于这个基准多倍。比如说，现在北京市三四环之间的住房价格为3万元一平方米以上了，而北京市居民收入水平中位数在12万元左右。如果该居民在此地段购买一套70平方米的住房，总价为210万元以上。其房价收入比就在18倍以上。其房价就高于一般基准水平3倍以上。因此，像这些地方的房价调整或下降，应该是2012年政府住房宏观调控的目标或任务。

同时，我们也应该看到，中央政府要让房价回归合理水平，不仅要让住房回归其居住功能，让房价为绝大多数居民所接受，而且还在于这是未来国内住房市场健康发展的基础及前提条件。因为，如果国内住房市场转型为以消费主导的市场，不仅住房市场的价格会逐渐回归理性，而且也让国内居民住房消费需求不断地释放出来。这才是目前中国经济最大的内需，也是未来中国经济持续稳定增长的动力。关键是政府如何通过政策促进这种住房市场性质的转型，如何来承担这种转型所面临的成本及代价。

8.6 小结

十年来，中国住房市场得到快速的发展与繁荣。这种发展来繁荣当然提高了整个城市居民的居住水平，但是由于对国内住房市场许多重大理论问题认识不清，导致了住房政策上的不少误导，从而使得国内住房市场远离它的基本性质和居住功能而成了政府宏观调控的工具，成了企业牟取暴利的行业，成了投资者赚钱的天堂。"国十条"颁布之后，中央政府希望通过合适的住房宏观调控政策让这个调整与转型，让中国住房市场回归到常态与常识。但是，同样是重大理论上的不明确，从而使得中央政府住房宏观调控犹豫不决，住房市场的调整僵局难以打破。

在本文看来，要打破这种僵局，就得对国内住房市场几个重大理论问题有清楚的认识，并在此基础上出台适应中国住房市场的政策。这样才能让国内住房市场步上持续健康发展之路。中国住房的基本性质与功能就是为满足居民基本居住条件的消费品，即使是住房居住功能溢出的投资性质，其成果也得由全体居民来分享而不是由少数人来占有与掠夺。这是整个中国住房市场得以发展的前提基础。为了实现其目标，住房政策要运用成熟市场的以经济杠杆为主导的政策工具。如住房信贷政策、住房按揭贷款政策及税收政策等，减少政府行政权力对市场的干预，并通过合适的制度安排把住房投机炒作限制在一定范围内（比如可投机商业地产、高档住房及租赁市场等），严格去除住房市场疯狂地赚钱效应，保证中低收入民众最低要求居住条件。并把这些原则固定为相应的法律制度。如修订《住宅法》《住宅信贷法》《住房税收法》《住宅保障法》等法律。这样一来，未来国内住房市场发展就有了既定的发展方向。

9 信贷扩张的合理界限与
房地产价格波动的研究①

9.1 信贷的扩张与收缩是房地产
价格波动的关键

　　无论货币政策是否应该关注资产价格波动，还是货币政策传导对资产价格波动的影响有多大，对这些问题，目前在理论界无法达成共识②，但是，毫无疑问，货币政策对房地产价格波动的影响应该是密切相关的。无论是从相关的实证研究成果来看，还是从世界经济史中绝大多数金融危机与经济危机来看，不少金融危机都是与房地产泡沫破灭有关，而房地产泡沫产生基本上又是信贷支持过度的结果（周京奎，2005）。

　　对于货币政策如何应对资产价格波动及货币政策传导对资产价格波动的影响有多大，为什么理论上会引起如此巨大的争论或分歧？最为重要的就在于对资产价格与货币政策的不同理解。一般来说，货币政策关注的是货币数量、币值及价格稳定，即关注的是货币政策的数量工具及价格工具。因此，这些研究者更关注的是如何通过货币数量与利率的变化来影响资产价格的调整。但实际上，这只是货币政策的一个方面。

　　我们知道，金融交易的实质是跨时空的信用扩张过程。而信用是通过货币的信贷关系对现有财富重新的跨时空的配置，因此，信贷扩张的过程不仅要受到货币政策数量及价格工具的影响，也受货币制度安排的制约。信贷扩张过程总是面临着大量的不确定性。因此，无论是对信贷

　　① 该文章发表在《财贸经济》2009 年第 8 期。
　　② 瞿文对该论题做了一个十分全面清楚的综述，有兴趣的读者可以参阅该文。

扩张本身来说，还是对信贷扩张对实体经济的影响来说，信贷扩张的不确定性都会给实体经济造成巨大的负面冲击，都会对资产价格造成巨大的影响。因此，信贷扩张的合理界限、潜在风险及整个金融体系的稳定同样都是货币政策关注的重要方面。

那么，什么是信贷扩张的合理界限？在这里，它是指信贷扩张规模的变化很少影响资产价格的波动。在完全竞争及信息对称的市场中，信贷扩张的合理界限可以通过市场价格工具与数量工具的调整来实现。但是，任何金融市场都是竞争不完全及信息不对称的市场。因此，它就需要通过一系列制度安排来保证信贷扩张的合理边界。但是，由于任何制度安排都是不完全的，并具有严重时滞性及渗透了行为主体的利益关系（因为任何制度安排都是某种利益关系的调整），这就使相关的金融制度安排不仅不容易达到信贷扩张合理边界的均衡，反而这些金融制度安排可能成为影响资产价格波动的根源。特别是，由于任何金融交易都涉及跨时空的调整问题，这就使金融制度安排不仅具有内在不稳定，也存在外在的不稳定性。而金融体系的不稳定是影响资产价格波动的重要因素。

同时，房地产业的核心是住房。住房则是一种十分独特的商品。比如，住房的必需性（生活必需品）、消费性、耐久性、空间不动性、不可分割性、信息非对称性及交易成本昂贵性等，从而使每一套住房完全是一种异质性的商品，这就无法形成有效的完全竞争的市场。在这种情况下，有些人可能成为住房价格制定者（阿诺特，2003）。住房作为一种两栖商品，既是投资品也是消费品。房地产资产价格的波动往往只有在住房作为投资品时才具有显著意义。如果住房是消费品，由于消费品需求的有限性及定价机制不同，其价格的变化能够通过市场供求关系来体现。但是，在不少就信贷扩张对房地产价格波动影响的研究中，往往没有把住房这些特征区分开，从而也就很难把握房地产价格波动的基本特征与实质。在上述的住房的特征界定条件下，房地产价格的波动往往是指住房的投资性。由此我们也可以得出，房地产价格波动往往是区域性的与制度性的，而非仅是用宏观经济变量可解释的。

本篇的基本主张是，房地产业是资金密集型产业，它的供给与需求都是由信贷扩张的程度来决定的。而信贷扩张的合理边界作为货币政策的目标，因此，它也就决定了房地产的繁荣程度与价格水平的高低。可见，货币政策对房地产价格具有重要的影响。但是，由于所有的金融交易都存在内在的不稳定与外在的不稳定，这就需要一系列的金融制度安排来保证信贷扩张边界的合理性。同样，由于金融制度的不完全性、效应的滞后性及利益的渗透性，金融交易制度安排的缺陷可能成为房地产价格波动的制度性根源。由此，本文从货币政策的制度因素来讨论与研究信贷扩张过度与房地产价格的波动关系，并希望从中寻求对房地产价格波动更为一般性的解释。

本篇的结构是，第一部分前言，主要确定货币政策与资产价格波动关系研究的切入点，即信贷扩张的合理边界；第二部分是文献综述，从历史经验与理论研究中就信贷扩张的程度与房地产价格波动来观察现实发生了什么及了解他人研究成果；第三部分主要研究的是货币政策通过价格调整是如何影响信贷规模扩张及房地产价格变化的；第四部分研究了作为信贷政策的住房预售制度对信贷扩张过度的影响以及这些规定是如何反映房地产价格变化的；第五部分用市场准入识别机制来确定信贷扩张合理边界及减少房价波动。

9.2 文献综述：信贷扩张过度是房地产泡沫的根源

对于房地产泡沫与银行危机或金融危机的关系，尽管它们之间没有必然的联系，但是，自住房按揭贷款大行其道以来，两者的关联性则十分显著。大量文献的研究表明，无论是发达的市场经济国家，还是市场不发达的发展中国家，无论其制度安排如何，房地产泡沫与金融危机都具有非常显著的关联性。所以，信贷扩张过度既是房地产泡沫的根源，也是现代金融危机的根源，无论是从历史经验来看，还是从理论上来看，都是如此。可以说，从 20 世纪 80 年代开始，很多国家与地区都出现过由于信贷扩张过度而导致房地产泡沫破灭的现象，比如典型的有 20 世纪 80 年代瑞典房地产泡沫的破灭、日本泡沫经济的崩溃、1997 年亚洲金融危机发生及 2008 年美国次贷危机的爆发。

20 世纪 80 年代后期，随着金融自由化深化，瑞典经济也从"金融压抑"中解放了出来，瑞典政府不仅选择了低利率政策，而且取消了对商业银行贷款的数量限制，从而使银行信贷政策十分宽松，金融机构涌现，信贷规模在短期内急剧扩张。在 1985 年放松金融管制之前,金融机构信贷总额与 GDP 的比例稳定地持续在 80%,但是从 1985 年开始,在短短的几年,这一指标上升到 130%。银行信贷的过度扩张,金融机构有一半以上的贷款进入房地产市场,从而使瑞典斯德哥尔摩地区的房价在 1985—1989 年的时间里上涨了 125%。面对房地产市场泡沫,瑞典政府开始不再实行宽松的货币政策,从而使瑞典的房地产市场出现根本性的逆转,房地产泡沫破裂(瞿强,2005)。

日本泡沫经济破灭,更是一个信贷扩张过度导致房地产泡沫破灭的典型案例(中国人民银行营业管理部课题组,2007)。日本经济在 20 世纪 60 年代开始迅速增长,到 80 年代已经成为世界上第二大经济体。但是,为了摆脱二次石油危机,日本加快了金融自由化的步伐,加上 1985 年广场协议后的日元升值,岛国国民对投资土地的特殊偏好,"土地只涨不跌"的神话逐渐成了日本人的信条。随着日本经济的快速扩张,在宽松货币政策的低利率诱导下,大量的银行信贷进入房地产,从而导致股价及地价快速飙升,货币供应及银行信贷更多地快速膨胀。而大量的银行信贷涌向金融市场时,不是通过实体经济流通吸收,而是绝大多数流入了房地产及股市等资产市场,造成股市及土地价格进一步地快速飙升。从相关的数据可以看到,1984—1991 年城市地价指数上涨了 11977 个点,而同期零售物价指数仅上升了 10.8 个点。也就是说,在此期间,地价上涨水平要高于一般物价上涨水平的 1000 多倍;1987 年日本土地资产总额已经达到 1638 万亿日元,相当于美国土地资产价值的 4 倍。与此同时,银行的房地产抵押贷款余额占贷款总额的比例由 1984 年的 17% 上升至 1988 年底的 22%,1992 年更是上升到 35.5%。但是,1989 年日本央行的货币政策开始紧缩,日本"土地价格只涨不跌"的神话被打破,房地产泡沫很快破灭,从而使日本陷入了长达十多年的经济低迷。可以说,日本的房地产泡沫完全是信贷扩张过度的结果。当大量的商业银行信贷直接或间接地流向房地产及金融市场时,货币、信贷及房地产价格互动,最终导致了日本房地产的巨大泡沫。周景奎认为,商业银行信贷的过度扩张成了日本房地产巨大泡沫的根源。①

---

① 周京奎的研究表明,20 世纪 80 年代日本金融支持过度,房地产贷款对日本房价及土地价格快速飙升起到推波助澜的作用,参见周京奎(2005),第 70 页。

1997 年东亚金融危机先是在泰国发生（中国人民银行营业管理部课题组，2007；谢世清，2009）。而泰国的金融危机的根源也是信贷快速扩张而导致的房地产泡沫破灭。20 世纪 80 年代以来，泰国采取一系列的金融改革开放的政策，从而使大量外资迅速涌入泰国，泰国国内投资与信贷迅速膨胀。而这些资金不是流入实体经济而是流入房地产及证券等市场。随着银行信贷的快速扩张，使泰国各城市的房价快速飙升。而房价飙升及房地产业的暴利更是吸引了大量的国际资金流入，从而使房地产泡沫更加膨胀。1989 年泰国的住房贷款总额仅为 1459 亿泰铢，到了 1996 年则超过了 7900 亿泰铢，7 年间增加了 5 倍多。1988—1992 年土地的价格年均上涨 10%—30%，到 1992—1997 年土地的价格年均上涨达到 40%，有些地方的土地价格则年均上涨 14 倍之多。1997 年，泰国一些城市住房空置率达到 21% 以上，房地产泡沫泛滥。但是泰国的信贷快速扩张并非仅是发达的市场条件下的数量工具及价格工具的扩张，而是政府隐性担保的结果（克鲁格曼，2009）。在克鲁格曼看来，就在于政府隐性担保下，这些金融机构才敢于进入高风险的项目，赚了归自己，亏了由政府来负责。在这种情况下，过度投资及信贷扩张也就不可避免。在这里，克鲁格曼把制度的因素纳入信贷扩张过度的原因分析中。

2007—2008 年的美国次贷危机，同样是信贷扩张过度而导致房地产泡沫引发的，但是美国次贷危机的信贷过度扩张的方式不是通过传统商业银行体系进行的，而是通过"影子银行"（Shadow Banking）来实现的（易宪容，2009）。"影子银行"是把银行贷款证券化，通过证券市场获得信贷资金或信贷扩张的一种融资方式（黄元山，2008），从而把传统的银行信贷关系演变为隐藏在证券化中的信贷关系。这种信贷关系看上去像传统银行但仅是行使传统银行的功能而没有传统银行的组织机构，即类似一个"影子银行"的体系存在。在"影子银行"中，金融机构的融资来源主要是依靠金融市场的证券化，而不是如传统银行体系那样，融资的来源主要是存款。影子的核心机构是结构性金融公司，它通过借入期限短、流动性高的资金，从事期限长、流动低的资产贷款或投资。它具有传统银行同样的信用风险、市场风险及操作风险，但没有这些风险监管与防范的制度。影子银行的证券化最为主要的产品就是住房按揭贷款的证券化。它包括资产支持商业票据、结构化投资工具、拍卖利率优先证券、可选择偿还债券和活期可变利率票据等多样化的金融产品与市场

（克鲁格曼，2009）。而住房按揭贷款的证券化是影子银行的核心所在。这种住房按揭贷款融资来源方式的改变，尽管降低了住房按揭者的融资成本，让这种信贷扩张通过衍生工具全球化与平民化，但是也成了系统性风险的新来源。所以，影子银行的信贷过度扩张的风险一旦暴露出来，整个金融体系就面临着崩溃的风险。

从上述几个案例的分析可以看到，尽管房地产泡沫形成的年代、具体背景、经济后果不尽相同，但是有充分的证据表明，信贷扩张与房地产泡沫之间存在高度的相关性。瞿强（2005b）把这种现象称为"典型事实"，它已经成了我们经济生活中的常识。Allen、Franklin 和 D. Gale（2000）在古典经济学的框架上考察了信贷扩张与资产价格波动的相关性。在他们看来，传统的资产定价模式有一个隐含的假定，即投资者基本上是用自己的资金进行投资，而以此形成的价格是"基础价格"，超过该水平就是资产泡沫。而投资者是通过信贷进行投资时，资产泡沫是指因为风险转移而导致的价格超过基础价格的部分。因此，他们强调房地产泡沫的产生就在于风险资产实际回报的不确定性以及信贷扩张的不确定性。因为，在信息不对称的借贷市场，贷款者是无法观察借款者的投资风险，因此存在借款者的投资风险转移问题。而投资者的风险转移又会进一步刺激投资者的风险偏好，让其投资行为导致资产价格的偏离。信贷扩张的不确定性是指金融机构的信贷扩张往往容易受到外部冲击及制度条件而改变。由于房地产价格往往是由于对资产价格更高和信贷扩张更快的预期来支持的，而信贷扩张的顺周期性也就容易强化这种预期从而不断地推高房地产的价格（瞿强，2007），但是如果外部环境的变化让信贷扩张低于投资者的预期，投资者就无法偿还贷款，房地产泡沫的风险就完全暴露出来。周京奎（2005）也讨论了房地产开发商及购房者在贷款与不贷款不同的情况下的市场行为，指出信贷扩张过度与房地产泡沫之间的高度相关性。也就是说，信贷扩张与收缩的过度是房地产泡沫产生及破灭的根源。

现在我们要问的是，既然银行对房地产市场信贷扩张将意味着银行自身风险增加，那么在这种情况下，为什么商业银行还会向房地产业投放大量的贷款呢？Herring 和 Wachler（1999）研究表明，商业银行的贷款大量向房地产集中，就在于预期房地产的高收益率。因为，银行自身所拥有的房地产价值上升及银行资本的经济价值上升，使银行愿意持有更多的以房地产为主要形式的资产；由于以房地产为抵押品的贷款的抵押市价上升，从而使银行现有贷款组合中的损失风险下降，这样就增加了银行向房地产贷款的动力。也有研究者认为（张铭，2009），商业银行之所以过于乐观地向房地产业提供大量的信贷资金，除房贷资产的预期收益、房贷违约率低外，最为重要的原因是商业银行的灾难短视（Disaster Myopia）和市场主体面临的不当激励。由于高负债率与信息不对称，房地产开发商面临增加房地产投资风险性的不当激励，这促使它们把风险尽量转移给银行，而银行相信监管当局的隐性担保，因此在盈利冲动下国有商业银行有动力进行最大限度的信贷扩张，直到房地产泡沫产生。

既然信贷扩张是房地产价格波动的根源，那么信贷扩张的合理边界在哪里？周京奎（2005）曾试图就此建立一个优化模式，认为信贷扩张的程度要随着房地产的周期性变化而调整。他也设立了几个金融支持过度衡量指标（如房地产贷款占银行贷款总额的比重、房地产贷款年增长额占贷款总额年增长额的比重、房地产贷款年增长率）。但是，用这种模式及这些指标来确定信贷扩张的合理边界的均衡点是不容易的。特别是中国房地产市场是一个不成熟的市场，其金融市场的各种管制，制度规则的不健全等，这些都给一般性的分析造成了很大的困难。再加上每一种房地产商品的异质性，以此对中国房地产市场研究所得出结论更是相差很远。在此，我们只能另辟蹊径。

9.3 价格工具及数量工具对信贷扩张及房地产市场上价格变化的影响

近几年来，中国的房地产市场是在经济转型的背景下发展起来的。中国房地产市场的发展与繁荣，完全是在特定的金融制度安排下商业银行信贷快速扩张的结果。因为，如果没有特定的住房预售制度，如果没有个人住房按揭贷款的金融创新，如果没有个人住房购买的信贷优惠政策，以及如果没有现行的金融制度安排下商业银行强烈的信贷扩张的冲动，那么中国房地产市场是不可能在短时间内出现这样的发展与繁荣的。但是这些信贷扩张的过度是否理性是无法用一般标准及计量模型来测算的，信贷扩张过度与房地产价格波动的相关性也只能是阶段性、局部性、制度性的。这种现象很大程度上与中国房地产市场的特征有关。

可以说，除深圳、广州、海南等部分地区之外，中国房地产市场是在 1998 年才开始起步。从没有市场到有市场，银行信贷自然会出现快速扩张。1998 年全国房地产开发贷款仅 1053 亿元①，到 2007 年增加到 7256 亿元，增长为近 7 倍，增长高的年份达 30% 以上。个人按揭贷款余额 1998 年为 456 亿元，2007 年为 30300 亿元，增长 70 多倍，增长高的年份达 40% 以上。但是，2002 年以前信贷扩张的速度比较平稳，只是到 2003 年之后，随着房价持续上扬，进入房地产的信贷资金扩张速度加快。到 2007 年，信贷扩张不仅没有收缩，反而更加严重。在 2007 年 10 月之前，一年间央行出台多项针对房地产信贷扩张过度的政策（比如，加息及上调存款准备金率），但是，所达到的效果则是十分有限的。

周京奎（2005）对中国 12 个城市的实证研究结果显示，房地产价格指数与利率呈正相关关系。也就是说，利率上升不是使房价下跌；反之房价照样上升。特别是 2007 年，中国人民银行为加强银行流动性管理，在灵活开展公开市场操作的同时，10 次上调存款准备金率 5.5 个百分点，6 次上调金融机构人民币存贷基准利率（中国人民银行货币政策分析小组，2008）。但这个时候，不少地方的房价上涨更快，利率上升对房地产的资金成本效应、资产负债表效应、流动性效应及预期没有显著相关性。这也说明了中国的金融体系存在缺陷，市场价格机制受到约束。

同时，中国房地产的信贷扩张支持过度基本上是区域性的。一般来说，住房作为不动产，它被分割成无数的不同市场。由于房地产市场的分割性及金融市场的统一性，这就容易让全国大量的金融资源向少数地区聚集。比方说，2005 年以前，房地产开发投资东部地区所占的比重达到 75% 以上，个人住房按揭贷款所占的比重达 76% 以上。而这种格局在 2006 年之后才有所改进，但中西部地区所占的比重上升的幅度仍然十分有限（2008 年还不到 40%）。正因为金融资源可以短期内在部分地区聚集，从而使部分地区的房价在信贷扩张过度推动下快速飙升。比如，2004 年上海的房价上涨达到 24% 以上，而且 2007 年乌鲁木齐、北京、深圳、北海、宁波等城市的房价也上涨了 15% 以上。而 2007 年中国人民银行采取了一系列的货币紧缩政策。这种金融资源短时间内向少数几个地

---

① 相关的数据除了特别注释之后，基本上是出自各年的《中国统计年鉴》。

方聚集并以此来推高房价，尽管是区域性的，但是给全国房地产市场带来了巨大的负向示范作用。2007 年住房个人按揭贷款增加了 7147 亿元，全国的房地产价格也全面快速飙升。① 正因为房地产价格波动是区域性的，所以有研究者希望用全国性的数据来测算信贷扩张过度及房地产泡沫的程度基本上是不可取的②，其解释力也会很小。

中国金融体系缺陷的根本特征是政府对金融市场全面的管制，比如利率管制、金融机构市场准入管制、信贷规模的管制等。在现行的货币政策下，由国有银行为主导的银行体系，基本上实行的信贷风险总部负责制。即银行的风险信贷管理及风险定价基本上是由总部负责，因此，基层分行的业绩考察往往就会放在信贷规模扩张的大小上。这样，基层银行对信贷扩张冲动是其争取业绩最好的方式。因此，千方百计地扩张信贷规模，是基层银行的主要激励方式。特别是这种信贷规模的扩张对其短期风险管理影响不大，基层分行有更强烈的冲动希望信贷快速扩张（由于信贷规模快速扩张，不少基层分行负责人的薪资快速飙升早已不是什么秘密了）。这就是最近几年银行信贷扩张快速增长的主要动力所在。

比方说，早几年，国内银行一直把个人住房贷款看作优质资产。为了争取更大的市场份额，部分商业银行采取变通、变相或违规做法，降低贷款标准，减少审查步骤，放松真实性审查，从而使个人住房按揭贷款在 2006—2007 年超速增长。2006 年，有关部门对 16 个城市的住房贷款抽样调查发现，平均 22% 以上的借款人办理贷款时未曾与银行工作人员见过面（中国人民银行金融市场司房地产金融分析小组，2008）。而且转按揭与加按揭盛行③，它成了信贷扩张过度的主要工具。据有关部门调查，截至 2007 年 8 月，全国 16 个城市主要金融机构个人住房转（加）按揭贷款余额约 410 亿元，是 2006 年同期的 3.5 倍（参见同上）。

可见，信贷扩张过度是催生国内房地产泡沫的根本原因。但是，对信贷扩张过度的测算并非仅是价格工具及数量工具，它更多地表现为全

---

① 目前，我们所见到的数据，2007 年 12 月全国 70 个大中城市房价上涨为 10.2%。但是，这个价格仅是一手房的平均价格。如果同一住房在 2007 年上涨幅度来看，可以上涨的幅度比这要高得多。

② 有研究者以这种方式来测算，认为中国房地产市场没有泡沫。但是实际上，由于房地产市场区域性，不少地方的房地产泡沫则是更大。

③ 该金融产品是监管部门没有批准的产品。

国房地产市场发展不平衡的区域性及金融体系缺陷的制度性。后者是理解中国房地产市场的信贷扩张过度与房地产价格波动之间的关联性的关键所在。

9.4 住房预售制度是信贷过度扩张及房价暴涨的根源

中国的住房预售制度是当前房地产市场银行信贷扩张过度及一些地区房价暴涨最为重要的制度性根源。在中国房地产市场早期发展中，住房预售的目的是降低房地产行业的进入门槛，鼓励更多企业进入房地产，以便保证中国的住房制度改革取得成功。在当时的背景下，对房地产市场发展起到一定的作用。但是，由于没有一套健全的法律制度、信用体系及房地产市场监管制度，从而使住房预售制度逐渐成了房地产开发商信贷扩张过度及风险转移的工具。中国人民银行的《2004年中国房地产金融报告》指出（中国人民银行金融市场司房地产金融分析小组，2005），房地产市场的许多市场风险和交易问题都源于住房预售制度，因此该报告建议取消现行住房预售制度，改期房销售为现房销售。但是该《报告》刊出后，立即遭到房地产开发商及相关部委的强烈反对。我当时就指出，央行的《报告》不过是提出一个建议，为什么房地产开发及相应部门会激烈地反对取消这种不合理的住房预售制度呢？从中所透视出来的问题，可能比取消住房预售制度更为严重。因此，在这之后，本人对国内外的住房预售制度进行全面研究，并写出了研究报告。

我的关于住房预售制度的研究报告表明，中国的住房预售制度完全是一种单边的风险承担机制。它与发达市场体系下的住房预售制度有很大差别。因为，作为任何一种制度设计与安排都是当事人风险与利益共同承担的。但是，中国的住房预售制度安排更多的是考虑房地产开发商的利益、防范的是房地产开发商的风险，而更少考虑购买住房居民及商业银行的风险，从而使这种制度安排的金融风险或是让住房购买者来承担或是由商业银行来承担。比如，中国住房预售制度可以让任何的房地产开发商都进入住房预售，但在其他国家是有严格的市场准入的，只有一些合格的房地产企业才能进入住房预售；比如住房预售款收留，在其他国家预售款都是由第三方来保管，而中国则全部可以直接归结到房地产开发商的账上；对于住房交收，在其他国家都得有严格的第三方来验收，但中国则是房地产开发商与业主的交接等。正因为这种住房预期制度是一种单边风险承担机制，从而使这种制度成了房地产开发商及房地产炒作投机者过度利用银行信贷、推高房价及转移风险的重要工具。

这种住房预期制度的问题还表现为它仅根据计划经济下的 1994 年制定的《城市管理法》而设立的一种房地产金融政策。在当时，中国房地产市场还没有真正出现，制定法律者根本无法知道 1998 年后特别是 2008 年后中国的房地产市场的情况。但是，就是这样一种带有明显计划经济烙印的制度安排，经过 15 年中国经济及房地产市场的翻天覆地的变化，既不修改，也不完善，中国人民银行提出要修改却遭遇到房地产开发商激烈的反对。

那么，住房预售制度的根本缺陷在哪里？就在于有利于房地产开发商过度利用银行信贷而让信贷风险转移给银行来承担，就在于有利于房地产开发商推高房价而把负担转移给消费者，就在于有利于房地产开发商操纵政策，让政府一直出台有利房地产开发商的政策。首先，我们可以看出，现行住房预售制度让一些资金不足，甚至没有资金开发商通过银行的过度信贷进入房地产市场。比方说，房地产开发商物色到一个项目后，先通过这种方式募集到资金（到房地产开发企业的资本金 35% 的限定），甚至借高利贷，以办理住房预售所需要的文件。房屋预售证办理好，就开始预售，银行的钱就流入开发商手中，开发商会先把已经借的钱还清，其后卖出的房子都是净利润，然后所谓的滚动开发，许多房地产开发商就是在这样开发模式下发展起来的。这样，许多没有资质、没有资金的房地产开发商纷纷进入房地产市场。

当一家自有资金不足的房地产企业能够借助住房预售制度进入房地产市场时，它不仅会追求高利润的项目给整个产业带来高风险，也会千方百计地把这种高风险转移到他人身上，从而使房地产市场风险越积越多，房价也就越推越高。比如，住房预售制度不仅降低了开发商进入市场的融资成本，也减轻了开发商的融资压力。在这种情况下，房地产开发商在"圈地"之后，就可以利用他们垄断了区位较好的土地资源和在市场上楼层地段较好的商品房供应的优势，利用房地产交易过程信息的严重不对称状态，大肆制造房地产市场供求紧张关系，以未来房价会暴涨的诱导性信息，通过虚假紧缺，浮夸囤积等手段哄抬房价，获得暴利，给消费者以错觉并诱使他们偏离自己的真实需求做出错误的预期和决策。可以说，现行的住房预售制度是房地产开发商联合起来共同推动房价走高的制度性根源。

在现行的住房预售制度下，由于房地产开发商的银行信贷扩张过度，使商业银行面对的潜在风险越来越高，再加上房地产业与几十个产业的高度关联性及地方政府的土地财政，这使房地产开发商一直在通过各种方式要求政府出台政策来保证房地产商的利益，要求政府通过不同房地产政策把房地产开发商的利益制度化。这些都是国内房价持续攀升或最近房地产的价格不出现调整的重要的原因。

住房预售制度也成了房地产投机炒作的重要的制度根源。因为，在现行的住房预售制度下，房地产投机炒作能够利用信贷扩张过度、信贷资金获得便利性、过高的金融杠杆等条件纷纷进入房地产市场。早几年，不少地方房价快速飙升就是投机者利用住房预售制度炒作的结果。比如，2006—2007 年是国内不少地方房价上涨最快的几年，它也是个人住房按揭贷款增长最快的几年。这几年，国内一些地方房价快速飙升，基本上是个人住房信贷过度扩张的结果。但是，当最近房地产市场的价格出现全面的周期调整并开始进入下降的通道时，当前住房预售制度问题与弊端也开始全面显现出来了。从 2008 年所发生的不少房地产事件可以看出，当一些楼盘由于市场变化准备降低价格，购买该楼盘的期房者就出来用暴力的方式进行反对，都是与住房预售制度弊病有关。可以说，2008 年不少地方房地产开发商与购房者的冲突基本上都表现在期房的价格变化上。

可见，住房预售制度是当前房地产市场的信贷扩张过度及房地产价格波动最为重要的制度性根源。只要这种制度不取消或修改完善，房地产市场的信贷扩张过度及价格波动就不可避免。而且这种在十几年以前计划经济下形成的制度安排不取消也得全面检讨、修改与完善。国外的成功经验告诉我们，住房预售制度促进房地产业的良性循环关键在于设计合理的风险担保机制以分散其各个环节的风险。因此，健全的住房预售制度必须建立一种风险分担机制予以保障，但就目前的情况来看，国内住房预售制度并不存在这种机制。鉴于住房预售制度中存在的深层次问题，我们意识到应当建立完备的风险分担机制来保障住房预售制度下的金融安全，即风险应该由多个利益主体依风险与收益对等的原则共同分担，包括开发商、房地产投资者、建筑商、银行及购房者。这种风险分担机制应该贯穿于住房预售制度始终，合理分散或降低各环节的风险，它应包括严格的市场准入、退出和惩罚机制，多样化的合同选择与谈判机制，独立的监管机制，以及保护购房者利益的救助和补偿机制。此外，多样化的房地产融资体制，合理引导消费者预期也是完善住房预售制度必不可少的条件。

9.5 用市场准入识别机制来确定 信贷扩张合理边界

从上述分析可以看出，信贷扩张过度是国内房地产泡沫或房地产价格波动的根源。而信贷扩张过度有价格因素（如利率或汇率的变化），但价格工具与数量工具对房地产价格波动不显著，甚至 2007 年利率连续多次上升，存款准备金率多次上调，但是全国房价却大涨。所以，在中国，信贷扩张过度更多的是制度性的因素。

也就是说，在现行的制度安排下，信贷扩张的合理边界通过什么方式来测算或确定，用价格工具（利率与汇率）与数量工具不够，再加上住房预售制度短期内不容易取消与改正，因此，我们只能够从住房的基本特性入手，从制度安排的角度来寻求确定的信贷扩张合理边界的方式与路径。

一般来说，住房具有投资与消费的两重属性。由于住房的投资与消费的属性不同，因此住房投资与住房消费的定价机制、价格水平、需求关系及价格的变化是相差很远的。比方说，作为投资性的住房，它的价格是由投资者的市场预期、融资条件及融资杠杆率等因素决定的。如果投资者预期所投资的住房的价格会上涨，而且信贷可获得性便利，融资杠杆率又高，那么，投资者就会涌入房地产市场，而不在乎当时房价水平高低。在这种情况下，投资者对住房的需求是无限的，而不是可能增加住房供给就能够调整供求关系的。但是，当投资者预期房价会持续下跌时，即使房价最低，投资者也不敢或不愿进入房地产市场。在这种情况下，投资需求萎缩，房价进一步推低。

但是，住房作为消费商品时，其情况则十分不同。首先，作为消费性的住房，由于其需求的有限性，它的价格完全由市场的供求关系来确定。而这种供求关系确定的基础又在于购买住房消费者的支付能力。尽管政府可能通过信贷优惠、税收优惠等政策帮助消费者进入房地产市场，但是如果购买住房者首付款的支付能力及按揭贷款每月支付能力不足，他们也是无能力进入房地产市场的。

正因为住房投资与住房消费有很大差别，这使信贷扩张过度的发生往往是投资性的住房购买而不是消费性的住房购买。因为，投资性住房的价格是由投资者的预期来决定的，只要投资者预期房价会上涨（实际不上涨没有），他们就有意愿进入房地产市场。在这种情况下，如果投资者是用自己的资金进入市场，那么他们的投资需求也是十分有限的。如果投资者可以通过高杠杆率的住房信贷进入房地产市场，那么这种投资需求就会无限地膨胀。2004年上海的房价上涨24%，2006—2007年三季度之前深圳的房价快速都与这种住房投资需求突然增加有关。在上海，2004年就有人利用银行信贷获得便利及过高的金融杠杆，向银行贷款7800万元，购买住房128套。可以说，早几年国内不少地方房价快速飙升，都是与利用银行信贷扩张过度、住房购买投资性比重过高有关。而且当银行信贷扩张过度时，房价同时推高。

其实，对于房地产投资与消费的区别，中国人民银行历年来关于个人住房按揭贷款管理办法，都有详细的规定。比如，中国人民银行《个人住房贷款管理办法》（银发〔1998〕190号）就规定，个人住房按揭贷款限用于购买自用普通住房和城市居民修、建自用住房，不得购买豪华住房，并且贷款利率采取上浮的方式。1998年以后，为了鼓励银行向消费者发放按揭贷款，2001年6月19日中国人民银行印发了《关于规范住房金融业务的通知》（银发〔2001〕195号），2003年6月13日发布了《关于进一步加强房地产信贷业务管理的通知》（银发〔2003〕121号），要求商业银行进一步扩大个人住房贷款的覆盖面，扩大住房贷款的受益群体。同时，提出了规范个人住房贷款按揭贷款成数，严禁"零首付"。对借款人申请个人住房贷款购买第一套自住住房的，首付款比例为20%；对于购买第二套以上住房的，应适当提高首付款比例。

也就是说，中国人民银行的房地产信贷政策从一开始就对房地产的投资与消费做了有意识的区分。比如，明确地规定住房按揭贷款基本上帮助居民解决自住性住房所设置的贷款，而且自住性住房购买主要放在中低住房购买上，禁止用于购买豪华型住房。而且对购买第二套住房在121号文件中就要求区别性对待，对于购买商用住房则无论是贷款利率还是首付比例都有较严格的要求。但是，这些住房投资与消费的区分比较泛化，操作弹性空间大，加上国内银行多以股份制改造完成，有动力加大信贷扩张的速度，这就使不少投资者大量地利用银行信贷进行房地产投资炒作。比如说，房价上涨较快的东部地区，个人按揭贷款所占的比例达76%以上（中国人民银行金融市场司房地产金融分析小组，2005）。而且这种态势在2006—2007年进一步向全国许多二线城市蔓延。

对于中央政策来说，从2004年起，由于房地产市场投资过热，房地产价格不断飙升，不少城市房地产泡沫逐渐在吹大，而政府也年年出台关于房地产宏观调控的政策，特别是信贷政策。实际上这些政策所起到的效果则十分有限。不过，2007年推出关于房地产的359号文件与452号文件①，从2007年10月开始，整个国内房地产市场就发生根本性变化。比如，2007年全国房地产信贷增长迅速下降（中国人民银行金融市场司房地产金融分析小组，2008）。2008年全国房地产市场开始进入周期性调整期，信贷资金进入减少，住房销售面积及金额负增长近20%。

那么359号文件及452号文件的核心内容是什么？为什么以往出台不少关于房地产过热信贷调整政策，但是起到的作用却十分有限，而这两个文件一出台，为什么就能够让火热的房地产出现根本性逆转？因为这两个文件的核心是把房地产市场的住房投资与住房消费做了一个清楚的区分。如果是住房消费，这种住房购买可以享受所有信贷优惠政策。比如购买第一套90平方米以下的自住房，其贷款首付20%，利率可以享受八五折优惠。如果是住房投资，那么这种住房购买无论是信贷还是税收都得按市场来定价，而不可享受任何政府住房优惠政策。比如，购买第二套住房的投资者，贷款首付比例不得低于40%，贷款利率为同档利率

---

① 359号文件的内容主要是指2007年9月27日和12月5日，中国人民银行和中国银监会相继联合发布《关于加强商业性房地产信贷管理的通知》（银发〔2007〕359号），百度文库，2011年10月24日，https://wenku.baidu.com/view/376726d076eeaeaad1f3309b.html，2017年12月30日最后访问。

中国人民银行：《关于加强商业性房地产信贷管理的补充通知》（银发〔2007〕452号），中国财务总监网，2007年12月5日，http://www.chinacfo.net/csfg/mj.asp?id=A2007121285963234663，2016年12月30日最后访问。

1.1 倍。商业用房购买贷款首付比例不得低于 50%，贷款期限不得超过 10 年，贷款利率为同档利率的 1.1 倍。

其实，这些信贷政策十分简单，只不过是对购买住房的投资与消费做一种严格区别，让两种购买者各得其所。因为，如果住房投资可以享受信贷优惠政策，仅优惠政策这块就足以让投资者大获其利，这样不仅会让房地产信贷优惠政策失去意义，而且也会让房地产市场泡沫四起（姜春海，2005）。而且这些信贷政策一出台，国内房地产市场就出现根本性逆转，这说明了早几年的房地产市场信贷扩张过度，主要是房地产投资者过多，只要对这些投资者进行限制，房地产信贷扩张过度就得以调整。而房地产市场投资者过多，一定会不断地利用银行信贷推高房价，房地产泡沫也由此而生。而住房自用者无论是购买支付能力还是住房消费需求都是十分有限的，房地产市场的价格只能由当地居民住房购买支付能力及供给条件来决定，从而使房价水平能够建立在有效的供求关系基础上。

同时，在 359 号文件出台之后，房地产开发商与相应的部分一直在要求放开对第二套住房的信贷限制，并提出了一大堆放开限制的理由，甚至房地产开发商的行业组织提出一个所谓改善性住房的概念。但是，对放开第二套住房的信贷限制的理由，他们制造出替代第二套住房的概念有多少，目的就是在政策上把住房的投资与消费混淆，以便让住房的投资成为房地产市场的主导力量。这样就能够便利住房投资者利用银行的信贷优惠政策及过高的金融杠杆率对房地产市场大力炒作，把房地产市场的价格推高，让房地产开发商及房地产投机炒作大获其利，而让整个社会为这种房地产泡沫及金融危机埋单。

总之，对于国内银行监管部门来说，住房购买的投资与消费区分是防范国内银行风险的底线，也是保证国内商业银行金融安全的底线，是银行信贷扩张的合理边界。因为，只有对房地产的投资与消费进行严格区分，并针对房地产投资与消费采取不同的政策，比如，对住房消费者购买住房，政府可以采取各种优惠政策，特别优惠的信贷政策，帮助国内居民进入房地产市场，这样不仅能够扩大居民的住房消费需求，改善绝大多数居民的基本居住条件，也能够促进国内房地产市场持续稳定地繁荣，促进中国经济持续稳定地发展。因为，只有让国内房地产市场成为一个以消费者为主导的市场而不是一个以投机炒作为主导的市场，那么信贷扩张的边界就能够建立在以市场供求关系所形成的房价基础上。如果房地产市场以投资炒作为主导而不是消费者为主导，这必然会导致投机炒作者极力利用信贷扩张的工具大量炒作房地产，不断推高房价，制造房地产泡沫，并引致房地产泡沫破灭，造成金融危机及经济危机。因此，359号文件的基本精神是信贷扩张的合理边界，也是保证中国金融体系安全底线的根本所在。这也是未来货币政策应对房地产泡沫的理论逻辑的基点。

10 差别化个人按揭贷款政策的
理论基础及经验分析[①]

10.1 差别化个人按揭贷款政策的理论基础

　　一般来说，金融交易是指人们在不确定性的情况下通过信用创造对资源的跨时空配置。这种金融交易的特性，一是任何一种金融交易都是在不同时间、不同地点、不同事件下的价值交换，其支付更多地表现为未来性；二是金融交易的成本与收益事先是无法确定的，其表现为不确定性；三是金融交易支付的未来性及不确定性决定了金融交易必须通过一种特定媒介来完成，即要通过金融交易合约来完成。也就是说，金融交易与一般交易的差别主要表现为三个方面，它不是即时交易而是跨时空的交易。而即时交易可以是一手交钱，一手交货，交易买卖可以同时进行。正因为即时交易的买卖可以同时进行，那么交易者在交易过程中就能够把其交易风险尽量降低。而由于金融交易是跨时空的交易，其交易面对的是未来，而未来的不确定性也就无法使金融交易的成本与收益在交易之前确定下来，金融交易者的成本收益分析取决于其对交易者的预期。由于金融交易的跨时空性及不确定性，为了保证金融交易顺利完成，合约成了金融交易得以完成的最为重要的媒体。

　　正因为任何金融交易都必须通过合约方式来进行，而合约就是一种承诺或信用。那么，什么是信用？所谓的信用就是交易者之间的相互信任，是交易者对彼此诚实、合作行为的预期或承诺。信用可以基于制度的信任、基于信誉的信任与基于认同的信任（张维迎，2003）。信用是交易当事人追

---

① 该文章发表在《金融与经济》2010 年第 9 期。

求长期利益导致的结果（Kreps，1986）。信用是正式规则与非正式规则相互作用的结果。在金融交易中，信用不是货币，但是信用又是相对货币，信用是货币的延伸（瞿强，2005）。货币是一种特殊的信用工具，代表了社会的承诺，可以随时用于支付。但其他信用工具，尽管也代表了一种承诺，可以用于支付，但这种支付是限定在某种条件范围内的（时间与空间的限制）。因此，金融交易就是通过不同的信用创造或信用扩张来实现的。

同时，我们也应该看到，在金融交易中，为何金融合约是多种多样的，有银行贷款合约、保险公司投保合约，证券市场的股票、债券、期货等不同的金融合约形式，而且，同一金融交易合约中，其表现的金融交易的风险分配情况也不一样。比方说，银行贷款利率的高低、企业股市发行的市盈率等都会有很大的差别性。正是从这个意义上说，不同的金融市场、金融产品及金融交易工具不仅表现为不同的信用关系，也表现了这些信用关系的不同风险分配或不同的风险定价。也就是说，不同的信用关系，不仅决定了不同的金融交易工具的选择，也决定了金融交易过程中的风险定价及配置不同。

正因为信用既有现实的基础，也有主观因素。由于各个国家的社会文化基础及制度安排不一样，由此信用获得及保证其执行的条件也会不一样，从而演化出了不同的金融交易行为、金融市场及金融交易工具。金融交易就是通过这种信用扩张与放大来实现的。而这些金融市场及金融工具就是对不同信用的风险定价，就是通过对不同的信用者的风险定价来区别金融交易者的信用。

差别化的个人住房按揭贷款信贷政策就是要对不同信用的购买住房者进行不同的信用风险定价。信用好的购买住房者，其信用风险低，那么商业银行按揭贷款的利率及首付比例都会低；否则，信用不好的购买住房者，由于其信用风险高，那么商业银行对他们的贷款利率及首付比例就会提高。而且这种个人的信用鉴定，不仅在于其个人平时的信用行为，而且在于购买住房者购买多少住房可能面临的风险。前者可以通过个人信用评级系统来获得，后者则是通过住房购买数量多少来评估。而差别化的住房按揭贷款的信贷政策既可对不同信用的购买住房者进行严格区分，将信用差及高风险的购买住房者排斥在其市场之外，防止房地产市场泡沫吹大，也可减少商业银行的信用风险、保证国家金融体系的安全、保证国家经济及房地产市场健康地发展。

10.2 美国住房按揭贷款信贷政策
差别化的内容及经验

　　一般来说，美国房地产市场已经有100多年的历史，它不仅是一个十分成熟的市场，而且它有一套成熟的住房金融体系及房地产金融政策来支撑。比如，从1775年开始，美国就出现了为住房金融服务的金融市场。而这些市场基本上就是通过贷款利率、贷款期限、还款方式来体现其政策的差别化。特别是在1929年欧美经济大萧条之后，美国更是推出一系列有关的住房金融的差别化新政策（施瓦兹，2008）。如政府就推出了《联邦住房借贷银行法》《有房户借贷款法》等与住房信贷相关的法案，以便在大萧条时期帮助成千上万居民保留了住房和清偿债务。比如，这些法案确定了固定利率、长期分期付款以及住房按揭贷款首付等住房信贷标准；以此成立了联邦住房管理局及住房贷款银行等住房信贷机构。正是因为通过这一系列的住房金融政策及法律制度安排，美国逐渐地形成了一套有效运行几十年的住房金融体系。比如，对于美国的住房开发企业，不仅有便利的融资渠道进入金融市场，而且融资产品多、融资成本低。对于住房的消费者来说，形成了广泛发达的住房金融制度与市场。美国住房消费信贷的基本形式是差别化的住房按揭贷款。

　　依照贷款人信用等级差别，美国个人住房按揭贷款市场分为三类市场。第一类为优质贷款市场，它是面向信用等级高，消费者评分在660分以上、还款月供收入中的比例不高于40%及首付超过20%、收入稳定可靠、债务负担合理的优良客户，这些人主要是选用最为传统观念的30年或15年固定利率按揭贷款；第二类为次优级贷款市场。这个市场包括消费者信用评级在620—660分的主流阶层，也包括少部分评分高于660分的信用客户。贷款对象为信用评分较高但信用记录较弱的个人。前两部分的消费信用者大致占比76%；第三类市场是指次级信用贷款市场。它主要是指其信用评级分数低于620分的消费者。而这类市场的消费者又分为B、C、D、E四个等级。

　　也就是说，个人的信用评级不同，其住房贷款的市场不同。个人信用评级作用就在于个人住房按揭贷款的差别化，就在于对个人住房按揭贷款的风险定价。比如，优级信用的住房消费者与次级信用的住房消费者不仅进入贷款市场的难易程度不同，而且其利率水平相差也较大。两者利率水平加权平均相差 4 个百分点。而且，在同一信用级别中，其风险定价的差异也很大。比方说，在次级信用住房消费者中，仍然分为四个不同的信用等级。商业银行就根据这种不同的信用评级给出不同的贷款信用风险定价。整个个人住房按揭贷款市场表现为一个严格的差异化信用风险定价的市场。当有人试图打破这种信用风险定价框架及体系时，整个住房金融市场的风险就会逐渐积累，直到最后破灭。美国次贷危机爆发就是试图弱化这种信用评级风险差异化的风险定价的结果。

　　比如，在第二次世界大战后，美国政府为了保证让更多的中低收入阶层的居民进入房地产市场，颁布了一系列帮助这类居民进入房地产市场的各种信贷优惠、税收优惠等政策。从而使在 2001 年以前，美国居民的住房自有率已经达到 63%。[1] 因此，在低利率及流动性泛滥的条件下，如何让那些中低收入者进入房地产市场，美国贷款银行对住房按揭贷款利率品种进行了一系列金融产品的创新。一般来说，美国住房按揭贷款市场准入有三条标准：一是客户的信用记录和信用评分不得低于 620 分；[2] 二是借款人的债务与收入比率不得超过 40%；三是借款人申请的贷款住房价值比不得超过 85% 或按揭首付不得低于 15%。以此为标准，次级贷款就是指向信用低于 620 分、债务与收入比率超过 40% 以及按揭贷款与房地产价值比率超过 85% 的借款人发放贷款。而这些次级信用的人贷款申请时不需要提供全套的收入证明文件。也就是说，为了让这些信用不高、收入不稳定的居民进入房地产市场，美国按揭贷款机构设计了许多所谓金融创新的按揭贷款利率产品，从而让一些信用级别较低的购买住房者或次级信用者纷纷进入房地产市场，让他们购买超过其收入所能承担的住房。也就是说，个人住房按揭贷款的差异化的信用风险定价通过一些所谓的金融创新的按揭贷款利率产品所弱化。比方说，设计了一系列的个人住房按揭贷款可调整利率产品，并通过证券化的方式表面是把其风险大概率地分散，实际是把这些风险无限放大。这样，不仅不

---

　　[1]　参见美国的统计年鉴。

　　[2]　如上面所介绍的，美国的个人信用评级一般分为三个等级，620 分以下为次级信用；620—660 分是次优级信用，是指可选择的优质贷款；660 分以上为优级信用。

能对不同信用的贷款者进行严格的贷款风险定价，而且也让许多达不到
按揭贷款基本市场准入的住房购买者进入市场，并通过一系列的金融衍
生工具把这些巨大的金融风险掩盖。当这些金融风险积累到一定程度时，
金融风险就会爆发出来，进而使美国次贷危机爆发。

10.3　中国住房金融政策创立及演进

对于中国住房市场来说，住房金融政策调整及金融产品的创新，是
住房市场发展与繁荣的关键。一般来说，中国住房金融业务是从 1980 年
开始的。比方说，1983 年的《城镇个人建造住宅管理办法》，开始办理住
房储蓄贷款住宅贷款业务。1997 年中国人民银行颁布了《个人住房担保
贷款管理试行办法》，该政策标志着中国住房消费信贷开始启动。而 1998
年中国人民银行公布的《个人住房贷款管理办法》（银发〔1998〕190
号）则是住房金融信贷最为重要的政策文件。它确定中国住房金融市场
发展的基本方向，从而建立起了中国特色的"银行为主、信贷为主、一
级市场为主"的住房金融市场体系。

在这样的住房金融体系下，住房融资单一，对商业银行信贷依赖程
度过高；政策性住房金融发展滞后，比方说，对中低收入居民等特定人
群缺乏政策性住房金融支持；住房金融市场结构不合理，市场机构体系
不完善，既无多样化的住房金融机构也无多层次的住房金融市场来承担
住房金融的风险，让住房金融风险完全聚集在商业银行等。

更为重要的是，尽管目前许多住房金融政策及制度安排看上去是从
发达市场经济引入，但是许多住房金融政策只是学其形而无其神。比方
说，中国的住房预售制度就完全是一种单边风险承担机制（易宪容，
2007），即这种住房预期制度仅是根据计划经济下的 1994 年制定的《中
国城市管理法》而设立的一种住房金融政策。由于这种住房金融制度安
排留下的是计划印迹，从而使这种住房金融政策基本上与发达市场体系
下的住房预售制度有很大差别。其制度安排更多的是考虑房地产开发商
的利益、防范的是房地产开发商的风险，而更少考虑购买住房居民及商
业银行的风险，从而使这种制度安排的金融风险或是让住房购买者来承
担或是由商业银行来承担。由于这种住房预期制度是一种单边风险承担

机制，从而使这种制度成了房地产开发商"空手套白狼"获取住房市场暴利的重要工具。对于这样一种存在严重的利益扭曲的住房金融制度，2004 年中国人民银行提议取消这种住房预售制度，但遭到房地产开发商激烈的反对，从而使中国人民银行住房预售制度的建议完全消失。

特别重要的是，对于住房个人住房按揭管理规则的差异性更是形似神不似。中国个人住房按揭贷款尽管是 1997 年中国人民银行颁布了《个人住房担保贷款管理试行办法》开始启动，但中国住房消费信贷真正开始是在 1998 年央行公布的《个人住房贷款管理办法》（银发〔1998〕190 号）后。该文件启动了个人住房贷款消费信贷，但该文件规定，个人住房贷款业务只限个人购买普遍商品住房及城市居民住房修建之费用，而不得用于购买豪华住房；其申请贷款只要身份证、个人收入证明及购买合同书即可；贷款利率减档优惠（贷款期限 1 年以下的执行半年以下期限利率），期限 10 年期以上的贷款在法定贷款利率基础上可适当上浮，但上浮幅度不得超过 5%。从该文件的规定来看，由于中国住房消费信贷刚启动，尽管没有采取差异化的政策，但是对住房消费信贷有严格的限制。一是对购买住房产品的限制，其贷款只能购买普遍商品房，不得购买豪华型住房；二是贷款利率的优惠条件十分有限，甚至对 10 年期以上住房按揭贷款，不仅没有实行优惠利率，而其利率是采取上浮的方式。当然，住房按揭贷款是低准入的。可以说，当去除以上两条限制，住房信贷政策的无差别化及按揭贷款准入低门槛可以作为以后住房信贷政策的蓝本。

2003 年的 121 号文件〔又为《中国人民银行关于进一步加强房地产信贷业务管理的通知》（银发〔2003〕121 号）〕开始采取个人住房信贷差异化的政策，但主要表现为个人申请住房按揭贷款第一套住房及第二套以上住房的差异上。比如，第一套住房贷款首付比例为 20%，而第二套住房贷款首付要求适度提高。第一套住房贷款利率有适当优惠，但第二套以上住房贷款则不能享受利率优惠。但是，由于当时的环境与条件，121 号文件被 18 号文件所打压，其规定并没有执行。对于住房按揭贷款市场准入，则沿用以前的低门槛的规定。也是从 2003 年开始，各地利用住房按揭对住房进行炒作。在此期间，不仅温州炒房团遍布全国，而且上海、深圳等炒房之风四起。2004 年上海就有一个叫姚达康的人从银行贷款 7800 万元，购买住房 124 套。可见，当时的房地产投机炒作之疯狂。

其后就出现了 2005 年的房地产宏观调控的"国八条"，2006 年的"国六条"。后一个文件提出了有区别地适度调整住房消费信贷政策，即住房信贷政策差别化。比如对 90 平方米以上住房个人按揭贷款首付比例上升到不得低于 30% 等。但是其个人住房按揭贷款市场准入仍然是低门槛，其个人住房按揭信贷差别化政策调整也十分有限（比如利率没有差别化），特别是没有严格区分住房投机炒作与住房消费。因此，这些信贷政策不仅没有起到有效遏制住房投机炒作的作用；反之，则成为鼓动各地住房投机炒作的冲锋号。两年的房地产宏观调控使全国的住房价格水平越调越高。直到 2007 年中国人民银行出台 359 号文件与 452 号文件才有所改进。

359 号文件及 452 号文件提出了严格消费贷款管理及严格商业购买贷款管理的规定。在该文件中，规定了购买第一套住房贷款首付比例不得低于 30%（90 平方米以下不得低于 20%），贷款利率基准利率下浮10%；而购买第二套以上住房的申请贷款其首付不得低于 40%，贷款利率不得低于同期同档次基准利率的 1.1 倍，而且贷款首付比例和利率水平随套数增加而大幅提高，但借款人偿还住房贷款的月支出不得高于其月收入的 50%。而 452 号文件对第一套、第二套住房进行了清楚的界定。可以说，359 号差别化的住房按揭贷款信贷政策公布之后，从 2007 年 10 月开始，国内房地产市场开始出现大逆转，房地产的投机炒作得到一定程度的抑制。从而也让国人看到差别化的住房按揭贷款信贷政策所起到的作用。

不过，我们也应该看到，即使是 359 号文件，与发达国家相应制度规定也相差很远（发达国家的住房按揭制度都会出现问题，如果中国不调整问题会更大）。比方说，当时 359 号文件的住房按揭政策仍然是目前世界最为宽松的住房按揭政策。第一，在大多数国家，个人住房按揭贷款每个月还款的比重不会超过家庭月可支配收入的 28%—35%，但是我国则可以达到 50%。如果收入证明不真实，那么会存在更多的问题；第二，在大多数国家，个人住房按揭贷款的市场准入需要用四个文件来证明其收入真实性。比如个人银行对账单、个人所得税税单、个人银行信用记录及个人公司证明。但是，目前在中国只要个人公司收入证明，而且这种收入证明可以在律师事务所开出。可以说，中国的个人收入证明的真实性与其他市场经济国家相差十万八千里。特别是，在中国信用观念不足的条件下，这种个人收入证明的真实性更是可信度低。正因为个人按揭贷款市场准入门槛低，从而使只要购买住房很少有不能从银行获得贷款的。这些自然为制造住房泡沫创造了条件。更为严重的是，这种存在严重缺陷的差别化个人住房按揭贷信贷政策却被 2008 年 9 月突然而来的美国金融危机所打断。2008 年国务院的 131 号文件及中国人民银行的 302 号文件出台则弱化了个人住房按揭贷款的差别化，让房地产投机炒作与消费的界限模糊。

按照这两个文件规定，商业性个人住房贷款利率的下限扩大为贷款基准利率的 0.7 倍；贷款最低首付比例调整为 20%；而且居民第一套住房购买及改善住房购买都可享受此优惠条件。对于非自住房、非普遍住房的贷款条件，金融机构只是适当地予以提高。可以说，这两项房地产信贷政策用一个改善性住房的概念把个人住房按揭贷款的信贷政策差别化完全模糊，让房地产投资与消费混为一谈，而且把个人住房信贷的成本绝对降低、信贷杠杆率大幅度提高，加上过低的个人住房信贷准入门槛，这就为 2009 年房地产价格快速飙升、房地产泡沫吹大创造了绝无仅有的条件。可以说，2009 年中国住房价格突然飙升泡沫四起，就是与这种住房按揭贷款信贷政策有关。

根据清华大学蔡继明教授的研究，中国城市人口每年增长 1100 万—1300 万人，如果城市新增人口与新增住宅保持一致，按每个家庭 3 人、每人配套 30 平方米住房计算（已经达到改善性要求），每年新增住房 3.9 亿平方米就可满足需要，而 2006—2008 年三年全国共销售商品住宅 17.95 亿平方米，平均每年 5.98 亿平方米，实际销售面积比人口增长所需面积高出 2.08 亿平方米！即使考虑到旧房拆迁或者报废、人口自然死亡后遗留给子女的住宅、少量自建住宅、单位建造的非商品住宅以及政策性住宅等因素相互抵消，至少还有 2 亿平方米的商品住宅不属于一户一宅的用途，如果把每户第二套及第二套以上的商品房视为投资性房产，在过去几年间，投资性房产占商品住宅总销售面积的 33.4%，超过了 1/3。而 2009 年的情况应更严重，2009 年住房销售面积达 8.53 亿平方米！可见，国内房地产泡沫吹大，完全是不当的个人住房按揭贷款政策导致的。

2009 年个人经营性贷款达到 24600 亿元，2010 年上半年达到 17200 亿元。该贷款是 2008 年的 4 倍多。尽管这些贷款并非全部是住房按揭贷款，但是我估计，这些贷款绝大多数都会通过正规或不正规的渠道进入房地产。比如，中国人民银行最近公布的一季度调查报告表示，北京市投资性居民占比创近两年的新高达到了23.1%，而41.58%的买房民众纷纷推迟购房计划，一年内的购房意愿环比下降近5个百分点。而这只是一般性调查数据，实际情况是投资性购买比例比这还高。如果加上住房投资与住房消费混合一起的比例，住房投资比例会更高。（有人估计2009年国内一线城市投资性购买住房的比例估计会超过50%！）当国内房地产市场完全是一个投资为主导的市场，房价岂能不快速飙升？房地产泡沫岂能不吹大？而这种吹大的房地产岂能不影响到国家的金融安全及国家经济协调的稳定发展？在这种背景下，2010年4月国务院又出台了"国十条"[《国务院关于坚决遏制部分城市房价过快上涨的通知》（国发〔2010〕10号）]，从而把差别化的个人住房信贷政策重新赋予了新含义。

10.4 "国十条"差别化住房信贷政策的意蕴

可以说，2009年的房地产市场价格快速上升及泡沫四起就是过度优惠的个人住房信贷政策及过度优惠的税收政策所导致的结果。因此，如何"去住宅信贷市场的过度优惠政策"，实行严格的差别化住房信贷政策应该是这次"国十条"的重点所在。而且也看到，当4月这种"去过度优惠信贷政策"执行时，国内绝大多数城市的住房销售量立即下降，无论是一线城市还是二三线城市都是如此。从此也能够看到2009年过度优惠的住房信贷政策对国内房地产市场发展所造成的严重的负面影响。可以说，如果没有131号文件和302号文件过度优惠的房地产信贷政策，也就不可能吹大2009年的房地产泡沫，也不会导致近年来国内不少房地产市场发展的大起大落。也就是说，"国十条"中实行更为严格的差别化住房信贷政策最为根本或最为核心的就是要"去过度优惠的信贷政策"，就是对住房市场投机炒作与消费进行严格区分，就是对不同的住房购买者进行严格的信贷风险定价，就是让国内住房按揭贷款信贷政策回归到常态。

不过，就市场对"国十条""严格的差别化信贷政策"的理解来看，主要放在以下几个方面。一是界定为第二套以上住房的首付比例上升到不低于50%，按揭贷款利率为基准利率1.1倍以上，用此来区分住房的投资与消费；二是严格限制一些房价上涨过快城市的第三套以上住房的按揭贷款（最近政策又推进为严格禁止全国房地产市场第三套以上的住房按揭贷款）；三是严格限制第三套以上住房的异地贷款；四是让非常时期的非常政策回归到常态（比如，提高第一套住房贷款首付比例不少于30%）。不过，从这些信贷政策执行情况来看，这些政策主要针对的是想要进入者，而不是全部。但是，"国十条"这种严格的差别化信贷政策核心适用范围并非如此狭小，而是要让这种过度优惠信贷政策走出非常时期的阴影回归常态，而不仅仅是上面市场上所理解的几点内容。

在本文看来，"国十条"的严格的差别化信贷政策回归常态应该包括以下几个方面的内容。一是个人住房按贷款利率基本上要是采取商业化的原则，而不是由政府采取强制性的方式让商业银行的利率在什么水平。302号文件就是在当时贷款下降了216个基点的情况下，要求对自住性及改善性住房采取七折优惠利率，这种以政府强制性的方式让住房按揭贷款利率降低到中国历史以来的最低水平，杠杆率极高，甚至出现过"存贷利率"倒挂的现象（从中可以看出当时政府出台政策考虑不足），这些信贷政策给2009年房地产市场带来了严重的负面影响（把房地产泡沫吹大）是不可低估的。因此，当这种非常时期过后，就得取消七折优惠利率及过度杠杆率，否则会继续催大房地产泡沫。因此，让严格的差别化信贷政策回归到常态或回到2008年9月以前的住房信贷利率水平，就是要全面取消政府强制性七折优惠利率及住房按揭贷款过高杠杆率，并对住房投资与消费进行严格区分。所以，当前要求第一套住房按揭贷款首付提高不得低于30%，及在全国限制第三套以上的住房贷款，已经是再让差别化的信贷政策回归常态，但还不够，还得取消第一套住房贷款七折优惠利率也是"国十条"内差别化住房信贷政策题中应有之义，而不是什么最严厉的房贷政策。

二是要严格差异化个人住房信贷政策回归常态，不仅在于对将要进入者有效用，对将要进入房地产市场的信贷者执行该政策，而且对已经进入者都得执行该政策。比如，按照个人贷款按揭贷款合同（固定利率的利率合同除外），其贷款利率是浮动的，即其利率是一年一议的。比方说，302号文件出台后，不是只对要进入者执行新的信贷政策，而对先进入者都采取过度优惠的信贷利率。因此，国内各商业银行应该根据"国十条"的精神，尽快对已经进入者，无论是购买第一套住房者还是购买第二套以上的住房者，制定新的信贷政策实施方案，以便到12月底及2011年初保证"国十条"的差异化的信贷政策能够认真落实到整个国内住房信贷各市场（尤其是存量房市场）。有些商业银行或许会对此政策落实产生顾虑，怕这样做把住宅贷款客户赶走。其实，商业银行根本不需要有此顾虑，因为其一，这是"国十条"的基本精神，让住房按揭贷款信贷政策回归常态，同时监管部门也得促使其认真落实执行；其二，已经进入者早就套在其中（特别是购买第二套以上住房的投资者），如果这些投资者想离开原有的贷款银行，他们将面临的成本更高风险更大的潜在风险（比如首付比例更高）。在这种情况下，这些投资者是不会轻易地选择新银行的；其三，考虑合同的官司问题，商业银行只要仔细研究一下其贷款合同，利率调整尽在其合同中。而利率调整则是"国十条"差别化住房信贷政策最为核心部分。

三是严格的差别化信贷政策回归常态，还表现为借此政策完善对个人住房按揭贷款政策以下几个方面的调控。第一方面，就是严格个人按揭贷款市场准入，不仅要面试、面签等，更重要的是要求个人贷款者提供有效的信贷证明，商业银行要根据个人不同的信用实行差别化利率定价或风险定价，而不是在同一层面的贷款利率无差异。比如，尽管"国十条"的信贷政策对住房购买的投机与消费作了严格的区分，但没有明确说明商业银行对不同的信用的个人采取差异化的利率定价机制。比如，在美国，其按揭贷款利率，即使都是作为消费，但是其信用不同，利率水平差异就不同（一般加权平均相差4%）。第二方面，就是商业银行实行的利率信用风险定价。这既可减小商业银行信贷风险，也可减小房地产泡沫吹大。而商业银行的信用风险定价，就是针对每一个住房购买者，无论是购买第一套住房还是购买第二套以上的住房，都得根据购买住房者的信用情况、还款能力等评估，实行不同的利率。在欧美各国，其住房信贷的借款人与银行签订的购买住房的利率都是不同的。即使是同一银行也是如此。这样，既可提高商业银行评估风险定价能力，也能阻止一些高风险的购买住房者进入房地产市场。第三方面，商业银行要全面审查住房贷款为优质资产的假定，从而减小由此导致国内银行的系统性风险。2009年个人住宅信贷快速增长，房地产泡沫吹大，国内商业银行的从业人员是其主力之一，监管部门对此要密切关注，并进行样本调查，掌握情况，制定对策。目前的"国十条"差别化的住房信贷政策之所以执行起来面临不少困难，估计与国内商业银行的人员利用其优惠住房信贷过度有很大的关系。

要让国内房地产市场差别化的住房信贷政策回归常态，"国十条"包括的内容还有很多，政府还得进一步细化与深化。它将是一个十分漫长的过程。不过，中央政府不仅要给市场一个明确的态度，即中央政府对当前房地产宏观调控的决心，而且还得把其政策尽早落实与实施，对一些不执行中央政府政策的地方政府官员进行问责。如果能够这样，中央政府让国内房地产有一个市场预期，这是决定国内房地产市场未来发展的关键所在。

10.5　小结

可以说，国内的房地产市场之所以能够快速发展及繁荣，最为重要的是个人住房按揭信贷产品的创新。如果没有个人住房按揭贷款产品的创新，国内房地产的发展仍然只会停留在 20 世纪 90 年代末。而个人住房按揭贷款产品的创新又是一把"双刃剑"。它既可带来房地产市场巨大繁荣，也能够吹大房地产市场泡沫并引发金融危机及经济危机。如何把握这把"双刃剑"，住房的信贷政策就十分重要了。

我们可以看出，中国的房地产信贷政策也如房地产市场一样经历了一种快速发展快速演进的过程。在这种房地产金融政策的演进过程中，差别化的个人住房信贷政策变化对房地产市场发展与繁荣起到了决定性的作用。而这个政策的核心就是如何把房地产的投机炒作与消费进行严格界定与区分，就是如何坚决遏制房地产投机炒作，让房地产市场成了一个消费为主导的市场。什么时候该政策把握了这个核心，那么这个时候房地产市场就能够得到健康的发展，什么时候该政策偏离了这个核心，那么这个时候房地产市场就容易问题重重，甚至影响国家金融安全及国家经济协调发展。不过，差别化的住房信贷政策确立与完善又是建立在国内房地产金融体系及中国金融体系全面改革与完善的基础上的。

因此，在本文看来，要围绕住房发展的目标，研究建立与中国住房制度相适应、符合中国国情的住房金融制度体系，比如"国十条"把投资与消费区分，就得建立起商业性与政策性两者并行的住房金融体系。这样既可以商业化的方式支持住房市场发展，又能顾及中低收入者等特定人群的住房金融问题。比如，要通过对现行的住房金融体系改革建立起"市场为主导、监管有度、一二级市场联动、风险共担"的住房金融体系。

其次，改革与重新确立中国新的住房金融市场。新的住房金融市场力求建立起多层次的市场，利用不同的融资方式、不同的金融产品、不同的金融市场，来满足多层次住房融资需求。对于住房开发融资可以依据住房的不同性质采取差异化的住房信贷政策。但先要取消或改革现行的住房预售制度。通过这种差异化的金融政策鼓励房地产开发商进入保障性等政策性住房建设、鼓励房地产开发商围绕着住房发展的目标进行产品结构的调整。这样，通过差异化的金融政策不仅能够促进房地产开发商实现政府住房发展的目标，而且可促进住房地产市场实现产业结构的调整及行业运作效率的提高。

同时，通过住房信贷消费政策来引导居民住房购买的理性、居民住房需求有序地释放，防止居民住房购买力在短期内集中释放并对未来形成大量的透支，保护与鼓励居民的正常住房消费需求，严厉遏制住房投机需求与住房炒作。为了达到上述目标，对于住房消费信贷的产品，也要采取严格差异性的住房信贷政策，形成适应不同年龄、不同收入水平、特定职业、不同产品功能等群体贷款人需要的住房按揭产品系列。当前国内住房按揭市场利率单一、利率无差异性、银行不对借款人进行有效的风险定价等不仅是不少投机炒作者利用银行金融杠杆炒作住房的制度根源，也是国内银行体系潜在风险的根源。而美国的住房按揭贷款，不仅其利率期限结构、利率品种多，而且对不同贷款人进行差异性的风险定价，越是风险高者，其贷款利率则越高。[1] 当然，当前国内的差别化住房信贷政策最为重要的是让住房信贷政策回归到常态，而不是一直处于非常时期的非常政策范围内。采取适当的信贷补助政策，帮助一些特定低收入居民能够进入相适应的住房市场。完善现行的二手房市场融资体

---

[1] 一般来说，次级信用的客户比优级信用的客户，其按揭贷款利率要高4%以上，但是在中国其利率水平是一样的，无差异性。

系，这其中包括优惠的住房购买及租赁金融支持政策等。

最后，加快建立现行住房贷款风险分担制度，有针对性地对风险高的制度安排进行全面改革。同时，要建立住房金融市场风险的监测与防范系统。加强住房金融市场信息搜集、整理、研究与分析，并给市场提供更多透明公开的相关信息知识等。

可见，要改革与完善差别化的住房信贷政策就得全面改革与完善当前中国的住房体系，其中包括住房金融体系的确立、住房金融价格机制理顺及住房金融产品差异化的定价、住房金融补助政策及住房金融监管体系等。要保证住房市场健康持续发展，就得对中国现行的住房金融政策进行全面的调整与改革，以此建立起一套符合中国国情的住房金融支持体系。要加大住房金融市场立法的力度，通过法律的方式来界定住房金融市场的功能及利益关系，而不是让住房金融市场成为少数人谋利的工具。

11 中国房地产市场改革开放 40 年的金融分析[①]

11.1 前言

对于现代房地产市场来说，金融是最为核心的概念。无论是对住房的供给方来说，还是对住房的需求方来说，金融都起到了绝对重要的作用。或者说，如果没有好的或合适的金融工具及金融市场，房地产市场要得到发展与繁荣是不可能的事情。因为，对于住房供给方来说，房地产业不仅是一个完全资金密集型的产业，而且房地产业所使用的住房预售制度更增加了对金融的依赖性。对于住房需求方来说，由于住房不仅是一种总价过高的耐用消费品，没有好的金融工具及金融市场，绝大多数住房消费者是没有支付能力进入这个市场的，而且对住房投资者来说，更是完全依赖于有效的金融工具与金融市场。所以，从金融角度来观察中国房地产市场的改革开放 40 年，更能够把握到中国房地产市场改革 40 年的实质，发展的动力、繁荣的根源，同样也更能够检讨国内房地产市场所面临的风险，以及更好地探寻中国房地产市场未来持续稳定发展的路径。

11.2 中国房地产市场改革开放 40 年所取得的成就

可以说，中国经济改革开放 40 年所取得的成就，很大程度上与房地产市场发展与繁荣有关。中国房地产市场发展不仅是促进中国经济增长的最

---

① 该文章发表在《学术前沿》2018 年第 9 期。

大动力，也是中国经济总量跳跃式增长的关键因素。40 年来，中国经济增长每迈向一个重要台阶都与房地产市场发展与繁荣有关。中国房地产市场发展又与金融工具创新或住房按揭贷款的推出有关。可以说，住房按揭贷款是中国房地产市场得以发展的动力与源泉，也是中国经济取得巨大成绩的源泉。所以，本文把中国经济增长模型归纳为金融工具创新拉动型。

在此，我们先假定没有金融工具创新或没有住房按揭贷款，中国的经济及房地产市场会如何发展。假定有一个年轻人大学毕业之后在城市工作①，他工作 6 年积蓄了 10 万元。这时，他已经结婚，也生了孩子，特别想购买一套他们家所需要的住房。而当时这套住房的售价在 100 万元。如果没有住房按揭贷款，这个年轻人的住房需求只是潜在的，10 万元根本无法购买到这套 100 万元的住房。市场上 100 万元的住房需求也无法现实。所谓的"刚性需求"也只是潜在的或一句空话，根本无法用市场交易价格得以实现。因为，这个家庭可与市场交易的需求也只能限定在 10 万元以内。

但是有了住房按揭贷款，房地产市场的住房需求就发生了翻天覆地的变化。假定住房按揭贷款的首付比例为 10%，这时，这个年轻人用 10 万元作为住房首付购买了这套 100 万元的住房。而这个年轻人以 30 年的按揭贷款向银行贷款 90 万元。这个年轻人向银行做按照贷款并非把住房按揭给银行，而是把这个年轻人未来 30 年的收入流按揭给银行。这样，这个年轻人就能够把他未来的收入流用于现在消费了。或有了住房按揭贷款，这个家庭的住房需求立即由 10 万元放大到 100 万元，住房需求立即放大到了 10 倍或增加 9 倍。在市场经济条件下，只要市场需求出现，市场的供应马上会增加，更不用说住房预售制度对住房供给增加起到了添砖加瓦的作用。

同时，由于当时的住房按揭贷款制度还没有完善，由于住房是一种两栖商品，既可投资也可消费，所以当这个年轻人看到这个机会时，把这套住房又以抵押贷款的方式向银行贷款 60 万元，并以上面同样的方式再购买 6 套住房。这时，这个年轻人的住房需求一共增加到 700 万元，住房债权为 700 万元，债务为 690 万元。整个社会的住房需求由 10 万元放大 700 万元，增加了 69 倍。由于住房既是消费品也是投资品，如果住房

---

① 该模型的数据是假定的数据，为了便于计算较为简约，并非真实市场的数据。

的价格上涨 1 倍，这个年轻人的住房债权就上升到 1400 万元。其住房需求也就由 10 万元上升至 1400 万元，整个社会的住房需求增加了 139 倍。如果这些住房价格上涨 5 倍，这个年轻人的住房债权就上升到 3500 万元，其住房需求由 10 万元也就上升至 3500 万元，增加了 349 倍。这只是一个假定的模型，实际情况可能比这样扩张速度还要快、还要夸张。中国的房地产市场就是在这样一个以住房按揭贷款增长条件下发展与繁荣起来的，并以此带动了土地市场金融工具的创新，城市化的快速扩张及居民财富的快速增长，并由此全面带动了近 20 年来整个中国经济的快速增长。

比如，从中国 GDP 增长情况来看，1978 年中国 GDP 只有 1495 亿美元，到 2017 年达到了 12.25 万亿美元，是 1978 年 GDP 的 81.9 倍，年均 GDP 增量高达 3103 亿美元，接近以色列 2017 年的 GDP 总量。其中，从 1978 年的 1495 亿美元到 1998 年首次突破 1 万亿美元用了近 20 年的时间，由 1998 年的 1 万亿美元突破到 2009 年的 5 万亿美元花了 11 年时间，到 2014 年突破 10 万亿美元只用了 5 年时间①。中国 GDP 占全世界总量的比重由 1978 年的 1.8% 上升到 2010 年超过 10%，及 2017 年已经达到 15% 以上。从 2010 年开始，中国成了世界第二大经济体。

当然上面有汇率的因素。如果以人民币当年价格来计算，1978 年中国的 GDP 为 3678 亿元，1985 年突破了 1 万亿元，花了 7 年时间；1998 年达到了 8.5 万亿元，2000 年突破了 10 万亿元，由 1 万亿元到 10 万亿元花了 15 年时间；2006 年突破了 22 万亿元，花了 6 年时间；2008 年突破了 32 万亿元，花了 2 年时间；2013 年接近 60 万亿元，比 2008 年增加近 1 倍，只花了 5 年时间；2017 年中国 GDP 达到 82.7 万亿元，相当于 1978 年的 225 倍。1978—1997 年间的 GDP 总量为 463876 亿元；1998—2002 年 GDP 总量达 508619 亿元，5 年的经济总量比前 20 年还要多；2003—2012 年中国 GDP 总量达 3087543 万亿元，是前 5 年的 6 倍多；2013—2017 年中国 GDP 达到 3499484 亿元，5 年的总量远大于前 10 年的总量，5 年的 GDP 总量是改革开放后前 20 年的 7.5 倍。可见，中国 GDP 经济快速增长主要表现在 1998 年住房制度改革、住房按揭贷款起用之后，特别是在 2003 年房地产市场快速发展之后，这个时期，其经济总量出现加速

---

① 这几个时间节点都与中国房地产市场发展有关。

度的增长。

可以说，中国房地产市场最大的成就是让国内居民住房条件得到很大的改善。1949 年中国城市居民人均住房面积 4.5 平方米，1978 年下降到 3.3 平方米（李斌，2009）。但是 1998 年房地产市场出现之后，这种局面完全改变。2016 年 7 月 6 日，国家统计局在官网发布了一篇文章称，2016 年全国居民人均住房建筑面积为 40.8 平方米，为 1978 年的 13 倍。从城乡来看，2016 年城镇居民人均住房建筑面积为 36.6 平方米，农村居民人均住房建筑面积为 45.8 平方米（王擎宇，2017）。1998 年之前，国内商品房价销售面积都在 1 亿平方米以下，1998 年达到 12185 万平方米，而在 2017 年则达到 169407 万平方米，2017 年是 1998 年的 14 倍。1998—2017 年商品房销售总面积达到 1431935 万平方米，如果每套按 90 平方米计算，每个家庭为 3 口之家，那么这期间销售的住房可达到 15910 万套住房，可以满足近 5 亿人口居住。

而中国房地产市场发展，也全面加快了中国城市化的进程。改革开放以来，中国的城市化率由 1978 年的 17.95% 上升到 2017 年的 55.8%。40 年上升了 40% 以上，而同期世界的城市率由 38.5% 上升到目前的 54.3%，其升幅只有 15.8%。当然，中国城市化率的快速上升主要是发生在 1998 年之后的事情，特别是近 10 年。而中国城市化率的快速上升，不仅让中国大量的现代化城市崛起，尤其是东部沿海地区，而且也让大量的农村居民进入城市，增加了他们的就业机会及全面提升了他们的生活水平。

而中国房地产市场繁荣及城市化速度加速，也促使了中国产业结构全面调整。改革开放的 40 年，中国产业结构正在以市场化的方式全面调整。从三大产业来看，1978 年第一产业（或农林渔牧业）、第二产业（工业与建筑业）、第三产业（服务业）占 GDP 的比重分别是 24.6%、47.7%、27.7%，到 2017 年三大产业占 GDP 比重分别变化为 7.9%、40.5%、51.6%。即第一产业占 GDP 的比重快速下降，而第三产业或服务业占 GDP 的比重全面上升。而中国产业结构的调整或产业升级，将全面增加中国经济增长的活力及提升经济增长的效率。因为，这不仅在于房地产业本身是归纳在第三产业范围内，而且房地产业对其他 40 多个产业具有巨大的前向拉动及后向拉动的作用，由此促进这些关联产业的发展与繁荣，促进国内整体经济的快速增长。

　　而房地产市场发展的最大动力是金融工具的创新或住房按揭贷款推出，所以货币增长及信贷增长也十分明显。从 M2（广义货币）增长的情况来看，1949—2008 年 M2（广义货币）增量为 47.5 万亿元，2009—2012 年达到 50 万亿元，2013—2017 年达到 70 万亿元。从银行信贷增长情况来看，1978 年银行新增信贷总额为 191 亿元，1998 年为 11490 亿元，到 2017 年银行信贷总额为 13.84 万亿元。1998 年是 1978 年的 60 倍，2017 年的信贷规模分别是 1978 年和 1998 年的 725 倍和 12 倍。也就是说，从 1998 年开始，住房按揭贷款进入居民的视野后，中国信贷规模及融资规模出现加速度的增长，随之房地产销售及 GDP 的总量也出现加速度的增长，中国城市化的进程全面加快，特别是在 2003 年之后。比如，社会融资规模余额 2002 年底为 14.9 万亿元，2017 年底为 174.64 万亿元，增幅为 11.7 倍。

　　房地产市场的发展与繁荣推动了国内居民财富的增加、人口结构的全面的转型。瑞信研究院（Credit Suisse Research Institute）提交的 2017 年《全球财富报告》数据显示[①]，中国财富总值位居全球第二，达 29 万亿美元，落后于美国的 93.6 万亿美元，但超过日本的 23.6 万亿美元。估计这对国内居民财富持有会低估。《中国家庭金融调查报告》（2012）指出，中国居民自有住房拥有率为 89.68%。城市家庭自有住房拥有率为 85.39%，农村家庭拥有自有住房率为 92.60%。高于世界平均住房拥有率 63%，也高于美国的 65% 和日本的 60%。中国城市家庭均财富 157 万元，其中住房财富占 146 万元（也有估算中国住房估值达到 430 万亿元），住房占财富的比重达 93%。估计这仅是 2016 年之前的数据，随着这一轮各城市房价上涨，国内城市居民的财富估计有可能增长一倍以上，住房财富占整个财富的比重会更高。也正是城市居民财富快速增长，中国一个巨大的中产阶层正在形成。而中国的中产阶层出现是新时代的一个重要特征。可以说，这也是十几年来国内房地产市场发展与繁荣的重大成果。

---

　　① 众通微银：《全球个人财富排名出炉：中国家庭财富规模全球第二》，《21 世纪经济报道》2018 年 10 月 23 日，http://www.sohu.com/a/270822131_99921697，2018 年 12 月 30 日最后访问。

11.3 房地产市场改革开放 40 年走过的历程

如果以住房按揭贷款这个金融产品为主线，那么中国房地产市场改革开放 40 年可以分为以下几个阶段。1978—1997 年为中国房地产市场的启蒙时期；1998—2002 年为房地产市场的试运行时期；2003—2008 年为房地产市场快速发展与增长时期；2009 年至今是中国房地产市场空前繁荣时期。

一般来说，在 1987 年之前，由于中国土地公有制模式，土地不可交易，中国根本就不存在商品房市场，也不存在房地产市场的信贷问题。1987 年 8 月《关于加强商品房屋建设计划管理的拆迁暂行规定》颁布，才有深圳第一块土地拍卖，才揭开了中国房地产市场化的序幕。但直到 1997 年房地产信贷只是启蒙阶段，银行向个人发放购房贷款很少，而且贷款条件严格、贷款利率高。

直到 1998 年中国人民银行出台了《关于加大住房信贷投入，支持住房建设与消费的通知》及随后中国人民银行颁布了《个人住房贷款管理办法》（银发〔1998〕190 号）则正式拉开了向居民发放住房按揭贷款的序幕。该文件规定，个人住房贷款业务只限个人购买普遍商品住房及城市居民住房修建的费用，而不得用于购买豪华住房；其申请贷款只要身份证、个人收入证明及购买合同书即可；贷款利率减档优惠（贷款期限 1 年以下的执行半年以下期限利率），期限 10 年期以上的贷款在法定贷款利率基础上可适当上浮，但上浮幅度不得超过 5%。从该文件的规定来看，由于中国住房按揭贷款处于启动阶段，对居民借银行的按揭贷款有一定的限制。一是对购买住房产品的限制，其贷款只能购买普遍商品房，不得购买豪华型住房；二是贷款利率的优惠条件十分有限，甚至于对 10 年期以上住房按揭贷款，不仅没有实行优惠利率，而其利率是采取上浮的方式。所以，尽管允许居民借住房按揭贷款，居民购买住房受支付能力约束有较大的突破，但居民做按揭贷款优惠小、利率高，所以按揭贷款增长不是太快，但商品房销售额的增长从 1998 年的 2513 亿元上升至 2002 年的 6032 亿元，增长幅度达 2.4 倍，成绩仍然巨大。

为了规范房地产信贷市场，2003 年的中国央行颁布了 121 号文件

[又称《中国人民银行关于进一步加强房地产信贷业务管理的通知》（银发〔2003〕121 号）]。该文件的核心强调的是个人住房信贷差异化的政策，比如，第一套住房贷款首付比例为 20%，而第二套住房贷款首付要求适度提高。第一套住房贷款利率有适当优惠，但第二套以上住房贷款则不能享受利率优惠。但是，由于当时的环境与条件，121 号文件被国务院的 18 号文件（《关于促进房地产市场持续健康发展的通知》）所打压，121 号文件规定并没有执行。在 18 号文件中，首次在国家层面上提出"房地产业已成为国民经济的支柱产业"，住房按揭贷款市场准入沿用了以前的低门槛规定。也就是说，从 2003 年开始，各地掀起了居民利用住房按揭贷款进行住房投资炒作潮。在此期间，不仅温州炒房团遍布全国，而且上海、深圳等炒房之风四起。在此期间（2003—2008 年），人民币贷款增加 19 万亿元，从 2003 年的 27652 亿元上升到 2008 年的 49041 亿元，2008 年比 2003 年增加了 1.77 倍。此期间商品房的销售额达到 11.17 万亿元，从 2003 年的 7956 亿元上升到 2008 年的 25068 亿元，2008 年比 2003 年增长了 3.15 倍。

面对房地产市场快速增长及房地产泡沫泛起，2007 年中国人民银行出台的 359 号文件［《关于加强商业性房地产信贷管理的通行》（银发〔2007〕359 号）］，重申了 121 号文件的精神，并要求对第一套住房及第二套住房进行严格界定，并采取差别化的信贷政策。但是，这些政策被 2008 年 9 月突如其来的美国金融危机所打断。为了应对美国金融危机，当时国务院出台了"一揽子"经济刺激计划，中国人民银行也实施了大幅宽松的货币政策。比如，1 年期人民币贷款基准利率由 2008 年 9 月 16 日之前的 7.47% 一直下调到 2008 年 12 月 23 日的 5.31%。同时，国务院出台了 131 号文件［国务院办公厅《关于促进房地产市场健康发展的若干意见》（国办发〔2008〕131 号）］。该文件强调，落实和出台有关信贷政策措施，支持居民首次购买普通住房和改善型普遍自住房。在大幅宽松的货币政策引导下，不仅把一年期贷款基准利率降低到历史最低水平，而且要求商业银行对住房按揭贷款利率在基准利率的基础上可七折优惠。住房购买者不仅购买第一套住房居民可以享受这种优惠政策，而且购买第二套住房即所谓改善型住房购买者也可享受这种信贷优惠条件。

在这些过度宽松的货币政策的刺激下，无论是社会融资规模还是银行信贷都出现了快速增长。2009 年社会融资规模达到 13.91 万亿元，银行贷款达到 9.6 万亿元，比 2008 年社会融资规模 6.98 万亿元增长了 99.3%，比 2008 年银行信贷 4.90 万亿元增长了 89.8%。与此同时，房地产市场贷款也快速增长。2008 年新增房地产贷款仅为 1100 亿元，到 2009 年则迅速地增加到 23778 亿元，房地产贷款占整个贷款的比重也上升到 24.69%。由于大量的资金涌入房地产市场，房地产的销售面积及销售金额也出现了快速飙升。2009 年住房销售面积达到 9.5 亿平方米，住房销售金额达到了 4.4 万亿元，分别比 2008 年增长了（2008 年住房销售面积为 6.6 亿平方米和住房销售金额为 2.5 万亿元）45.5% 和 76%。也正是因为中国人民银行货币政策的过度宽松，从 2009 年开始，国内房地产市场进入了一个快速增长及高度繁荣时期。2009—2015 年房地产销售面积达到了近 80 亿平方米（如果每套住房以 90 平方米计算，这个时期生产的住房达 9000 万套），住房销售金额达 40 万亿元以上。而这成了全面拉动中国经济增长的主要动力。

2015 年，中国人民银行的货币政策进一步宽松，进行 5 次下调整贷款利率，让银行一年期贷款基准利率由 5.60% 下降到当年 10 月 23 日的 4.35%，即国内银行贷款利率下降到 1978 年改革开放以来最低水平。而且更为重要的是中国人民银行与银监会颁布了《关于进一步做好住房金融服务工作的通知》，该文件强调，对于贷款购买首套普通自住房的家庭，贷款最低首付款比例为 30%，贷款利率下限为贷款基准利率的 0.7 倍。对拥有 1 套住房并已结清相应购房贷款的家庭，再次申请贷款购买普通商品住房，执行首套房贷款政策。银行可向符合政策条件的非本地居民发放住房按揭贷款。也正是这个文件，又掀起了国内房地产市场高度的繁荣热潮。2016 年银行贷款达到 12.44 万亿元，住房销售金额达 11.76 万亿元，住房销售面积达 15.73 亿平方米，三者分别比 2015 年增长了 10.3%、34.7%、22.4%，都创历史最高水平。到了 2017 年和 2018 年这几个数据还在创历史最高水平。

从上述分析可以看出，中国房地产市场改革开放 40 年，其发展与繁荣完全取决于金融政策的创新，取决于住房按揭贷款的市场准入标准、优惠条件及整个信贷利率水平，由于中国人民银行不断地降低住房按揭贷款市场准入条件，不断地把贷款利率降低到历史最低水平，不断地扩大享受按揭贷款优惠，这不仅会降低居民购买住房成本，刺激更多的居民涌向房地产市场，而且会不断强化房地产市场价格上涨预期，从而导致国内房地产市场高度繁荣及风险剧增这种两难困境。可以说，这也是当前国内房地产市场的现状及所面临的问题。

11.4　房地产市场的现状及所面临的问题

2015 年以来的房地产市场繁荣同样是以信贷过度扩张来推动。2016—2017 年社会融资规模和人民币贷款分别增加了 37.26 万亿元和 25.97 万亿元，增幅都达 13% 以上。到 2017 年年末，全国主要金融机构房地产贷款余额达到了 32.2 万亿元，同比增长 20.9%，房地产贷款余额占各项贷款余额的 26.8%。其中，个人住房按揭贷款余额为 21.9 万亿元，同比增长 22.2%。个人住房按揭贷款虽然比 2016 年末 34.7% 的增长速度下降了 14.5 个百分点，但仍然位于高速增长区间。[①] 由于国内居民大量地使用住房按揭贷款，2016—2017 年国内房地产市场出现了新一轮空前的繁荣。这两年的房地产市场繁荣不仅住房销售面积及住房销售金额增长上再创历史纪录，而且房地产市场上各城市的价格基本上出现新一轮的轮番上涨。从国家统计局公布的数据来看，以 2015 年末基数，全国 70 个大中城市几乎没有哪个城市房价不是快速上涨。只不过，这轮房价快速上涨先是从深圳、上海、北京等一线城市开始，然后蔓延到二线城市及三四线城市，全国各城市的房价出现了普遍上涨。由此，国内房地产市场的泡沫也迅速吹大，房地产市场的风险大增。对此，从 2016 年开始，地方政府不得不被要求出台一系列房地产调控政策来遏制房价上涨。但是这一轮的房地产市场调控也同以往一样，房地产市场调控政策出台得越多，住房价格上涨得越快（按照国家统计局的口径，全国平均房价由 2000 年的每平方米 1948 元上涨到 2016 年的 7203 元，上涨了 3.7 倍，但实际上并非这样。根据北京购买住房的经验，这段时间北京房价涨幅在 13 倍以上，其他城市房价上涨的幅度大于 13 倍的地方则更多），即房地产调控政策的效果十分有限。

---

① 《2017 年第四季度中国货币政策执行报告》，中国人民银行，2018 年 2 月 14 日，ht-tp：//www. pbc. gov. cn/goutongjiaoliu/113456/113469/3484662/index. html，2018 年 12 月 30 日最后访问。

可以说，中国房地产调控政策的效果，2016 年之前是这样，2016 年之后也是如此。因为，2016 年以来开始的新一轮房地产市场调控，其调控政策看上去是目标明确、调控对象精准、调控政策严厉，及行政性调控工具无所不用其极，但同样是全国各城市的房价越调控越上涨（按照官方的数据绝大多数城市的房价仍然在上涨），只是当前房价上涨数字在人为操控下，出现所谓的止涨和涨幅下降。但实际上这种房价上涨幅度下降或止涨，多数是地方政府人为操控的结果，而非这些城市的房价真正涨幅小了，因为地方政府人为操控房价比以往不同了，而且更是有经验了（比如，地方政府操纵房价的方式有：一是土地拍卖时限价，但结果导致住房销售摇号盛行；二是为了满足房价不上涨的统计，房地产管理部门会根据每天房价涨幅来确定购买住房的网签数量不能超过房价上涨幅度；三是新房交易强制性地要求签订阴阳合同等）。也就是说，如果没有地方政府这种对房价人为操纵，不少城市实际的房价上涨会比国家统计公布的数据要高得多。估计当前只有一线城市人为操纵房价的情况会好一点。

现在的问题是，当前地方政府出台的房地产市场调控政策越来越多，甚至各种行政性调控手段无所不用其极，比如限购、限价、限售、限商住、限贷、购买住房摇号等，但实际的调控效果并不理想，甚至朝反方向走。比如，2018 年以来各种抢房之风在全国各地突然吹起，海南计划建立自由贸易区，抢房之风立即刮起，海口当时一天的房价就要上涨几千元；而投资者听闻美国与朝鲜要进行谈判，丹东房地产市场立即炒作之风大起，房价同样在短期内翻番上涨；随后是 30 多个城市所谓出台人才引进政策，实际上是采取的房地产市场的饥饿营销，也让天津、西安、长沙等地的抢房之风同样疯狂刮起。中央政府职能部门只能约谈这些地方政府，反复重申房地产市场调控政策不动摇，但是中央政府职能部门即使是这样强调，各地不少城市的抢房炒作之风吹得更为激烈，各地许多城市的住房炒作之疯狂越来越严重。最近，不少城市的房价更是一个月就涨百分之几十。全国各地房地产市场的乱象四起。

也就是说，地方政府为何不采取市场的方式而是把房地产调控的行政手段用得淋漓尽致？为何党的十九大报告清楚规定"房子是用来住的、不是用来炒的"市场定位无法落实？因为，无论是党的十八届三中全会的文件，还是党的十九大报告，都强调经济运行的法则中以市场机制对资源配置起决定性的作用，减少政府对市场运行参与干预，但是当前地方政府出台的许多房地产调控政策，完全是要用行政手段来对抗市场，地方政府对房地产市场的干预无所不用其极，估计这正是当前房地产市场乱象丛生的根源。还有，党的十九大报告清清楚楚给中国的房地产市场定位就是"房子是用来住的、不是用来炒的"，住房市场就是消费品的市场而不是投资炒作的市场，房地产市场不是赚钱的工具，但是就目前国内不少城市这波疯狂抢房潮显然与中央政府的房地产市场定位相背离，根本不可能让住房回归到住房消费市场。因为，当前不少城市的房价炒作得如此之高，对于绝大多数住房消费者来说，根本就没有支付能力进入疯狂炒作的高房价市场。

那么地方政府为何采取对抗市场法则、不落实中央政府的房地产市场的定位，最为重要的原因就在于政府职能部门所出台的房地产市场把地方政府导向了严重的政策误区，或政府职能部门的政策目标可能存在问题，与党的十九大报告的精神有差距。比如，政府职能对当前房地产市场的政策解释是，既要遏制房价疯狂上涨，又要稳定房价；及强调对当前国内房地产市场的预期管理。对于对房地产市场的预期管理，这就意味着政府职能部门明确地告诉地方政府、房地产开发商及住房购买者，当前的中国房地产市场就是一个以投资为主导的市场。因为，只有投资市场，才会强调投资者的预期管理，而消费品市场所强调的是通过市场价格机制来调控市场供求关系。既然政府职能部门认可当前中国房地产市场是一个以投资炒作为主导的市场，那么国内住房投资者岂能不心知肚明？房地产市场只要有套利机会，它们肯定会涌入这个市场，许多城市的房价岂能不被炒作得疯狂？

在一个以投资炒作为主导的市场，政府的房地产市场调控目标要稳定价格，其意义是什么？实际上也是告诉房地产开发商及购买住房者，当前房地产市场的价格只能上涨而不能下跌，因为住房投资者预期是不可能把房价持续在不上涨也不下跌的水平上的，房地产市场价格永远是波动的。如果房地产市场的调控目标是要稳定房价，房价只能处于只涨不跌的预期上，那么这个市场的房价只会预期上涨。如果市场房价上涨预期一直在持续，那么购买住房者肯定会通过不同的方式涌入这个市场，房价也只能越来越高。可以说，这正是不少城市房价涨得越来越高，住房投资者不停地涌入市场的根本原因所在。

所以，对于当前国内房地产市场的调控，其目标就得以"房子是用来住的、不是用来炒的"这个市场定位为基准。这个基准的基本内涵就是要让中国的住房市场由以投资为主导的市场转变为以消费为主导的市场。要实现这种转变，就得用经济杠杆（比如税收政策及信贷政策）对住房的投资与消费进行严格区分，严格地遏制房地产市场投机炒作，去除住房投资的赚钱功能，让房地产市场的价格回归理性，而不是用各种行政性的调控政策。比如，用严厉的住房交易累进所得税及交易税、严格的信贷杠杆等政策，对购买的住房进行全面的事前、事中、事后的限制，这样才能真正把住房投机炒作者清除出市场。否则，地方政府的行政调控手段用得越多，中国房地产市场就会越混乱。

11.5　房地产市场的未来发展及路径

对于中国房地产市场的未来发展，2017 年中央经济工作会议有详细规定。可以说，这次中央经济会议定下了未来几年中国房地产政策的基调。这个基调不仅会引发 2018 年中国房地产市场出现重大调整，也将促使国内房地产市场出现重大转折。就当前房地产市场的政策而言，2017年中央经济工作会议对国内房地产市场的要求是，要加快建立多主体供应、多渠道保障、租购并举的住房制度。要发展住房租赁市场特别是长期租赁，保护租赁利益相关方合法权益，支持专业化、机构化住房租赁企业发展。完善促进房地产市场平稳健康发展的长效机制，保持房地产市场调控政策连续性和稳定性，分清中央和地方事权，实行差别化调控。

从上述关于房地产市场政策内容来看，基本上是党的十九大报告原则的延伸及具体化。党的十九大报告指出，坚持"房子是用来住的、不是用来炒的"的定位，加快建立多主体供给、多渠道保障、租购并举的住房制度，让全体人民住有所居。从党的十九大报告关于中国住房市场发展的精神或原则来看，包括三个方面的内容：一是给当前中国房地产市场重新定位，中国住房市场要回到它基本的居住功能，去除住房投资及赚钱的效应。这种对中国房地产市场的重新定位，肯定会对未来中国房地产市场产生巨大影响。因为，早几年中国房地产市场乱象丛生，问题的根源就在于把住房的消费功能及投资功能混淆了，最后中国房地产市场只能成为以投资炒作为主导的市场。二是为了让中国房地产市场回到居住功能，就得对国内现行的房地产市场制度进行重大改革。通过房地产市场新的制度安排来增加住房供给、增加保障性住房，及采取发展住房租赁市场及住房购买持有的租购并举住房制度，以便让国内居民在解决其基本的居住要求时有更多的选择。三是新的住房制度安排要求保证每一个居民居住权的天赋性。这是中国房地产市场发展的最终目的，离开了此目的，房地产市场的功能就会改变。

可以说，对于中国房地产市场未来的发展，中央经济工作会议定调基本上在以上原则的基础上全面展开及具体化，主要包括以下几个方面的内容。一是要对当前中国的住房制度及市场进行重大改革，建立起市场与保障、租赁与购买多层次的住房制度安排，让中国住房市场真正回到本源或居住功能。不过，要做到这点涉及国内房地产市场的许多重大问题要解决。比如，土地供应体系是否能够在现有的《城市土地管理法》基础上有所突破，让农民持有的土地也可以进入市场，而不是地方政府以土地财政的垄断性的方式交易；是否能够建立起全国性的土地基金，让国有土地收益及溢价为全体人民分享，而不是成为各个地区少数人的地方财政资源及私人财产，这是化解当前区域性严重不平衡、居民收入不平衡等问题的关键所在；是否建立起有效的住房财产税收制度，让地方政府从土地财政中退出。这既涉及房地产税收制度制定，也涉及财政制度改革，其中所面临的问题会非常多；是否能够通过房地产市场价格的调整，改变当前房地产市场的性质及利益格局。也就是说，如果当前房地产市场的高房价不调整，国内房地产市场是无法由目前以投资为主导的市场转变以消费为主导的市场的，也是无法让全体人民分享到中国几十年来的经济成果的，而是会让社会财富只聚积在少数持有较多住房的人手上等。而这些问题是当前中国房地产市场制度改革的关键所在。

比如，目前国内房地产税的征收问题，本来是一个十分简单的问题，国内对房地产税征收研究也已经十几年了，但就是无法推出。其实，就现代税收制度来说，房地产税是一种财产税。无论是个人还是企业持有的财产，征税都是天经地义的事情。因为，在现代国家，个人之所以持有财产，个人之所以持有的财产能够有价值，就在于国家提供了界定产权、保护产权等一系列的政府服务。如果没有这种政府服务，个人所持有财产是无法交易的，也是无价值的。特别是住房而言，政府不仅提供了界定产权的一系列服务，而且政府通过城市化进程及大量基础设施投入，让整个城市溢价，个人住房也在这种溢价的过程中价值上升。如果现代政府不提供这些服务，个人所持有住房是没有多少价值的，因为在产权界定不清时，他人随时可占有你持有的住房。同时，现代财产税还有调节市场收入分配的功能。因为无论消费流转税还是个人所得税，由于税制缺陷，偷税漏税不可避免。而这种偷税漏税很可能最后积累到个人财产上来。所以，征收个人住房财产税是调节社会收入分配不公最为重要的一道屏障。现代政府就得通过征收财产税的方式来重新分配社会财富，让整个社会财富分配更加公平。但是，这些年来，由于利益格局上的博弈，中国的房地产税征收制度就是无法推出，并由此引发国内房地产市场的许多问题。所以，中国房地产市场要健康稳定发展就得进行一系列的重大制度改革。

二是加快发展中国的住房租赁市场，尤其是强调长期租赁市场的发展。因为，新开辟与以往不同发展的住房市场或发展住房租赁市场，这能够让党的十九大报告所提出的"房子是用来住的，不是来用炒的"住房市场重新定位的精神逐渐地得以落实。让一些城市中低收入居民的居住条件得以改善；发展住房租赁市场能够让由于房地产调控减少投资的城市通过增加租赁住房市场投资得以弥补，房地产市场投资不会因为房地产市场调控而减少；由于租赁住房市场的发展，也可以减小对商品房市场价格的冲击，保证现有的商品房市场价格稳定等。可以说，房价的稳定是当前政府的房地产政策最为关注的大问题。因为，如果房地产市场调控让整个房价水平突然全面下移，这将可能对整个中国金融体系带来巨大的风险，这是政府所担心的问题；发展住房长租赁市场也有利于中国城市化的进程。这些都是政府发展住房租赁市场所希望达到的目标。

不过，中国的住房租赁市场要能够真正发展，要让房地产市场真正回归到居住功能，最为重要的几个前提条件需要满足。第一个前提条件是要去除住房市场的赚钱功能，没有这个前提，要让租赁市场发展起来是件不容易的事情。因为，如果购买住房仍然可以赚钱，这不仅会让居民更愿意购买住房而不是租赁住房，而且也会不断地推高房地产市场的价格。比如 2016 年房地产市场调控政策出台以来，国内绝大多数城市的房价仍然还在上涨，其关键就是在于许多居民购买住房是为了投资收益而不仅是满足基本居住要求。就目前国内情况来说，国内城市居民人均居住面积达到 40 平方米了，基本居住条件并非最为重要，许多居民购买住房考虑还是投资。第二个前提条件必须提供更多的土地及更优惠的金融条件让企业愿意生产更多的长期只租不售的住房。而要做到这点，地方政府是否愿意在土地财政上让利，对此应该是相当不确定的。第三个前提条件是不仅在于地方政府通过更为优惠的条件让企业生产更多的长期租赁性住房，而且地方政府是否愿意通过财政补贴的方式鼓励国内居民更愿意租赁住房而不是购买住房。就目前的情况来说，政府的财政补贴能力是十分有限的。第四个前提条件是有没有法律来保护租房者的基本权利。德国的住房租赁市场发达及居民愿意租赁住房而不是购买住房，就是建立在这几个前提条件基础上的。就目前的情况来说，这些方面中国的条件与德国相比还存在很大差距，所以发展中国住房租赁市场特别是长期租赁市场是一件好事，但估计这是一个漫长的过程。而且从香港的经验来看，香港的住房租赁市场是非常发达的，政府公屋体系也占整个市场的 50% 以上的比重。但是香港的房地产市场问题越来越严重，问题的根本就在于没有通过有效的税收制度去除住房投机炒作或投资赚钱的功能。所以，住房租赁市场发展对国内房地产市场影响如何，目前还得观察，还得看政府相关政策出台。更不要说当前发展中国住房租赁市场还只是在试点阶段，一系列的房地产政策还得进一步完善。

三是中国房地产市场长效机制如何建立？要做到这点，就得从住房的内在本性或房地产市场内在规律入手。从住房的内在本性来看，住房与任何一种商品都不同，它是具有多种属性或功能的商品。住房既是投资品也是消费品；既是必需品也是奢侈品；既是市场的一般产品也是一种特定的公共产品。所以，住房既有经济属性（或功能），也有政治属性（或功能）及社会属性（或功能）。所谓住房的经济属性是指追求经济效率的经济功能，它又可分为消费品与投资品。住房的政治属性就是居民的住房天赋居住权需要通过有效的政治制度安排来保护。住房的社会属性是指对于最为弱势的阶层来说，住房又是一种民生所需的公共物品。而具有多重属性的住房，其属性如何界定又取决于不同的国家法律制度及房地产政策。因此，房地产市场仅是从一个纯粹市场角度（经济属性）而不从住房多重属性的角度来研究与分析是无法解开当前中国房地产市场的问题之谜的。而坚持"房子是用来住的、不是用来炒的"的定位，既强调了住房的经济属性（或消费功能），也坚持了住房的政治属性（保证居民基本居住权）和社会属性（或住房为一种公共品）。而这个定位或基本原则需要中国房地产市场的基础性制度来保证。

在本文看来，在中国国情的基础上，中国房地产市场存在与发展三个基本前提是居住权的天赋性、党的宗旨的人民性及城市可交易土地的国有性（易宪容，2009）。这是中国房地产市场的基础性制度及长效机制确立的理论前提。当前中国房地产市场只有房地产产业政策（只关注住房经济属性），及不健全的住房政策（考虑部分住房社会属性），而没有房地产的公共政策（房地产公共政策既要让住房市场多重属性协调，也要让房地产市场当事人利益关系得到平衡）。所以，中国房地产市场的基础性制度及长效机制就得通过公共决策来获得与完成而不是相关的房地产市场制度仅出自政府职能部门。可以说，以往中国房地产市场许多问题，就出在房地产市场的基础性制度不足，就在于房地产市场的制度安排不是通过公共决策的方式来获得。比如 1998 年中国房地产的制度缺陷最大问题就在于没有保证房地产市场持续稳定发展的基础性制度，或强调住房的社会属性（1998 年住房制度改革初期），或是强调住房的经济属性（如 2003 年 18 号文件颁布之后），甚至把住房经济属性的投资功能与消费功能混为一谈，从而忽视了住房的消费属性及社会属性。这也是近十几年来房价越调越高，房地产问题丛生的根源。房地产市场的长效机制就是在坚持"房子是用来住的，不是用来炒的"的定位原则上，通过对房地产发展模式、土地制度、信贷制度、税收制度、住房保障制度、住房租赁制度等法律及政策做出新的制度安排来实现（易宪容，2009）。如果不是这样，中国房地产市场的长效机制是无法确立的。

但是，从目前现实的情况来看，政府既要对中国房地产市场重新定位，让房地产市场回归到它的居住功能，挤出房地产泡沫，又要稳定房价，防止房地产市场大起大落。可以说，无论是 2016 年"930"以来的房地产调控政策，还是 2018 年《政府工作报告》关于房地产市场的政策，政府的意图就是希望通过这些政策让房地产市场达到这种理想状态。比如，一些热点城市对住房投资炒作进行限制的调控政策只是对住房购买资格的行政性限制，也有一些城市对持有第二套住房购买房者的首付比例提高的限制，以此来降低投资杠杆比例（限购限贷）；有一些城市对本地购买第三套住房者禁止贷款，对外地居民禁止购买第二套住房等，但是这些限购限贷政策要对住房的投资与消费在事前严格地界定清楚，不仅成本高，而且如果房价还在上涨，住房投资者还可以通过不同的方式来规避这些限制。比如首付贷的出现就是最好的一个例子。

为了让住房回归到居住功能，有些城市准备从增加住房供应入手，希望增加热点城市土地供应来解决该问题，也有让购买住房者把住房分流进入租房市场等方式入手等，而不是对住房的投资与消费进行严格的界定。如果这样，这些政策要让当前中国以住房投资者为主导的市场转型为以消费为主导的市场是根本不可能的。因为，这样既无法对住房的多重属性达到优先性的平衡，也无法让住房的投资及消费的功能清楚界定。如果住房的功能不能够清楚界定，住房既可投资也可消费，那么住房投资者出价肯定会高于住房消费者，最后还是投机炒作者在主导市场，特别是购买住房是有利可图或房价上涨时，增加住房供给只是让住房投资者有更多的投资机会，只是在现行的政策上增加了一些投资者进入的成本而已。

所以，要让住房回归到居住功能而不是赚钱的工具，最重要的经济杠杆就得对住房性质或功能进行事前的信贷界定，事中及事后用税收政策来严格界定。因为，住房投机炒作者要达到其投资目的就必须通过交易的方式来实现。如果购买的住房没有进行交易，其投资收益是无法实现的，也不知道购买住房者是用于投资还是用于消费。所以，住房的交易税及住房交易累进所得税是界定住房是投资品及消费品的最好的方式。比如要限制住房短期投机炒作，可以对持有一套以上住房的交易者进行严厉的征税。在香港为了打击住房的投机炒作，一般的住房契税或交易税为15%。还有，如果是购买住房之后在半年内交易再征收20%住房交易税；对于购买之后一年内交易的再征收15%交易税；而购买之后两年内交易的征收10%的交易税。同时，不是香港本地居民到香港购买住房还得征收15%的交易税等。而香港的住房交所得税是15%。而这些税收对住房投机炒作的限制是十分重要的。

但是在日本及美国住房交易所得税征收的税率是采取累进的方式，即持有一套住房交易后获得的所得再在半年内购买一套住房，其交易所得税是免征的。如果是持有一套住房，第二套以上的住房交易所得税采取的累进的方式，所得收益率越高，其征收税率也越高。在日本，最高的住房交易所得税率可达75%。韩国的住房交易累进所得税同样十分严厉。再加上住房物业税、住房遗产税、住房空置税等，都是限制住房投机炒作的最好工具。可以说，如果能够从住房交易税及住房交易所得税入手，就能够清楚界定住房的性质，对住房投机炒作收益通过税收的方式收回，让住房投机炒作无利可图，这样才能去除住房的投机炒作的赚钱工具属性。如果不采取严格的税收政策，把住房的投机炒作与消费区分开，让住房的投机炒作无利可图，那么要想让中国住房市场回归到居住功能是根本不可能的。

如何才能建立起中国房地产市场的长效机制呢？2016 年中央经济工作会议指出，要加快研究建立符合国情、适应市场规律的房地产稳健发展长效机制。这意味着，要建立中国房地产市场长效机制已经达成共识，所以，2017 年中央经济工作会议则对此进行全面部署。现在的问题是，既然房地产市场长效机制如此重要，那么就得明确为何要建立房地产市场的长期机制，其目的又是什么？同时，这种适应中国国情及市场规律的房地产市场长效机制的内容又是什么？这种房地产市场长效机制又是如何才能建立？等等。如果这些问题不清楚或不明确，要真正地建立起房地产市场平稳健康发展的长效机制是不可能的。

实际上，要建立起具有中国国情、适应市场规律的房地产市场长效机制，这就意味着，政府认识到尽管当前中国房地产市场泡沫很大，引发的金融风险可能很高。对此，中央政府已经达成共识。现在的问题是，对于房地产业来说，如何能够既能保证国计民生，推进中国城市化的进程，又能够抑制当前房地产泡沫，防范中国金融市场风险。其实，要平衡这两者关系，最为重要或核心的问题还得从住房本身的性质入手，而不是土地供应、住房保障制度、住房市场建设等入手。因为住房与其他任何商品最大的不同，不在于住房的商品性，不在于住房供求关系，而在于如何把住房的性质界定清楚，就得从住房的多重属性入手做出新的制度安排。因为住房既可是投资品也可是消费品，而投资品与消费品两者的定价基础、价格运行方式及机制是完全不同的。

如果不能够通过税收制度及信贷政策把两者在事前、事中及事后严格地界定清楚，而且还把两者混为一谈，那么中国房地产市场最后一定会成为住房投机炒作的市场，中国房地产市场的泡沫同样会被越吹越大。前十几年及当前中国房地产市场最大问题，就是不能够对房地产属性严格界定，没有把住房的性质进行严格界定清楚，就是中国房地产政策严重失误，几乎所有国人都把住房当作投机炒作攫取暴利的工具，特别是借以购买住房消费的各种优惠政策之名而行住房投机炒作之实政策，更是鼓励全民炒作住房，这才是中国房地产市场价格持续疯狂、房地产市场乱象四起、社会道德沉沦、官员与住房有关贪污盛行等乱象的根源所在。

所以，在建立起中国房地产市场的长效机制，最为关键的就是要对住房的性质在事前、事中及事后用信贷政策及税收政策进行严格的界定。比如，把中国的住房市场严格区分为三个层次的市场：20%的住房投资市场，70%的住房消费市场，10%的保障性住房等（易宪容，2009）。在这三个市场采取完全不同的信贷政策及税收政策。比如，对于住房投资市场来说（如高档住房），住房的投资炒作者如何购买，政府根本上就不需要用行政方式来干预，市场可自由交易。但是，对于住房投资来说，既不能用住房信贷优惠政策，更不能够用住房公积金来购买。购买者可以向银行贷款购买，但信贷的价格完全由银行与购买住房投资者双方谈判。其次，既然购买住房是投资，投资收益率只能是资本平均回报率，甚至过高的收益政府就得通过住房的交易税、住房交易所得税、物业税及住房遗产税、住房空置税等税收收为国有。因为这样既可保证不至于把投资性住房炒作得疯狂，也可保证社会财富分配的公平。住房财产税是社会保证财富分配公平的最为重要的一道闸门。

对于70%的消费性住房来说，要严格限制交易，即使出现改善性交易，住房交易可能出现的溢价也得通过严格的税收制度收回。这样才能够保证仕房真正成为消费品而不是赚钱工具。如果消费性住房回到它的居住功能，那么住房的价格将会回归理性，也不会出现房地产市场的泡沫。而消费居住性的住房市场，肯定要大于目前这种少数人玩的以投机炒作主导的市场，对于有近14亿人口的中国来说，居住性住房消费市场将是一个无限大的市场。而一个以消费居住为主导的住房消费市场，不仅能够满足国人基本住房居住需求，也可成为中国经济增长及经济繁荣的动力。

所以，要建立起适合中国国情、适应市场规律的房地产市场的长效机制，就得去除房地产市场的投机炒作功能，去除这70%的房地产消费市场赚钱功能。而这些都得通过用信贷政策及税收政策在事前、事中及事后进行严格的限定。如果能够做到这一点，再加上建立中国的住房保障体系，那么中国的房地产市场才能够走上持续稳定发展之路。否则，不去除这 70%的房地产消费市场的赚钱功能，或不让住房回归到它的居住本性，而仅是增加住房供应，要建立房地产市场长效机制根本就不可能。

党的十九大报告特别强调对房地产市场的重新定位，让房地产市场回归到它的基本消费功能，就是要对房地产市场拨乱反正，让住房回归本源、回归常识，而不是赚钱的工具，就是要让中国房地产市场转型，中国经济转型，这是中国房地产市场一场重大理念及制度变革，也是一场重大的市场变革。而这种房地产市场的重大变革及性质调整，其实就是一次重大的利益关系调整。这种变革对绝大多数人或中低收入者来说当然是有利的，对少数住房投机炒作者或手上持有过多住房的人来说当然是不利的。所以，要让住房市场回归到居住功能，肯定会受到各种既得利益者的严重阻碍。也就是说，尽管十几年来的中国房地产市场发展是让中国许多民众都有住房及居住条件得到了很大改善，中国城市居民的住房拥有率高达 80%以上，从表面上看，中国居民通过住房市场的发展让其财富增长了，但不得不看到十几年来发展以来的中国房地产市场也成了整个中国社会财富分配严重不均最为重要的根源。因为，当前这种房地产市场的制度缺陷让社会财富在短期内聚集到少数人的手上。有调查报告显示，近几年来国内一线城市和二线城市早就成了房地产投机炒作的天堂，但是在这些一线城市和二线城市的房地产炒作中，国有企业的开发商占比达 60%以上，不但国有商业银行、地方发展银行给他们提供所需求的信贷资金，地方政府还出面担保，房地产市场基本上成了一种权力扩张的地方，从而使官场炒房的千万富豪、亿万富豪节节攀升。也就是说，这十几年中国房地产市场快速发展及繁荣，是让社会经济增长了，是让社会财富增长了，但是对绝大多数中低收入民众来说，其社会财富所占有相对比例则是越来越低。广大中低收入民众并没有真正能够分享到这种成果。可以说，正因为通过高房价让社会财富源源不断地流入少数人手上，流入不少政府官员的手上。最有价值住房持有在多数官员手上则成了当前要挤出房地产泡沫、要让房价回归理性、要让房地产市场回归到居住功能的最大障碍。因为，房价下跌就是让社会财富由少数人向绝大多数人的转移，就是少数人的利益受到损害而绝大多数人的利益增长。而要实现这种利益的转移，现有的有权有势的既得利益集团就会出来千方百计地阻挠。可以说，这就是当前中国房地产市场调控，房地产市场回归理性，及挤出房地产市场泡沫的最大障碍。因此，中央政府要下定决心，否则中国房地产市场长效机制难以确立，中国房地产市场也难以走上健康持续发展之路。

参考文献

Allen, Franklin, and D. Gale, "Bubbles and Crises", *Economic Journal*, Vol. 110, No. 460, 2010.

Case and Shiller, "Is There a Bubble in the Housing Market?", *Brookings Papers on Economic Activity*, Vol. 2, 2003.

Hansen, A. H., *Business Cycle and National Income*, New York: Norton, 1951.

Herring, R. and S. Wachler, "Real Estate Booms and Banking Busts: An International Perspective", *The Wharton School, University of Pennsylvania Occasional Papers*, No. 58, 1999.

Kreps, David M., "Corporate Culture and Economic Theory", *Perspectives on Positive Political Economy*, 1990.

Matthews, R. C. O: The Trade Cycles, 1969.

V. Sundararajan, Charles Enoch, Armida San José, Paul Hilbers, Russell Krueger, Marina Moretti, and Graham Slack, "Financial Soundness Indicators", *International Monetary Fund*, April 8, 2002.

Wong, Grace: *The Anatomy of a Housing Bubble*, The Wharton School, University of Pennsylvania, July 2005.

［美］阿列克斯·施瓦兹：《美国住房政策》，陈立中译，中国社会科学出版社 2012 年版。

［美］埃德温·S. 米尔斯：《区域和城市经济学手册》第二卷，郝寿义等译，经济科学出版社 2003 年版。

［美］奥尔森：《权力与繁荣》，苏长和、稽飞译，上海世纪出版社 2016 年版。

蔡继明：《中国土地制度改革》，香港：《21 世纪》2009 年第 1 期。

陈淑贤等：《房地产投资信托》，刘洪玉等译，经济科学出版社 2004

年版。

[英] 戴维·莫林斯、艾伦·穆里：《英国住房政策》，陈立中译，中国建筑工业出版社 2012 年版。

[美] 德隆·阿西莫格鲁、詹姆斯·罗宾逊：《国家为什么会失败》，李增刚译，湖南科学技术出版社 2015 年版。

邓小平：《关于经济工作的几点意见》，载《邓小平文选》第二卷，人民出版社 1994 年版。

丁成日：《城市增长与对策：国际视野与中国发展》，高等教育出版社 2009 年版。

杜艳：《上海房贷猛着陆》，《21 世纪经济报道》2005 年 3 月 7 日。

《2004 年度中国商业银行竞争力报告》，《中国证券报》2005 年 3 月 12 日。

方健、李可：《房地产泡沫难解》，《新财富》2004 年第 12 期。

冯燮刚：《中国安居之路——走出房地产迷局》，上海远东出版社 2008 年版。

傅白水：《飙升的长三角地产业危及社会安全》，《中国经营报》2005 年 4 月 4 日。

高培勇：《新一轮税制改革评述：内容、进程与前瞻》，《财贸经济》2009 年第 4 期。

国家信息中心·中国经济信息网：《中国房地产行业发展报告》，中国经济出版社 2004 年版。

[德] 哈贝马斯：《公共领域的结构转型》，曹卫东等译，学林出版社 1999 年版。

何杨：《中国房地产税改革》，中国税务出版社 2017 年版。

黄元山：《股票分析师太乐观?》，香港：《信报月刊》2008 年第 9 期。

黄学元、冯镜波等：《住宅按揭贷款拖欠还款及风险及按揭成数》，香港：《金融管理局季报》2004 年第 12 期。

黄海洲、汪超、王慧：《中国城镇化中住房制度的理论分析框架和相关政策建议》，《国际经济评论》2015 年第 2 期。

季卫东：《法律程序正义的意义：对中国法制建设的另一思考》，《中国社会科学》1993 年第 1 期。

贾康、刘军民：《中国住房制度改革问题研究》，经济科学出版社 2007

年版。

姜春海:《中国房地产市场投机泡沫实证分析》,《管理世界》2005 年第
　　12 期。

蒋省三、刘守英:《土地解密》,《财经》2006 年第 4 期。

[美] 克鲁格曼:《萧条经济学的回归和 2008 年经济危机》,刘波译,中
　　信出版社 2009 年版。

况伟大:《中国住房市场存在泡沫吗?》,《世界经济》2008 年第 12 期。

李云林:《美国金融体系的利率风险分析》,《国际金融研究》2009 年第
　　8 期。

李建华:《公共政策程序正义及其价值》,中国社会科学出版社 2009
　　年版。

李斌:《分化的住房政策:一项对住房改革的评估性研究》,社会科学文
　　献出版社 2009 年版。

林阳泽:《21 世纪亚洲经济的展望与挑战》,中国社会科学出版社 1999
　　年版。

刘小兵:《是否开征房地产税的判断依据》,《探索与争鸣》2018 年第
　　3 期。

刘建昌:《个人消费信贷是否可持续》,《经济观察报》2004 年 11 月
　　1 日。

刘水杏:《美日英澳四国房地产业的关联特性及启示》,转引自童悦仲《中
　　外住宅产业对比》,中国建筑科学出版社 2005 年版。

隆国强:《中国住房政策演进与未来改革方向》,转引自谢伏瞻《土地制度
　　与住房政策》,中国大地出版社 2008 年版。

陆磊:《房地产泡沫研究》,《财经》2004 年第 8 期。

马斌:《上海房贷飙升背后》,《21 世纪经济报道》2005 年 3 月 7 日。

[荷] 马尼克斯·库普曼等:《荷兰社会租赁部门绩效测评实践》,吴春岐
　　等译,中国建筑工业出版社 2012 年版。

牛凤瑞等:《中国房地产发展报告》,社会科学文献出版社 2004 年版。

牛凤瑞等:《中国房地产发展报告 (2)》,社会科学文献出版社 2005
　　年版。

[瑞典] 佩尔森等:《政治经济学:对经济政策的解释》,方敏译,中国人
　　民大学出版社 2007 年版。

彭兴韵:《信用比率控制 楼市软着陆的现实选择》,《中国证券报》2005
　　年 3 月 4 日。

瞿强:《资产价格波动与宏观经济》,中国人民币出版社 2005 年版。

瞿强:《资产价格泡沫与信用扩张》,《金融研究》2005 年第 3 期。

瞿强:《资产价格波动与宏观经济政策困境》,《管理世界》2007 年第
　　10 期。

[美]史蒂文·N. 杜尔劳夫、劳伦斯·E. 布鲁姆:《帕尔格雷夫货币金
　　融大辞典》,经济科学出版社 2000 年版。

孙学农:《再探房地产》,《全球经济观察》2005 年第 21—27 期。

童悦仲等:《中外住宅产业对比》,中国建筑工业出版社 2005 年版。

王其明:《高法解释触动地产金钱风险,上海政府面临两难抉择》,《中国
　　经营报》2005 年 2 月 28 日。

王国刚:《房地产争论亟待厘清的六大问题》,《中国证券报》2005 年 2
　　月 16 日。

王国军、刘水杏:《房地产业对相关产业的带动效应研究》,《经济研究》
　　2004 年第 8 期。

王建安、林秋瑾、张金鹗:《房地产业对我国总体经济活动之影响分析》,
　　《台湾银行季刊》1995 年第 47 卷第 1 期。

[美]希勒:《终结次贷危机》,何正云译,中信出版社 2008 年版。

谢世清:《东亚金融危机的根源与启示》,中国金融出版社 2009 年版。

谢伏瞻:《土地制度与住房政策》,中国大地出版社 2008 年版。

谢茂拾:《地方出手挽救楼市的八人谬误》,《中国经济时报》2009 年 1
　　月 20 日。

杨汝万、王家英:《香港公营房屋五十年》,香港中文大学出版社 2003
　　年版。

杨太乐、刘峰、林晨:《隔离房地产泡沫风险——基于住房增值与证券
　　(HAPN)的设计模拟》,《浙江大学学报》(人文社会科学版)2013
　　年第 1 期。

杨丽萍:《谁在做空房地产,建设部驳泡沫论》,《21 世纪经济报道》
　　2004 年 10 月 20 日。

[日]野口悠纪雄:《泡沫经济学》(中译本),曾寅初译,生活·读书·
　　新知三联书店 2005 年版。

易宪容:《遏制房价上涨是宏观调控的风向标》,《中国证券报》2004 年 6 月 18 日。

易宪容:《要谨防房地产要挟中国经济》,《新京报》2004 年 7 月 6 日。

易宪容:《非理性的繁荣》,北京大学出版社 2006 年版。

易宪容:《房地产与金融市场研究》,社会科学文献出版社 2006 年版。

易宪容、卢婷:《论金融市场的基础性制度》,《江苏社会科学》2006 年 第 1 期。

易宪容等:《中国住房预售制度的分析》,《江海学刊》2007 年第 2 期。

易宪容:《住房市场政策走势》,《中国经济时报》2007 年 11 月 21 日。

易宪容:《从金融危机反思中国房地产泡沫》,《华夏时报》2008 年 10 月 25 日。

易宪容:《正确判断中国当前的房地产市场形势》,《市场周刊》2008 年 第 12 期。

易宪容:《影子银行体系的信贷危机的金融分析》,《江海学刊》2009 年 第 3 期。

易宪容:《论中国住房公共制度的基本原则及框架》,《经济社会体制比较 研究》2009 年第 6 期。

易宪容:《中国住房市场的公共政策研究》,《管理世界》2009 年第 10 期。

易宪容:《中国房地产市场的基础性制度研究》,《江苏社会科学》2017 年第 5 期。

易宪容:《关于中国金融风险防范与控制重大理论问题的研究》,《浙江社 会科学》2017 年第 11 期。

袁朝辉等:《忧患房贷》,《证券市场周刊》2005 年第 13 期。

[德] 约翰·艾克豪夫:《德国住房政策》,毕宇珠、丁宇译,中国建筑工 业出版社 2012 年版。

张铭:《银行信贷与房地产市场的非理性》,《国际金融研究》2009 年第 4 期。

张宇燕、席涛:《监管型市场与政府管制:美国政府管制制度演变分析》, 《世界经济》2003 年第 5 期。

张学诞:《中国房地产税:问题与探索》,中国财经出版社 2013 年版。

《中国经济景气月报》,2005—2018 年各期。

《中国统计年鉴》，2001—2018 年各期。

《中国共产党第十七次全国代表大会文件汇编》，人民出版社 2007 年版。

中国人民银行金融市场司房地产金融分析小组：《中国房地产金融报告》，中国金融出版社 2008 年版。

中国人民银行营业管理部课题组：《房地产价格与房地产泡沫问题——国别研究与实证研究》，中国社会科学出版社 2007 年版。

中国人民银行货币政策分析小组：《2007 年第四季度中国货币政策执行报告》，中国金融出版社 2008 年版。

中国人民银行研究局课题组：《中国房地产发展与金融支持》，《中国证券报》2004 年 3 月 15 日。

中国人民银行：《2004 年第 4 季度中国货币政策执行报告》，《中国证券报》2005 年 2 月 25 日。

《中国家庭金融调查报告：高储蓄背后为收入不均》，《甘肃金融》2012 年第 5 期。

周天勇：《开征房地产税之可能与可行》，《探索与争鸣》2018 年第 3 期。

周天勇：《住房财政侵蚀城乡居民利益》，《中国经济时报》2009 年 7 月 28 日。

周京奎：《金融支持过度与房地产泡沫》，北京大学出版社 2005 年版。

朱亚鹏：《住房制度改革：政策创新与住房公平》，中山大学出版社 2007 年版。